金融法学文库

刘志云 主编

本书得到厦门大学法学院出版资助；
本书系厦门大学中央高校基本科研业务费专项资助项目（20720151284）及中国法学会部级法学研究课题（CLS（2015）D095）的最终成果

系统重要性金融机构规制的法律问题研究

阳建勋 著

FINANCIAL LAW

法律出版社 LAW PRESS·CHINA

总　序

金融作为现代经济的核心,具有优化资源配置,调节经济运行之功效,其资本运作良善与否甚至关乎社会稳定的实现。基于此,金融业的发展成为各国政府关注的重中之重,而通过制度供给促进金融业的良好发展也成为普遍并可行的路径。在此背景下,金融法研究乘势而起,成为近世之显学。兴起虽晚,却生机勃勃,在深入汲取相关部门法的理论积淀的同时,也广泛容纳各种跨学科知识与方法,并探求自身内省性之品格,最终成就如今的这个底蕴深厚、逻辑自洽的新兴学科体系。

我国金融法的产生和发展伴生于改革开放的推进,经济体制转型的既有进路,型构了中国金融法制变迁之现实。虽然西方先验逻辑提供的立法技术素不匮乏,但我们真正所要面对的,却是如何让成熟的技术真正地契合本国的现实国情,发挥其应有的功效。内生金融交易秩序的制度根基的缺乏,曾使中国金融法制在本土化复归的路途中一再迷失。同时在另一方面,全球化的推进,又敦促着中国必须及时完成经济转型,早日实现我国金融市场与国际金融市场的有效对接,从而更是加剧了国内金融法制的发展困境。对于从事金融法研究的学者而言,任务艰巨如斯,前路漫漫,任重而道远。当然，恰逢这一转型之历史路口的吾辈，能直面历史之转折，兢兢业业，矢志科研；鉴前世之兴衰，考当今之得失；博观而约取，厚积而薄发。显然，从另一个视角观之，这是一种幸运。

“千淘万漉虽辛苦，吹尽狂沙始到金。”厦门大学法学院是全国较早开展金融法教学和科研的单位之一。早在2005年，便开始挂靠其他专业博士点招收“金融法”方向的博士研究生；2006年，在厦门大学获得法学一级学科硕士、博士学位授予权的基础上，设立经济法博士点，金融法研究成为主要招生方向之一；2010年12月，厦门大学法学院正式成立金融法研究中心。近年来，金融研究中心的学术团队承担了大量的国家级与省部级科研项目，并相继出版与发表大量的学术专著与专业论文，在国内开始产生一定的影响。而今，金融法研究中心日益壮大，已经形成一支老中青相结合的优秀学术团队，并成为我国金融法高层次专门人才的重要培养基地之一。

“非学无以广才，非志无以成学。”为了进一步推动金融法研究中心的学科建设以及促进国内金融法研究的繁荣，我们于2014年起决定编辑出版连续性的《厦门大学金融法学文库》。期以“前沿意识、精品理念”为指导，以系列学术专著、译著的形式，集中展现我国金融法领域的专题研究成果，促进学术繁荣和理论争鸣。“盖文章，经国之大业，不朽之盛事。年寿有时而尽，荣乐止乎其身，二者必至之常期，未若文章之无穷。是以古之作者，寄身于翰墨，见意于篇籍，不假良史之名，不托飞驰之势，而声名自传于后。”诚如斯言，我们期以本文库作为思想传播之媒介，学术交流之平台，博学审问，慎思笃行，自由争辩，自察自省，通过严肃认真的学术讨论和学术批评，推动金融法研究的不断创新。

在法律出版社的支持下，2016年伊始，《厦门大学金融法学文库》正式更名为包容性更大的《金融法学文库》。本文库稿件来源不限于金融法研究中心的学者、校友，而以最大的诚意广泛征集海内外金融法专著、译著。当然，我们亦知，就整个金融法学研究而言，本文库仅为沧海一粟。庙廊之才，非一木之枝，希望能与学界同仁相濡相闻，砥砺共进。

是为序。

刘志云

2016年7月22日

目录

第一章　绪　论

一、研究背景与研究意义

2008年美国第四大投资银行雷曼兄弟申请破产，标志着美国次贷危机引发了自20世纪大萧条以来的一场最大全球金融危机。[①] 本次金融危机发生近10年来，给全球带来了持续、广泛和深入的影响，以致当今世界仍处在危机的阴影之下。也许在下一场更大的危机爆发之前，本次金融危机给世人带来的切肤之痛还不会完全消除。这种切肤之痛正是人们反思过去、应对现在和谋划未来的动力之源。“忘记历史意味着背叛过去”。无论如何，人类不应该忘记这场横扫全球，又促使各国暂时摒弃各种分歧反而加强合作的巨大危机。

为什么雷曼兄弟的破产会成为本次全球金融危机的导火线？为什么美国财政部和美国联邦储备体系不救助雷曼兄弟呢？如果美国政府救助雷曼兄弟，本次全球金融危机是否能够避免呢？这些问题在美国社会曾经引起过较大的争议。美国人安德鲁·罗斯·索尔金的《大而不倒》就是因为对这些问题的探讨成为一时的

---

① 如无特别说明，本书中的“本次金融危机”均是指2008年全球金融危机；“后危机时代”中的“危机”也是指2008年全球金融危机。

畅销书,并被拍成电影。在《大而不倒》电影中,雷曼兄弟公司的董事长有一句经典的台词:"如果美国财政部不救助雷曼兄弟,那么说明保尔森只不过是将其办公室从高盛搬到了财政部而已。"①该部电影非常形象地刻画了华尔街大型金融机构,尤其是"太大而不能倒"金融机构的道德风险,以及这些金融机构对于全球金融稳定的重要意义。

本次金融危机之后,为了解决"太大而不能倒"金融机构的道德风险问题,为了维护全球金融稳定,金融稳定理事会提出了"系统重要性金融机构"(Systemically Important Financial Institutions, SIFIs)的概念,并着力研究SIFIs规制问题。SIFIs是指业务规模大、业务复杂程度高、一旦发生风险事件将给地区或全球金融体系带来冲击的"太大而不能倒"的金融机构。其相关研究可追溯到危机前有关"太大而不能倒"问题的文献。"太大而不能倒"源于中央银行的最后贷款人职能。Baring(1797)指出英格兰银行具有"银行的银行"的职能,提出了"最后贷款人"概念;Thornton(1802)和Bagehot(1873)系统论述了最后贷款人理论,阐明了利用最后贷款人规则制止银行恐慌和危机的思想。1984年美国大陆伊利诺斯银行救助案引发了对该规则的广泛争议。Farouk Soussa(2000)对具有"太大而不能倒"地位的银行和小银行进行对比研究,分析了"太大而不能倒"金融机构所致的道德风险和不公平竞争问题。

因为过度从事高风险的衍生金融交易而陷入困境的SIFIs是本次全球金融危机救助与反思的焦点。如德国依据2008年《金融市场稳定法》及2009年《金融市场稳定补充法》救助大型银行。Klaus J. Hopt等分析了救助措施的必要性及其合宪性。② 在美国,2010年《多德—弗兰克华尔街改革和消费者保护法》(Dodd-Frank Wall Street Reform and Consumer Protection Act)(以下简称《多德—弗兰克法案》)力求在政府与SIFIs之间建立一种合作关系,同时对其实施更为严厉的监管。金融稳定理事会与巴塞尔银行监

---

① 保尔森是时任美国财政部部长,对于是否救助问题金融机构有较大的决定权。他在任美国财政部部长之前,是美国最大的投资银行——高盛公司的董事长。

② See Klaus J. Hopt, Christoph Kumpan and Felix Steffek, "Preventing Bank Insolvencies in the Financial Crisis: The German Financial Market Stabilisation Acts", *European Business Organization Law Review*, 2009(10), pp. 515 - 554.

管委员会等国际组织发布了金融机构系统重要性评估的重要文件，成为引领各国 SIFIs 监管改革的国际软法。《多德—弗兰克法案》也引起了美国学界的极大关注。如 Martin F. Hellwig 从系统性金融风险视角分析了次贷危机，他指出引起次贷危机的原因既包括个人的错误决定，也有金融系统结构方面的缺陷。[①] 华盛顿大学法学院教授 Arthure Wilmarth 认为，尽管《多德—弗兰克法案》建立了针对系统重要性金融机构的特殊机制，但是允许联邦存款保险公司对这些机构的债权人提供特殊保护，因此，该法对于“太大而不能倒”问题的回应不够，而且存在不足。[②] 哥伦比亚大学法学院两位教授 John C. Coffee 与 Jr. Adolf A. Berle 共同探讨了《多德—弗兰克法案》的政治经济学——为什么金融改革总是令人失望而系统性风险永存。[③] 美国金融危机调查委员会的调查报告认为，一些系统重要性金融机构在公司治理和风险控制方面存在的严重缺陷是导致危机的关键原因，对它的救助又加剧了“太大而不能倒”的道德风险。

SIFIs 也是近年来国内金融学界与法学界关注的重大现实问题。国内学界对 SIFIs 的研究主要围绕几个问题展开：一是从系统性金融风险防范的角度研究 SIFIs 监管的必要性或正当性；二是 SIFIs 的识别标准或识别方法，多是介绍金融机构系统重要性评估的有关指引；三是危机后宏观审慎监管目标的确立及其 SIFIs 监管体制变革；四是 SIFIs 监管的国际法制构建动态、经验及借鉴意义。例如，黎四奇教授认为，“太大而不能倒”扰乱了市场秩序，而且使得具备“太大而不能倒”地位的金融机构呈现出收益私人化和损失社会化的反差，该反差会助长和放大道德风险，并导致系统性金融风险的不定期爆发。[④] 袁达松教授指出，SIFIs 是容易引起系统性风险的特殊金

---

① See Martin Hellwig, “Systemic Risk in the Financial Sector: An Analysis of the Subprime-Mortgage Financial Crisis”, available at: http://ssrn.com/abstract=1309442, 2017-09-20.

② See Arthur E. Wilmarth, “The Dodd-Frank Act: A Flawed and Inadequate Response to the Too-Big-to-Fail Problem”, *Oregon Law Review*, Vol. 89, 951-1058.

③ See John C. Coffee、Jr. Adolf A. Berle, “The Political Economy of Dodd-Frank: Why Financial Reform Tends to be Frustratedand Systemic Risk Perpetuated”, available at: http://ssrn.com/abstract=1982128, 2017-09-20.

④ 参见黎四奇：《后危机时代“太大而不能倒”金融机构监管法律问题研究》，载《中国法学》2012 年第 5 期。

融市场主体,具有负外部性,后危机时代加强 SIFIs 监管的国际法制构建主要围绕 SIFIs 的合理识别、强化监管及有效处置 3 个方面展开。① 丁灿博士研究了 SIFIs 的负外部性及道德风险,指出监管机构是否救助陷入困境的 SIFIs 是一种"两难选择","救助是应急之举,强化监管才是根本之计"。② 钟震博士指出 SIFIs 在本次全球金融危机中扮演着重要角色,它具有如下基本特征:"巨大的负外部性、普遍的道德风险、竞争不公平性、成本收益不对称性、评估结果动态变化性、评估标准不绝对性,"③必须针对这些特点实施有效的审慎监管。徐超博士分析了识别 SIFIs 的主要方法——指标法和市场法,指出识别 SIFIs"不仅要关注 FSB 等推出的规模、关联性和可替代性指标,而且更应关注金融机构跨越国界或地区并购以及开发新业务所滋生的风险指标"。④ 王刚博士分析了系统重要性银行的"恢复与处置计划"的国际实施进展、基本构成要素及其与压力测试、资本监管和流动性应急预案等监管工具的关系,指出资本监管是用资本抵御风险,是一种正向思维,处置计划是基于逆向思维解决银行的道德风险。⑤ 郭金良博士专门研究了 SIFIs 危机的市场化处置问题,认为应当在"保证系统性风险及基础性金融服务能够在得到持续供给的前提下,确保 SIFIs 能够按照市场方式、利用市场资源实现机构的健康恢复或有序退出"。⑥

法学界以往对 SIFIs 的研究高度关注本次金融危机暴露的诸多现实问题,主要从金融监管法的角度研究了国际金融组织与欧美等发达国家的 SIFIs 监管规则创新。这些研究对于构建和完善我国 SIFIs 监管法律制度无疑具有重要的现实意义和理论价值。然而,将 SIFIs 规制研究局限于金融监

---

① 参见袁达松:《系统重要性金融机构监管的国际法制构建与中国回应》,载《法学研究》2013 年第 2 期。

② 丁灿:《系统重要性金融机构道德风险的形成与监管》,载《社会科学战线》2011 年第 8 期。

③ 钟震:《系统重要性金融机构的基本特征与审慎监管——基于金融危机视角的反思》,载《江海学刊》2013 年第 2 期。

④ 徐超:《系统重要性金融机构识别方法综述》,载《国际金融研究》2011 年第 11 期。

⑤ 参见王刚:《系统重要性银行"恢复和处置计划":国际实施进展、基本要素与政策建议》,载《金融监管研究》2013 年第 5 期。

⑥ 郭金良:《系统重要性金融机构危机市场化处置法律制度研究》,法律出版社 2016 年版,第 2 页。

管法视角,未免过于狭窄。值得注意的是,后危机时代欧美国家对 SIFIs 的法律规制已经大大超越了金融监管领域,涉及公司治理、反垄断、金融消费者保护及金融机构破产与救助等诸多问题。鉴于此,应当综合运用多个部门法的理论知识对 SIFIs 法律规制问题进行跨学科研究。

目前,我国已经有 5 家金融机构入选了全球系统重要性金融机构名单,分别是中国工商银行、中国农业银行、中国银行、中国建设银行与中国平安保险。这 5 家金融机构不仅是我国国内金融业的“稳定器”,也是全球金融业的“稳定器”。此外,在金融全球化趋势下,外国的全球系统重要性金融机构早就进入了我国金融市场并开展了大量的金融业务,它们在境外的金融风险不可能被排除在我国金融市场之外。可见,加强和完善我国 SIFIs 规制的法律制度是应对国际社会挑战的现实需求,对加强和改进我国金融监管,防范系统性和区域性金融风险的发生,维护金融稳定等具有重要意义。同时,这也给深化和拓宽金融法理论研究带来了新的契机。

二、研究思路与研究方法

本研究基于 SIFIs 的道德风险、不公平竞争以及负外部性等导致的 SIFIs 与非 SIFIs、SIFIs 与 SIFIs 管理层、SIFIs 与 SIFIs 股东及债权人、SIFIs 母国与东道国等之间的利益冲突,①从反垄断、消费者保护、公司治理与破产机制及全球金融治理等视角深入研究 SIFIs 规制的部门法问题。这些研究是对笔者先前关于 SIFIs 监管制度的法理构造之研究的具体化,是对以往研究的深化与拓展,是对以往基础性法理研究的部门法制度构建与理论回应。就部门法的具体研究路径而言,首先是探讨 SIFIs 部门法规制的基本原理,其次重点比较分析本次金融危机之后欧美各国在规制 SIFIs 方面的部门法制度创新及其对我国的借鉴意义,最后结合我国实际情况提出完善我国 SIFIs 规制的部门法对策。

“工欲善其事,必先利其器”。多元的研究方法就是保障本研究顺利开

---

① 关于 SIFIs 与相关主体之间的利益冲突以及为规制该利益冲突而进行的权义平衡问题,参见阳建勋:《大而不倒、利益冲突与权义平衡——系统重要性金融机构监管制度的法理构造》,载《现代法学》2014 年第 3 期。

展与取得创新性成果的利器。本研究除了采取历史分析、比较分析、文义解释、案例分析等传统的法学研究方法之外，还注重采用法律经济学研究方法、法律社会学研究方法、国际法与国际关系交叉研究方法等。

三、结构安排与主要内容

第一章为“绪论”。本章主要交代开展本项研究的背景与意义；阐述基本研究思路以及所运用的主要研究方法；概述本研究成果的主要内容及结构安排；总结本研究的主要创新以及存在的主要不足之处。

第二章为“反垄断法视角下的 SIFIs 规制”。本章从后危机时代欧美国家金融业反垄断的三大案例入手，通过深入分析，揭示了欧美国家危机之后加强 SIFIs 反垄断规制的主要原因是维护金融市场的公平竞争和保护金融消费者权益；防范和化解 SIFIs“太大而不能倒”所导致的道德风险；以反垄断弥补全球金融治理体系的缺陷；以反垄断维护美国在全球金融治理中的霸权地位。在此基础上，本章剖析了 SIFIs 反垄断规制中的管辖权配置、相关市场界定、SIFIs 评估标准与市场支配地位之间的关联、SIFIs 参与经营者集中的反垄断法规制等重点问题。最后，本章分析了我国反垄断法规制 SIFIs 的必要性与现状，借鉴欧美国家的经验，提出了完善我国 SIFIs 反垄断规制的建议：强化金融消费者保护理念，明确反垄断主管部门与金融监管部门之间的职责分配，完善 SIFIs 反垄断规则，充分发挥反垄断法保护金融消费者权益的功能；强化金融稳定理念，完善金融业经营者集中制度，防范 SIFIs“大而不倒”所致的道德风险，维护我国金融稳定；以合作与对等原则应对金融霸权主义，完善反垄断法域外适用制度，以反垄断提升我国在全球金融治理中的地位；完善金融业相关市场界定制度，将 SIFIs 评估标准纳入市场支配地位的考量因素。

第三章为“金融消费者保护视角下的 SIFIs 规制”。首先，本章梳理了本次金融危机之前的欧美日等国的金融消费者保护立法，分析了金融消费者与金融机构之间的权利义务失衡与本次金融危机之间的内在关联，论证了在 SIFIs 规制中加强金融消费者保护有助于实现金融公平和维护金融稳定。其次，本章比较考察了危机后国际社会的金融消费者保护规则、美国《多德—弗兰克法案》中的金融消费者保护制度、欧盟加强金融消费者保护的主要立法以及中国台湾地区的"金融消费者保护法"。最后,本章从金融消费者保护视角探讨了加强我国 SIFIs 反垄断规制的必要性,分析了我国金融消费者保护的现状,结合当前民法典编纂中的现实问题,反思了我国现行的金融消费者保护制度,借鉴域外相关立法,从立法模式的选择、统一的"金融消费者"概念界定、建立统一的金融消费者保护义务规则、建立统一规制 SIFIs 的金融消费者保护机构四个方面,提出如下建议:在立法模式上,在短期之内将金融消费者保护法纳入民法典的难度殊非一般,不如先制定单行法,通过制定和实施单行的金融消费者保护法积累经验,待日后时机成熟时再纳入民法典;就"金融消费者"概念而言,基于《民法总则》将民事主体分为自然人、法人和其他社会组织的现实,可以借鉴域外立法将"金融消费者"界定为:接受金融机构提供的金融商品和服务的自然人、法人和非法人组织,但是不包括专业投资机构以及符合一定财力或专业能力的自然人、法人和非法人组织;专业投资机构的范围、一定财力或专业能力的条件,由金融业监督管理机构决定;金融消费者保护义务规则体系主要由金融机构的信息披露义务、金融产品风险适合度义务、安全保障义务、对金融广告的最低标准义务、金融信息保护义务等构成;建立统一规制 SIFIs 的金融消费者保护机构。

第四章为"公司治理视角下的 SIFIs 规制"。首先,本章探讨了 SIFIs 公司治理与本次金融危机之间的内在关联,以银行公司治理为例,分析了金融机构公司治理的特殊性,以"太大而不能倒"为中心分析了 SIFIs 公司治理的特殊性——"太大而不能倒"加剧 SIFIs 管理层的道德风险;诱发 SIFIs 股东及其债权人的道德风险;论证了 SIFIs 公司治理失衡是危机产生的重要原因之一。其次,从 SIFIs 管理层之道德风险的制度矫正、SIFIs 股东之道德风险的制度矫正、SIFIs 债权人之道德风险的制度矫正三个方面,考察了欧美国家在危机之后的制度变革。其中,欧美国家在 SIFIs 管理层之道德风险的制度矫正方面,以管理层薪酬控制为重点;在股东道德风险的制度矫正方面,以限制股东权为重点;在债权人道德风险的制度矫正方面,以创新性资本工具如减记债或应急资本为重点。这些制度变革呈现出公司治理与金融监管互动融合的趋势,因为这些道德风险是公司治理与监管制度对 SIFIs 产生的负面激励。例如,股东有限责任、存款保险、对问题银行的救助以及规避金融监管的金融创新是系统重要性银行股东道德风险的重要诱因。该趋势是公私法合作规制理念的体现，旨在实现金融效率与金融安全之平衡。最后，本章分析了我国规制 SIFIs 管理层、股东及其债权人之道德风险的制度现状，反思了现行制度存在的主要不足之处，立足我国实际情况，借鉴欧美国家的立法，提出了完善的制度建议。如在 SIFIs 管理层道德风险的规制方面，应当以共享发展理念为指导，制定体现 SIFIs 管理层之道德风险特殊性的体系化的 SIFIs 管理层薪酬制度；提升立法层次，增强我国 SIFIs 管理层薪酬制度的权威性与稳定性。在 SIFIs 股东道德风险的规制方面，以银行业为例，导致银行股东道德风险的上述因素在我国不同程度存在，我国金融市场约束机制不完善，金融机构公司治理缺乏有效的私法制度支持，也缺乏体现银行公司治理特殊性要求的制度安排；银行资本监管制度与限制银行股东权的规定均有待完善。因此，我国应当以公司治理与金融监管互动为中心，完善对股东道德风险的法律规制。在 SIFIs 债权人道德风险的规制方面，鉴于我国减记债的发行人主要是银行，应当在修改《商业银行法》与《证券法》时，将现行部门规章中的减记债发行核准、信息披露及投资者适当性等方面的规定纳入其中。

第五章为"全球金融治理视角下的 G-SIFIs 规制"。首先，本章从全球化的迷思与悖论入手，阐述了金融全球化趋势下 SIFIs 的兴起；从经济学与社会学视角研究了 SIFIs 的风险特征：风险的系统性与国际负外部性；风险的自反性；风险分配的平等性与不平等性。其次，在概述危机前的全球金融治理体系之后，本章重点研究了危机前的全球金融治理体系在规制 SIFIs 方面存在的主要缺陷：未将 SIFIs 的系统性风险纳入全球金融治理体系；大而不倒与风险的国际负外部性加剧了全球金融治理体系的脆弱性；具有自反性、分配平等性与不平等性的 SIFIs 风险不断解构着危机前的全球金融治理体系；SIFIs 风险责任制度的缺失导致全球金融治理体系"有组织地不负责任"。为了解决以上问题，危机后的全球金融治理体系发生了重大变革：在治理理念方面，从新自由主义回归到内嵌自由主义；在治理目标方面，不再单纯追求金融自由化，全球金融稳定成为重要的价值目标；在治理主体方面，二十国集团（G20）成为全球金融治理的主要平台。最后，本章分析了危机后的全球金融治理变革对于完善 SIFIs 规制的现实意义，我国应当秉承金融全球化理念，以金融稳定为中心完善对 SIFIs 的宏观审慎监管，以合作与对等原则完善 SIFIs 监管国际协调制度。

四、主要创新与不足之处

首先，研究视角的创新。本研究突破了以往主要基于金融监管视角研究 SIFIs 规制法律问题的局限，从反垄断、金融消费者保护、公司治理以及全球金融治理等多个视角对 SIFIs 规制涉及的法律问题进行了系统和较为深入的研究。

其次，研究内容的创新。以 SIFIs 的"太大而不能倒"风险特征为中心，以利益冲突的类型化为基础，以权利义务平衡为手段，依据类型化的利益冲突框架（SIFIs 与非 SIFIs 之间的利益冲突、SIFIs 与金融消费者之间的利益冲突、SIFIs 与其股东、管理层及其债权人之间的利益冲突、SIFIs 母国与东道国之间的利益冲突）全面构建 SIFIs 规制的法律制度框架，运用该框架分析危机发生的原因与危机后的欧美 SIFIs 规制改革措施。这既可以深化以往对 SIFIs 规制问题的研究，并将以往研究从金融监管法领域拓宽到反垄断、金融消费者保护、公司治理及全球金融治理等多个部门法领域。

具体而言，在反垄断规制方面，本研究通过对后危机时代欧美国家金融业反垄断的典型案例分析，对欧美国家加强对 SIFIs 反垄断规制的原因做了比较全面和深入的探讨；剖析了 SIFIs 反垄断规制的管辖权配置、相关市场界定的特殊性与发展趋势、SIFIs 评估标准与市场支配地位之间的关系等重点问题。这些研究在一定程度上深化和拓展了金融业反垄断问题的研究。

在金融消费者保护方面，本研究对危机前后欧美日等域外国家与地区的金融消费者保护立法做了较为系统的梳理；揭示了金融消费者保护不足是导致危机发生的重要原因，论证了加强 SIFIs 规制中的消费者保护的必要性；分析了加强 SIFIs 规制中的金融消费者保护对于维护金融稳定的重要现实意义；结合我国民法典编纂中的消费者保护问题争议，借鉴域外金融消费者保护立法，从立法模式、"金融消费者"概念之界定、金融消费者保护义务规则体系以及统一的金融消费者保护机构之建立等几个方面提出了完善我国 SIFIs 规制中金融消费者保护的制度建议。

在公司治理方面，本研究从公司治理与金融监管互动视角，以银行业为重点深入分析了SIFIs管理层、股东及债权人之道德风险产生的原因,以及后危机时代欧美国家与国际社会为了抑制上述道德风险所进行的主要制度变革,如管理层薪酬限制制度、股东权限制制度、应急资本(减记债)制度;分析了这些制度变革背后所蕴含的公私法合作规制理念,以及所追求的金融稳定、金融效率与金融公平等法价值目标;分析我国规制SIFIs管理层、股东及债权人之道德风险的制度现状,结合我国的实际情况,借鉴域外制度变革,提出了完善建议。

在全球金融治理方面,运用风险社会理论和经济学理论,研究了G-SIFIs的风险特征:全球系统性、全球负外部性、自反性、分配的平等性与不平等性;危机前的全球金融治理体系秉承新自由主义理念,未将G-SIFIs的系统性风险纳入治理范围,G-SIFIs风险责任制度缺失导致全球金融治理体系的"有组织地不负责任",G-SIFIs的大而不倒与风险的负外部性加剧了全球金融治理体系的脆弱性。因此,危机前的全球金融治理体系既是全球金融风险的诱因,也未能有效规制G-SIFIs。危机后的全球金融治理变革加强了对G-SIFIs的风险规制,在治理理念上,从新自由主义向内嵌自由主义回归;在治理目标上,全球金融稳定成为重要目标;在治理主体上,G20成为全球经济金融治理的主要平台。不过,G-SIFIs的风险责任制度仍付之阙如,G20框架尚未能有效解决全球金融治理体系"有组织地不负责任"这一难题。

再次,研究方法的创新。跨学科研究是本课题的研究特色与创新之处。本研究除了采取历史分析、比较分析、文义解释、案例分析等传统的法学研究方法之外,特别注重采用法律经济学研究方法、法律社会学研究方法、国际法与国际关系交叉研究方法等。如运用法律经济学的研究方法研究SIFIs反垄断规制中的相关市场界定问题,全面分析SIFIs反垄断规制的成本与收益;运用风险社会理论与经济学理论研究全球系统重要性金融机构(Global Systemically Important Financial Institutions,G-SIFIs)的风险特征;运用国际法与国际关系交叉研究方法从全球金融治理视角研究G-SIFIs规制问题。

最后,创新总是与风险相随。本研究试图从多个视角研究SIFIs规制的法律问题,涉及金融监管法、反垄断法、消费者保护法、公司法与国际法等多个法律领域。这无疑是对研究者的知识跨度与深度乃至研究精力的极大挑战。笔者在研究过程中也常常深感“书到用时方恨少”，深感“大胆假设、小心求证”之过程的艰辛与风险，深感“文章千古事、妙手偶得之”般的幸运，深感对许多问题的研究不够深入。例如，在从全球治理视角研究 SIFIs 规制问题时，由于笔者以往主要是从事国内法研究，而国际法知识的储备相当欠缺，笔者在进行这一章的研究时倍感捉襟见肘。这些研究还不够全面和深入。

总之，尽管笔者在研究中就 SIFIs 规制问题从一些新的视角提出了一些观点，并进行了初步性的研究，但是这些研究无疑是尝试性的，肯定存在诸多不足之处。权当美芹之献，抛砖引玉。请各位专家批评指正为谢。

第二章　反垄断法视角下的 SIFIs 规制

第一节　后危机时代 SIFIs 反垄断规制的兴起及其原因

一、后危机时代 SIFIs 反垄断规制的兴起

(一)欧盟调查高盛等垄断 CDS 市场案

2011 年 5 月,欧盟委员会对高盛、巴克莱、美银、花旗、瑞信、德意志、摩根大通、摩根士丹利和瑞银等进行反垄断调查,调查这些银行是否和信用违约互换(Credit Default Swap,CDS)结算中心及金融信息供应商合谋,进行不平等交易或阻止其他竞争者进入。欧盟委员会表示,这些银行得到洲际交易所(ICE)旗下结算中心"ICE Clear Europe"的不公平"优惠待遇",包括低服务费和利润分享协议;9 家银行则将所有的 CDS 交易交由后者处理。在 2009 年,上述 9 家银行将它们的交易平台售予该 CDS 结算中心,并成为该结算中心美国业务的股东。此外,欧盟委员会还调查各大行是否只将 CDS 价格和其他市场信息,独家提供给 Marki。该项调查涉及的银行,除了上述 9 家银行之外,还包括德国商业银

行、苏格兰皇家银行、富国银行、法国农业信贷和法国兴业银行等大型银行。这些银行都是 Marki 的股东。[①] 欧盟委员会于 2014 年 10 月 21 日在其官方网站发布消息,称对两个涉及瑞士法郎利率衍生品的银行卡特尔开出了巨额罚单,总计 9390 万欧元,并表示要继续打击金融业卡特尔。[②]

(二)操控伦敦银行同业拆息及汇率案

伦敦同业拆借利率(libor)操纵案可能是迄今影响最为广泛的金融业反垄断案件。除英国及美国外,欧洲监管机构、香港金融管理局等对相关银行进行了调查。英国的巴克莱银行最早被曝光操纵 libor,该行员工操纵 libor 并非偶然的个人行为,似乎成了经常性的、被管理层默许的行为。libor 是伦敦金融市场的银行间相互拆借资金时计息使用的一种利率,拆借资金包括英镑、欧洲美元[③]及其他欧洲货币资金。libor 对全球金融市场具有重要的影响,是国际金融市场大多数浮动利率计算的基础利率,对于全球金融衍生品定价具有直接影响,而且对于各国央行的货币政策具有明显影响。

美国自 2010 年起对该案进行调查。美国商品期货交易委员会、美国司法部及英国金融行为监管局 3 家机构公布的调查结果表明,2005 年到 2009 年,巴克莱银行的交易员先后 257 次向 Libor 报价员请求人为更改利率,通过人为抬高或降低利率估值,以增加其在衍生品交易中的利润或降低交易损失。2012 年 6 月 27 日,美国商品期货交易委员会决定对巴克莱银行处以 2 亿美元的罚款。此外,美国司法部对巴克莱银行处以 1.6 亿美元的罚款,英国金融行为监管局对其巴克莱银行处以 5950 万英镑的罚款。[④]

巴克莱银行操纵 libor 案还引发了英美金融监管机构对银行操纵外汇汇率的调查。被调查的 5 家银行分别是瑞银集团、花旗银行、摩根大通、苏格兰皇家银行和汇丰银行。这些银行操纵了被许多企业和投资者看作基准利率的 WM/ Reuters 指数。英国金融行为监管局对上述 5 家银行处以 17

---

① 《高盛等 16 大行遭欧盟反垄断调查》,载 http://hkstock. cnfol. com/110501/132,2111,9783370,00. shtml,最后访问日期:2016 年 5 月 13 日。

② 冯悦:《欧盟严惩金融业卡特尔》,载 http://www. mofcom. gov. cn/article/i/jyjl/m/201410/20141000770797. shtml,最后访问日期:2016 年 6 月 1 日。

③ 欧洲美元是指存放在美国境外银行,不受美国联邦储备系统监管的美元。由于其主要是存放在欧洲的银行,所以叫欧洲美元。

④ 参见王玉婷、赵泽皓:《Libor 操纵案及对中国的启示》,载《银行家》2013 年第 3 期。

亿美元的罚金，美国商品期货交易委员会对这5家银行处以接近15亿美元的罚金。[①] 美国司法部和美国联邦储备银行调查发现，巴克莱银行、花旗银行、摩根大通、苏格兰皇家银行、瑞士银行和美国银行6家银行的外汇交易员，2007年12月到2013年1月，在名为“卡特尔”的即时通讯聊天室里，每天定时使用专业术语和暗号交换信息，操纵了总值达5万亿美元以上的货币市场，以牟取非法利益。美国司法部认为，这6家银行“长期如此行事且反竞争行为十分恶劣”，应当予以重罚。2015年5月20日，这6家银行承认合谋操纵美元兑欧元汇率的指控。依据美国司法部的和解协议：花旗银行支付9.25亿美元罚金，巴克莱银行6.5亿美元，摩根大通5.5亿美元，苏格兰皇家银行3.95亿美元，瑞士银行2.03亿美元。此外，美国联邦储备银行对这5家银行罚款16亿美元，对美国银行罚款2.05亿美元。巴克莱银行与纽约金融服务厅、美国商品期货交易委员会和英国金融行为监管局达成协议，将额外支付13亿美元。对这6大银行的罚款与罚金合计超过了58亿美元，故被称为“史上最大反垄断罚单”。[②]

（三）全球十大银行操纵贵金属市场案

《华尔街日报》于2015年2月24日报道，美国司法部和商品期货交易委员会对高盛、摩根大通、加拿大丰业银行、英国巴克莱集团、瑞士信贷集团、德意志银行、法国兴业银行、南非标准银行集团、瑞士银行和汇丰控股10家银行进行反垄断调查。本次反垄断是针对上述银行涉嫌操纵铂金与钯金等贵金属定价进行调查。早在2014年11月24日，就有从事铂金和钯金及其衍生品买卖的Modern Settings LLC向美国曼哈顿法院起诉高盛、汇丰、南非标准银行集团与德国化工巨擘巴斯夫，诉称这4家公司涉嫌暗中勾结并分享客户买卖订单等机密的、非公开的信息，从而抢先得知钯金和铂金的价格走势并获利。原告认为这是共谋操纵铂金与钯金价格。[③]

---

① 参见吴家明、文蕙：《合谋操纵汇率全球5家银行被罚32亿美元》，载《证券时报》2014年11月13日，第A004版。

② 参见杨明：《美国罚六大银行58亿美元　开出史上最大反垄断罚单》，载《环球时报》2015年5月23日。

③ 参见邱小敏：《全球十大银行银行卷入贵金属操纵案　美国司法部展开调查》，载《国际金融报》2015年3月2日，第3版。

二、后危机时代加强 SIFIs 反垄断规制的原因

以上反垄断案件涉及的银行，除了加拿大丰业银行和南非标准银行集团之外，都属于金融稳定理事会 2011 年首次公布的全球系统重要性金融机构。加拿大丰业银行是加拿大最具国际性的银行。南非标准银行是非洲最大的银行，该银行的第一大股东是中国工商银行。中国工商银行在 2008 年收购南非标准银行 20% 的股权，成为其第一大股东，在 2015 年经中国银监会、英国金融行为监管局及南非储备银行的批准，中国工商银行向标准银行伦敦控股有限公司收购标准银行公众有限公司已发行股份的 60%，从而完成了对南非标准银行的全面收购。中国工商银行在 2013 年入选了金融稳定理事会公布的全球系统重要性银行。由此可见，在 2008 年全球金融危机之后，欧美金融监管机构及反垄断主管部门加强了对系统重要性金融机构的反垄断规制。笔者以为，加强对系统重要性金融机构的反垄断规制，主要有以下几个方面的原因。

（一）维护金融市场的公平竞争和保护金融消费者利益

亚当·斯密说："从事相同贸易的人很少会聚在一起，即使在游戏和娱乐的时候，但是，他们之间的交流会却会产生对公众的密谋，或者提高价格的诡计。"斯密指出了政府保护竞争的必要性，因为市场这只"看不见的手"，本身就内涵着竞争，孕育着竞争。对公众的密谋及提高价格的诡计实际上是一种反竞争的垄断行为，"垄断者使市场存货经常不足，从而使有效需求永远得不到充分供给"。[①] 斯蒂格利茨分析了垄断导致低经济效率的 4 个原因，其中一个就是产出受到限制，因为垄断厂商可以通过限制产量提高价格，而这种高于市场均衡状态的价格——垄断价格会减少一部分消费者剩余，相当于是将收入从消费者转移到了垄断厂商。[②] 显然，垄断既违背公平竞争的市场原则，也损害了消费者利益。

---

① [英]亚当·斯密：《国民财富的性质和原因的研究》(上卷)，郭大力、王亚南译，商务印书馆 1972 年版，第 56 页。

② 另外三个原因分别是厂商缺乏竞争压力导致管理松懈、研究与开发费用的减缩及寻租活动。所谓寻租，是指厂商将资源用于获得或维持垄断地位的行为。参见[美]斯蒂格利茨：《经济学》(上册)，梁小民、黄险峰译，中国人民大学出版社 2000 年版，第 359 ~ 363 页。

美国《谢尔曼法》第1条规定："任何合同，托拉斯或其他形式的联合或共谋，如果限制了州际之间的商贸活动或者与国外进行的商贸往来，均为非法。"在金融业中会不会发生这样的联合或共谋行为呢？换言之，金融业是不是属于《谢尔曼法》等联邦反托拉斯法的规制范围呢？在美国历史上，曾经发生过银行业与保险业等是否受《谢尔曼法》等联邦反托拉斯法规制的争议。就保险业而言，美国最高法院在1868年的保罗案中，界定保险不是"商业"或"贸易"，不是州际贸易，因而不受联邦反托拉斯法规制。在1944年的东南承保人协会案中，美国最高法院推翻了保罗案的裁判，宣布保险业要受《谢尔曼法》的规制，从而威胁到了美国保险业主要由州监管的行业传统。1945年的《麦克兰—弗格森法》实际上采取了折中的态度，在尊重美国保险业主要由州监管的前提下，又规定在保险公司实施联合抵制、强迫和胁迫合谋等特定情形下，《谢尔曼法》可以适用。

以银行业为例，依据《联邦贸易委员会法》第5条豁免银行不受该法的规制，而且有人认为，银行业与保险业一样，不是《谢尔曼法》规定的"商业"或"贸易"，当然不受联邦反托拉斯法的规制。1963年美国诉费城国民银行案确立了美国银行业应受反垄断法规制的基本原则。此后，美国银行业反垄断案件逐渐增加。例如，在1998年，美国司法部反托拉斯局对Visa和MasterCard两家银行卡公司提起反垄断诉讼，这两家公司禁止发行了Visa和MasterCard的银行发行除这两种卡之外的银行卡，尤其是American Express和Discovery卡，而且大多数银行是这两家银行卡公司的成员，而成员银行控制了支付卡网络。美国司法部认为，禁止发行其他卡和共享管理层的行为是一种反竞争行为。[①] 该案在美国金融界产生了重大影响。在该案之前，就有美国西尔斯公司对美国维萨卡公司提起过反垄断诉讼。法庭判决认为，"被告的排他性规则限制了网络之间的竞争，并因此减少了创新

---

① 参见[美]罗伯特·S. 平狄克：《管理层、发卡限制与支付卡网络竞争：美国政府诉维萨(Visa)和万事达卡(MasterCard)案》，载[美]J. E. 克伍卡、L. J. 怀特：《反托拉斯革命：经济学、竞争与政策》，林平、臧旭恒等译，经济科学出版社2014年版，第501～502页。

性和多样化的产品而损害了消费者利益”。[①] 但是,法庭没有支持司法部关于管理层共享的指控。

众多的金融反垄断案例表明,“像其他形式的企业一样,银行也倾向于尽可能地规避竞争”。[②]在2008年全球金融危机之后,欧美反垄断执法部门所查处的三个案例都涉及银行为了规避竞争所实施的共谋行为。在美国司法部与巴克莱银行达成的辩诉协议中,巴克莱银行承认,2007年12月至2013年1月,其与其他合谋者在外汇现货市场上固定、维持和操纵欧元兑美元汇率的行为,是一种企图消除该市场竞争的共谋,违反了《谢尔曼法》第1条的规定。如美国巡回法院法官约翰·P.库尔在否决地区法院认定维萨卡公司负有责任的裁定时所言,“《谢尔曼法》最终是要保护竞争,而不是竞争者,如果我们抹杀这种区别,那么我们将会削弱其保护消费者福祉的持续的生命力”。[③] 欧美各国反垄断执法机构对上述SIFIs操纵贵金属案件、操控伦敦同业拆借利率及汇率案件及垄断CDS案件的查处,就是要维护金融市场的公平竞争和保护金融消费者利益。

(二)防范和化解SIFIs“大而不倒”所致的道德风险

在2008年全球金融危机中,美国第四大投资银行雷曼兄弟破产,进而引发了美国金融市场乃至全球金融体系的系统性风险。美国第三大投资银行美林公司被美国银行收购,摩根大通收购了贝尔斯登和华盛顿互惠银行。危机之后,美国银行业形成了由花旗集团、高盛集团、摩根大通、富国银行、美国银行及摩根史坦利6家大型银行主导的格局。由于这些合并均是发生在金融危机中,实际上是美国政府救助处于金融危机中的金融机构的重要方式,这使金融监管机构与反垄断执法部门在对上述金融机构合并审查时表现得十分灵活,对这些合并总体上持支持态度,体现了金融稳定的价值目标优先于金融市场竞争。此外,对于涉及银行和非银行业的混合合并,美国

---

① [美]罗伯特·S.平狄克:《管理层、发卡限制与支付卡网络竞争:美国政府诉维萨(Visa)和万事达卡(MasterCard)案》,载[美]J.E.克伍卡、L.J.怀特:《反托拉斯革命:经济学、竞争与政策》,林平、臧旭恒等译,经济科学出版社2014年版,第516页。

② [美]哈威尔·E.杰克逊、小爱德华·L.西蒙斯:《金融监管》,吴志攀等译,中国政法大学出版社2003年版,第79页。

③ [美]哈威尔·E.杰克逊、小爱德华·L.西蒙斯:《金融监管》,吴志攀等译,中国政法大学出版社2003年版,第106页。

司法部反托拉斯局和联邦贸易委员会都积极参与，并且加快了对兼并非银行部分的审查。① 合并之后的银行，其经营规模进一步扩大，都是全球系统重要性金融机构，对于美国金融市场体系乃至全球金融体系都具有举足轻重的影响。可见，金融危机之后的"大而不倒"问题较之于危机之前更加突出。

SIFIs所具有的"大而不倒"地位，会大大减弱金融市场约束机制对其的约束力，会诱发其从事高风险的冒险投机交易，如衍生金融交易。冒险投机的收益归SIFIs所有，若发生亏损使SIFIs陷入经营困难时，为了维护金融稳定，政府却不得不救助SIFIs，救助使SIFIs将其本应承担的损失外部化给社会公众承担。因此，救助必然会导致SIFIs的道德风险行为。事实上，SIFIs的"大而不倒"地位所引发的道德风险是导致2008年全球金融危机发生的重要原因之一。然而，如前文所述，在本次金融危机之后，"大而不倒"问题更加突出。如何防范SIFIs"大而不倒"的道德风险，成为后危机时代的重大现实问题。适用一般企业市场退出的破产机制难以对SIFIs产生真正的威慑力，而反垄断法对具有市场支配地位的经营者的强大威慑力已经在危机之前得到了印证。如在1911年美国对约翰·D.洛克菲勒的标准石油公司的诉讼中，最终判决将这家公司直接解散，分拆成37家地区性石油公司；在1911年的美国烟草公司案，该公司被分拆为3个公司；在1937年美国铝业公司案中，法院判令剥离美国铝业公司在加拿大的联营公司——铝业有限公司；1984年美国电报电话公司被联邦地区法院认定垄断电话业务违反《谢尔曼法》第2条，该公司被分拆。② 就金融业而言，在20世纪的"大萧条"时期，罗斯福"以强硬的立场面对垄断的金融势力，正如他对待产业垄断势力一样"，"罗斯福新政在20世纪初通过《格拉斯—斯蒂格尔法案》禁止银行同时经营投行业务和商业银行业务，成功分拆了摩根集团以及其

---

① Edward D. Herlihy, *A Guide to Financial Institutions* 2010: *Navigating the New Landscape*, *Corporate Law and Practice Course Handbook Series PLI Order* No. 24859, New York City, March 9, 2010. 转引自赵园园：《对金融机构救助的反垄断法思考》，载《财经科学》2011年第5期。

② 参见[美]理查德·A. 波斯纳：《反托拉斯法》，孙秋宁译，中国政法大学出版社2003年版，第126~129页。

他的货币托拉斯"。[①] 既然市场约束机制难以真正克服"大而不倒"地位所致的道德风险,那么消除这些风险的有效办法就是消除风险的源头——"大而不倒"的地位。反垄断法对于具有市场支配地位的经营者的严格规制,尤其是反垄断法独具的企业分拆,恰好是解决"大而不倒"现象的有力武器;反垄断法上的企业合并制度,对于控制金融业的集中程度,防范金融机构形成"大而不倒"的地位等无疑具有重要的现实意义。在本次危机之前,美国就制定了规制银行合并、控制银行业集中度的反垄断立法。如《跨州银行和分支机构效率法》就加强了对储蓄业集中程度的限制,规定国家储蓄机构的储蓄规模最高为全国储蓄业的 10%,州立储蓄机构的为州储蓄业的 30%;[②]《银行业兼并法》旨在规范银行之间的兼并收购行为;银行控股公司或将成为银行控股公司的机构并购银行或银行控股公司,适用《银行控股公法》;《银行控制法》涵盖的是个人进行的银行收购活动;兼并或收购储蓄和贷款控股公司的适用《储蓄与贷款控股公司法》。这些立法中的银行反垄断特殊规定授权联邦银行业监管机构对上述并购进行反垄断审查。[③] 同时,这些并购还必须符合《谢尔曼法》和《克莱顿法》规定的要求,才能获得联邦银行业监管机构的批准。

在危机之后的《多德—弗兰克法案》制定过程中,麻省理工学院的西蒙·约翰逊教授和斯蒂格利茨教授坚持认为应当拆分大银行,约翰逊教授认为,商业银行的规模不应超过美国国内生产总值(Gross Domestic Product,GDP)的 4%,投资银行的规模不超过美国 GDP 的 2%,因为监管机构对于大型银行难以进行有效的管理,从而会扭曲金融市场秩序。[④] 戴维·斯基尔将这种观点称为"布兰代斯主义"或"路易斯主义",因为布兰代斯在 20 世纪初就一直提倡分拆大型银行。如戴维·斯基尔所言,美国《多

---

① [美]戴维·斯基尔:《金融新政:解读〈多德—弗兰克法案及其影响〉》,丁志杰、张红地等译,中国金融出版社 2012 年版,第 77 页。

② 参见[美]哈威尔·E. 杰克逊、小爱德华·L. 西蒙斯:《金融监管》,吴志攀等译,中国政法大学出版社 2003 年版,第 79 ~ 80 页。

③ 参见[美]乔纳森·R. 梅斯、杰弗里·P. 米勒、理查德·斯科特·卡内尔:《银行法》,中信出版社 2003 年版,第 379 页。

④ 参见[美]戴维·斯基尔:《金融新政:解读〈多德—弗兰克法案及其影响〉》,丁志杰、张红地等译,中国金融出版社 2012 年版,第 77 ~ 80 页。

德—弗兰克法案》对路易斯主义做出了一些让步,其中有两个条文对金融机构的规模进行了限制。该法第 622 条针对 SIFIs 的集中度进行了限制。该条是对《1956 年银行控股公司法案》的修订。该条(b)款规定,遵循金融稳定监督委员会的建议,如果金融公司兼并以取得其他公司全部或大部分的资产,或者控制其他公司,使得其并表负债总额在交易完成后超过了所有金融公司在交易前一年度并表负债总额的 10%,那么金融稳定监督委员会应建议美国联邦储备银行不批准该并购申请。该条(c)款规定了(b)款集中度限制的例外:并购处于违约的银行或存在违约风险的银行;并购正在受美国联邦存款保险公司援助的金融机构;仅仅会导致金融公司负债微量增长的并购。该法第 623 条(a)款规定,如果一项州际并购使得参保存款机构在交易完成后,将控制超过美国参保存款机构存款总额的 10%,那么监管机构就不能批准并购申请。该条(b)款和(c)款分别针对银行控股公司并购、储存和贷款控股公司并购规定了与该条(a)款相同的集中度限制,即当并购使得参与并购的银行控股公司、储存和贷款控股公司在并购完成后能够控制美国国内参保存款机构存款总额 10% 以上,并购申请不予批准。同时,该法第 623 条规定了与第 622 条相同的集中度限制例外情形。①

此外,该法第 121 条为了减缓金融稳定面临的风险,专门针对 SIFIs 规定了一项措施:美国联邦储备银行理事会认为,合并总资产在 500 亿美元及以上的银行控股公司或非银行金融公司,也就是具有“系统重要性地位”的银行控股公司或非银行金融公司,严重威胁到美国的金融稳定时,经过美国金融稳定监督委员会 2/3 多数票同意,美国联邦储备银行理事会应当限制该公司收购、合并、联合其他公司或附属于其他公司的能力。② 其他可以采取的措施包括:严格限制该公司提供金融产品的能力;终止公司的营业活动;对公司的营业活动附加条件;以出售或其他方式向非附属机构转移资产或表外业务。

总之,美国在危机后加强对 SIFIs 的反垄断规制,是为了防范和化解

---

① 参见董裕平、全先银等译:《多德—弗兰克华尔街改革与消费者保护法案》,中国金融出版社 2010 年版,第 227 ~ 231 页。

② 参见董裕平、全先银等译:《多德—弗兰克华尔街改革与消费者保护法案》,中国金融出版社 2010 年版,第 22 页。

SIFIs“大而不倒”所致的道德风险,维护美国金融稳定。

(三)弥补全球金融治理体系的缺陷,维护全球金融市场稳定

2008 年全球金融危机深刻反映了“二战”结束后初期建立和延续至今的全球金融治理体系存在的诸多缺陷。这一治理体系本来以解决收支问题和确保全球金融稳定为目的,事实上却对历次危机无能为力,甚至自身成为全球经济失衡的重要诱因。① 本次全球金融危机由美国第四大投资银行——雷曼兄弟破产事件引发,证明了大型跨国金融机构对于维护全球金融稳定的至关重要性,也说明危机之前的全球金融治理体系忽视了大型跨国金融机构对于全球金融稳定的重要性。众所周知,跨国公司是经济全球化的重要参与者与推动者,大型跨国金融机构无疑是金融全球化的重要参与者与推动者。金融全球化是一柄“双刃剑”,既会给全球金融市场带来活力和发展机会,也会将金融风险向全球金融市场扩展,进而给全球金融稳定带来新的隐患,增加维护全球金融稳定的难度。2008 年全球金融危机就非常生动地诠释了大型跨国金融机构对于全球金融市场稳定的重要性。正是意识这一重要性,危机之后成立的金融稳定理事会才将对于全球金融体系的稳定具有重要性影响的大型跨国金融机构称为“系统重要性金融机构”。为了维护全球金融稳定,欧美各国进行了以加强宏观审慎监管为重点的金融监管体制改革,金融稳定成为各国金融监管的首要目标。国际社会成立了金融稳定理事会,通过加强对 SIFIs 的金融监管及国际合作来维护全球金融稳定。金融监管固然是维护维护金融稳定的重要手段,但不应当是唯一的手段。金融监管部门对于 SIFIs,一方面像对待其他金融机构一样进行合规性监管和风险监管,另一方面针对其“大而不倒”的地位提高监管指标要求,尤其是对其经营行为可能造成的区域性或系统性风险进行严格监管,SIFIs 的反竞争行为不是监管的重点。以巴克莱银行等 6 家银行操控伦敦同业拆借利率及汇率案为例,6 家银行的职员就是在名为“卡特尔”的聊天室里实施操控行为,6 家银行事实上达成了一个国际卡特尔。这只不过是 SIFIs 从事的反竞争行为的一个缩影。SIFIs 所从事的反竞争行为,诸如滥

---

① 参见高海红:《布雷顿森林遗产与国际金融体系重建》,载《世界经济与政治》2015 年第 3 期。

用市场优势地位操纵金融市场价格、组成国际卡特尔在国际金融市场上固定价格或者划分市场等,会实质性限制或排除国际金融市场竞争,会极大地扭曲国际金融市场价格机制,造成国际金融市场的剧烈波动,从而给全球金融市场带来新的风险或不稳定因素。在金融全球化时代,SIFIs 所从事的高风险投机行为及不公平竞争行为所致的金融风险,会借助全球金融体系向世界蔓延。因此,SIFIs 的反竞争行为是影响国际金融市场稳定的重要隐患,必须要加强对这些行为的反垄断规制。"针对全球卡特尔和全球垄断没有一个全球性的解决方法,这成为经济全球化政治全球化的另一个案例"。[①] 从理论上分析,"垄断的全球化需要一部全球性的竞争法律,以及一个全球性的竞争权力机构来执法,在反竞争行为影响到多个司法辖区时,该权力机构能够采取刑事诉讼和民事行为"。[②] 然而,时至今日,全球性的竞争执法机构仍然只是停留在理论层面,欧盟委员会竞争总司尽管跨越了主权国家的界限,但不过是一个区域性的竞争执法机构。对于国际金融市场存在的国际金融卡特尔等反竞争行为,各国只能依据反垄断法域外适用制度予以规制。它虽然在一定程度上可以弥补全球性竞争执法机构缺失的不足,但是也容易引起各国之间的反垄断管辖权冲突。

(四)以反垄断维护美国在全球金融治理体系中的霸权地位

本次全球金融危机凸显了全球金融治理体系中存在的美国霸权及其危害。有学者指出,全球金融治理体系中的美国霸权主要表现在三个方面:一是美元在国际货币体系中的霸权地位,美元是主要的国际储备货币;二是美国在国际货币基金组织、世界银行、经济合作与发展组织 3 大国际金融机构中具有绝对话语权;三是美国在国际金融事务中的单边主义。[③] 在危机后的全球金融治理变革中,发展中国家与发达国家之间的矛盾、欧美日等发达国家之间的矛盾更加突出。美国在全球金融治理体系中的霸权地位则是这

---

① [美]约瑟夫·L. 斯蒂格利茨:《让全球化造福全球》,雷达、朱丹、李有根译,中国人民大学出版社 2013 年版,第 185 页。

② [美]约瑟夫·L. 斯蒂格利茨:《让全球化造福全球》,雷达、朱丹、李有根译,中国人民大学出版社 2013 年版,第 185 页。

③ 参见胡海峰、倪淑慧:《后危机时代美国霸权在全球金融治理体系的发展趋势展望》,载《教学与研究》2015 年第 2 期。

些矛盾的焦点所在。面对以中国为代表的发展中国家与新兴经济体重建全球金融治理体系的呼声及利益诉求,美国不但不会自动放弃其霸权地位,反而会想方设法通过各种手段维护甚至加强其霸权地位。如美国在本次危机发生之后全力致力于经济复苏,推行“再工业化战略”,引导制造业回流美国本土,以便为其金融霸权地位奠定坚实的实体经济基础;美国还启动和加快推进跨大西洋贸易与投资伙伴协议,企图通过重塑全球贸易与投资规则,掌握规则制定的主导权和话语权,以维护美国的霸权地位。

除此之外,需要特别注意的是,反垄断也是美国维护其在全球金融体系中的霸权地位的重要手段。我国著名反垄断法专家王晓晔早就指出,美国在反托拉斯法的域外适用方面存在霸权主义。首先,美国法院往往依据效果原则确定案件管辖权,该原则考虑的是发生在美国域外的限制竞争行为是否对美国市场产生了不良影响,主要考虑的是美国的利益,置其他国家利益于不顾。其次,美国在查处国际卡特尔案件方面所获得的收益最大,而且这些收益中的相当大的一部分来自于外国企业。“美国司法部反托拉斯局 1997 年与 1998 年所征收罚金的 90% 以上及 1999 年征收的全部罚金都是来自国际卡特尔案件,且大额罚金都来自外国企业”。[①]危机后美国针对 6 家 SIFIs 开出的高达 58 亿美元的“史上最大反垄断罚单”,其中一半以上来自外国银行,仅巴克莱银行就需要支付高达 19.5 亿美元的罚款。显然,美国首创的依据效果原则所实施的反垄断法域外适用,本身就是基于美国在全世界中的经济霸权而采取的单边主义行为,势必会引起美国与其他相关国家之间的利益冲突,遭到相关国家的极力反对。如英国、澳大利亚、加拿大等国甚至制定法规抵制美国的效果原则,不承认和执行外国法院依据该原则作出的此类判决。正是为了缓和效果原则所引起的紧张局面,在 1976 年 Timberlane Lumber 诉美洲银行案中,法官 Choy 指出,在美国反托拉斯法域外适用时应当考虑“国际礼让”问题。其言下之意是,只有当美国在相关案件中的利益明显超过其他国家的利益时,美国法院才有案件管辖权。然而,Hartfor Fire 案的判决对国际礼让原则做出了重大限制,又引起了许多国

① 王晓晔:《反垄断法》,法律出版社 2011 年版,第 403 页。

家的批评,甚至美国学者埃利斯批评该判决与国际法的管辖权原则相冲突。① 无论效果原则在美国反托拉斯实践中如何演变和发展,其维护美国霸权地位的功能都不会消失。在危机之后美国查处的SIFIs反垄断规制案件中,就涉及巴克莱银行、瑞士信贷集团、德意志银行、法国兴业银行、南非标准银行集团和汇丰控股等众多的境外SIFIs。对这些金融机构的限制竞争行为的查处,既塑造了美国这一金融强国保护全球金融市场公平竞争、维护全球金融稳定的良好形象,也有助于美国利用反垄断域外适用制度维护其在全球金融治理体系中的霸权地位。

第二节　反垄断法规制SIFIs的重点问题剖析

一、SIFIs反垄断规制的管辖权配置

(一)反垄断执法机构与行业监管机构之间的管辖权配置

SIFIs从事的是金融行业,SIFIs反垄断首先涉及的问题是如何处理反垄断法与金融行业监管制度之间的关系,反映在实践中就是如何确定SIFIs的反垄断主管部门,是由金融监管部门负责实施对SIFIs的反垄断职责?还是由一般的反垄断执法机构负责?抑或由二者合作开展SIFIs反垄断?这个问题实质上是如何在反垄断执法机构与行业监管机构之间配置管辖权。有人总结了自然垄断行业的反垄断管辖权配置的四种模式:除外适用;并行适用;补充适用及统一适用。除外适用实质上就是将自然垄断行业排除适用反垄断法,自然垄断行业只受行业监管机构的管辖,不受反垄断执法机构的管辖;并行适用模式是指行业监管法与反垄断法同等适用于自然垄断行业的限制竞争行为;补充适用是指以反垄断法适用于自然垄断行业限制竞争行为的规制为前提,行业监管制度补充适用;统一适用则是将自然垄断行业整体上作为竞争性行业,对于该行业内的限制竞争行为,由反垄断法统一规制,行业监管部门不享有管辖权。如澳大利亚、新西兰等国家就是采取统

---

① 参见王晓晔:《反垄断法》,法律出版社2011年版,第388~393页。

一适用模式。[1] 尽管金融业是不是自然垄断行业在理论上存在争议，但是金融业曾经在大多数国家是反垄断豁免的行业，此点与自然垄断行业的反垄断规制历史如出一辙。因此，上述有关自然垄断行业的反垄断管辖权配置模式的总结，同样适用于金融业的反垄断管辖权配置。受各自不同的政治、经济及法律等多方面因素的约束，各国在金融业反垄断管辖权的配置上不尽相同，从而形成了不同的反垄断规制模式。鉴于当前主要是美国与欧盟对 SIFIs 实施了反垄断规制，下文就阐述美国和欧盟的金融业反垄断规制模式。

（二）美国对 SIFIs 的反垄断规制模式

在美国，一般的反垄断执法部门与金融行业监管部门之间的关系非常复杂，银行业与保险业之间的差别很大。1944 年的《麦克兰—弗格森法》确立了美国保险业主要由各州监管的体制，联邦反垄断部门只有在特殊情形下才会介入。实际上在该法之后，鲜见美国联邦反垄断部门调查保险公司的案例。美国金融业反垄断的主要对象是银行。在美国银行业反垄断的管辖权配置上，是一种并行适用模式，即美国司法部、联邦贸易委员会等联邦反垄断机构和美国联邦储备银行、美国联邦存款保险公司及货币监理署等银行业监管机构，对于银行业金融机构的垄断行为均有管辖权。实践中，有关垄断协议和滥用市场支配地位的案件，一般由美国司法部依据《谢尔曼法》和《克莱顿法》查处；有关银行合并的案件则由美国司法部和银行业监管机构共同完成。美国还制定了一些适用于银行业的反垄断立法。如《跨州银行和分支机构效率法》就加强了对储蓄业集中程度的限制，规定国家储蓄机构的储蓄为 10%，州立储蓄机构的为 30%；[2]《银行业兼并法》旨在规范银行之间的兼并收购行为；银行控股公司或将成为银行控股公司的机构并购银行或银行控股公司，适用《银行控股公法》；《银行控制法》涵盖的是个人进行的银行收购活动；兼并或收购储蓄和贷款控股公司的适用《储蓄与贷款控股公司法》。这些立法中的银行反垄断特殊规定授权联邦银行

---

① 参见王先林主编：《中国反垄断法实施热点问题》，法律出版社 2011 年版，第 295 ~ 300 页。

② 参见［美］哈威尔·E. 杰克逊、小爱德华·L. 西蒙斯：《金融监管》，吴志攀等译，中国政法大学出版社 2003 年版，第 79 ~ 80 页。

业监管机构对上述并购进行反垄断审查。[①] 同时,这些并购还必须符合《谢尔曼法》和《克莱顿法》规定的要求,才能获得联邦银行业监管机构的核准。

由上可见,美国 SIFIs 反垄断规制涉及很多部门,就理论分析而言,似乎很容易造成各部门之间的冲突和低效率。然而,这种模式恰恰符合了美国具有分权传统的国情,"非常契合了美国已有的机构的配置,同时也适应了较为复杂和难度较大的美国银行业垄断的监管"。[②]

(三)欧盟对 SIFIs 的反垄断规制模式

欧盟对 SIFIs 的反垄断规制采用统一适用模式,即将银行、保险等金融业总体上作为竞争性行业,在反垄断法律适用及反垄断执法机构上与其他行业享有相同的待遇。[③] 这也是欧盟在反垄断执法机构设计上的一元行政模式的体现。与欧盟相似的是,澳大利亚的竞争与消费委员会统一行使反垄断执法权。统一适用模式的优势在于统一了反垄断规则,避免了反垄断执法机构与行业监管机构之间的冲突,从而有利于减少执法成本;其缺陷是没有考虑到金融业反垄断的特殊性、专业性。不过,欧盟的成员国如英国并未采用统一适用模式。英国公平贸易局、竞争委员会等与原来的英国金融服务局、现在的金融行为监管局等都负有促进金融业竞争、保护消费者利益的反垄断职责。如在 2013 年 2 月,英国金融行为监管局就宣布正在收集信息、调查伦敦外汇市场基准汇率是否被操纵。

二、SIFIs 反垄断规制中的相关市场界定

"垄断势力"(monopoly power)和"市场势力"(market power)是美国反托拉斯法上的概念,相当于我国《反垄断法》中的"市场支配地位"。它是指经营者在相关市场内所拥有的一种市场优势地位,经营者凭借该地位可以控制商品的价格及数量或其他交易条件,可以阻碍或者影响其他的经营者进入相关市场,可以"在企业有利可图的情况下,较长时期地将商品价格维

---

① 参见[美]乔纳森·R. 梅斯、杰弗里·P. 米勒、理查德·斯科特·卡内尔:《银行法》,中信出版社 2003 年版,第 379 页。

② 杨斌:《银行业反垄断主管机构研究》,中南大学 2008 年硕士学位论文,第 34 页。

③ 参见王晓晔:《论反垄断执法机构与行业监管机构的关系》,载 http://www.iolaw.org.cn/showarticle.asp? id = 1902,最后访问日期:2016 年 6 月 2 日。

持在竞争性价格水平之上”。① 这些论述非常明确地指出了市场支配地位认定在反垄断中的重要意义。同样,对于 SIFIs 反垄断,在许多情况下需要依据反垄断法相关规定,结合 SIFIs 的实际情况,确定其市场支配地位。这就客观上需要建立和完善 SIFIs 市场支配地位的认定规则。这些认定规则,既要符合反垄断法的一般原理,也要反映 SIFIs 所处的金融市场的特殊性,特别是 SIFIs 本身所具有的“系统重要性”与“太大而不能倒”的市场地位。下文拟从市场支配认定的起点——相关市场界定出发,研究危机后美国 SIFIs 反垄断案件中相关市场界定及其发展趋势,然后结合评估金融机构“系统重要性”的国际标准,探讨在认定 SIFIs 之市场支配地位时应当考量的重要因素。

(一)相关市场界定的基本原理

界定相关市场在反垄断规制实践中具有重要的地位。美国有学者指出:“垄断分析的第一个问题就是要确定何种程度的市场势力及其使用才能引起反垄断审查和控制。”②不过,“市场势力的测试是一个不严密并且常常被误解的过程。在审理一个垄断案件时,常常是首先界定产品和地理市场,然后拿被告的销售额与竞争者的销售额进行比较”。③ 我国学者也指出:“在反垄断法中,大多数情况下对于涉嫌违法行为是通过分析是否对竞争造成损害来决定其违法性的,这就必然涉及发生竞争的领域。而相关市场的界定就是要划定这种竞争领域范围的大小。”④不过,并不是每一个反垄断案件都需要进行相关市场界定。美国联邦贸易委员会经济局副主任肯尼斯·海耶尔认为:“界定一个相关市场,对于证明一起合并可能存在的经济损害,既不是必要的,也不是充分的。理解这点非常重要,因为合并政策

① [美]欧内斯特·盖尔霍恩、威廉姆·科瓦契奇、斯蒂芬·卡尔金斯:《反垄断法与经济学》,任勇、邓志松、尹建平译,法律出版社 2009 年版,第 90 页。

② [美]欧内斯特·盖尔霍恩、威廉姆·科瓦契奇、斯蒂芬·卡尔金斯:《反垄断法与经济学》,任勇、邓志松、尹建平译,法律出版社 2009 年版,第 90 页。

③ [美]欧内斯特·盖尔霍恩、威廉姆·科瓦契奇、斯蒂芬·卡尔金斯:《反垄断法与经济学》,任勇、邓志松、尹建平译,法律出版社 2009 年版,第 94 页。

④ 王先林:《中国反垄断法实施热点问题研究》,法律出版社 2011 年版,第 26 页。

的重点是,或至少应该是,确定竞争损害的可能性,而不是界定市场。”①“相关市场界定只是作为竞争性评价的工具,目的是识别出哪些产品或者服务可以作为提供者所提供的产品或服务的替代物并且这些替代物能够对竞争者形成有效的竞争约束”。② 如固定价格、划分市场、限制产量等行为,其反竞争性质已经非常明显,运用相关市场界定对其再做竞争性评价已经没有意义。

相关市场由相关的产品市场、地域(理)市场及时间市场等构成。欧共体委员会《关于欧共体竞争法界定相关市场的通知》中对相关产品市场定义如下:“一个相关产品市场是指根据产品的特性、价格及其用途,被消费者认为它们是可以相互交换或者相互替代的所有产品和服务。”美国司法部与联邦贸易委员会 2010 年《横向合并指南》第四节关于产品市场界定如下:“当合并一方企业的一种产品(产品 A)与合并另一方的一种或者多种产品竞争时,执法部门围绕产品 A 去界定一个相关产品市场,从而去评估竞争的重要性。这样的一个相关产品市场由包括产品 A 在内的一组替代产品组成。”③依据经济学原理,相关产品市场实际上就是具有可替代性的产品所组成的市场,这个市场上的产品具有相同或相似的特征,并且能够满足消费者或者用户的相同或相似的需求。我国《国务院反垄断委员会关于相关市场界定的指南》第 8 条规定,从需求替代角度界定相关产品市场,应当考虑如下因素:需求者因价格变化等因素,转向或考虑转向购买其他商品的情况;商品的外形、特性、质量和技术特点等总体特征和用途;商品之间的价格差异及商品的销售渠道等其他重要因素。此外,在必要时可以从供给角度界定相关产品市场。相关地域市场的界定相对而言简单一些。1997 年《欧共体委员会关于欧共体竞争法界定相关市场的通知》规定:“相关地域市场是指这样一个地域,即相关企业在这里参与供应和购买产品或者服务,且它们在这个地域内的竞争条件基本是一致的,由于与相邻地域市场的

---

① [美]肯尼斯·海耶尔:《市场界定和竞争效应》,载王晓晔主编:《反垄断法中的相关市场界定》,社会科学文献出版社 2014 年版,第 45 页。

② 李明德、闫文军、黄晖、郃中林:《欧盟知识产权法》,法律出版社 2010 年版,第 582 页。

③ 以上关于欧共体与美国的产品市场界定的规定,分别引自王晓晔主编:《反垄断法中的相关市场界定》,社会科学文献出版社 2014 年版,第 364、355 页。

竞争条件明显不同,从而可以将其与相邻区域区别开来。”[①]美国司法部与联邦贸易委员会 2010 年《横向合并指南》第四节的相关规定指出,“地域市场的范围经常取决于运输成本。诸如语言、规制、关税及非关税贸易壁垒、习俗及熟悉度、信誉、服务可用性等其他因素也可以阻止远距离或国际贸易”。[②]

如何界定相关市场？目前各法域广泛采用的界定方式是假定垄断者测试。在 20 世纪 80 年代,为了满足企业合并控制的制度需要,经济学理论界提出“反托拉斯市场”(antitrustmarket)的概念,以尽可能地说明企业运用或支配市场的能力。因为“市场份额不能完全体现市场势力,这就需要通过一种比市场份额更有参考价值的方式去界定市场,这即是假定垄断者测试”。[③]“只有当一个占有 100% 份额的企业确实能够施展市场力,即能够将产品市场价格提升到完全竞争价格之上时,市场份额才是证明企业具有市场力的一个可靠证据……相关的反托拉斯市场因此就必须包括所有能够限制垄断者市场力的产品和地理区域。”[④]这就需要进行假定垄断者测试。美国司法部 1982 年《横向合并评估指南》最早采用了该方法。

假定垄断者测试也叫 SSNIP 测试,测试的主要手段是实施“一个小而显著的非临时性涨价”(small but significant not-transitory increase in price)。涨价期限一般是 1 年,涨价幅度是 5% ~ 10%。以相关商品市场的界定为例,测试的效果表现为假定垄断者能否持久地提高目标商品的价格。依据经济学原理,目标商品涨价导致需求减少,从而使得假定垄断者的销售量下降,如果其仍然有利可图,则表明假定垄断者对该目标商品的销售具有支配能力,目标商品就构成了一个相关产品市场。假定垄断者在该相关产品市场上的市场份额表明其对该市场具有支配力。反之,假定垄断者无利可图,

---

① 王晓晔主编:《反垄断法中的相关市场界定》,社会科学文献出版社 2014 年版,第 364 页。

② 王晓晔主编:《反垄断法中的相关市场界定》,社会科学文献出版社 2014 年版,第 360 页。

③ [德]丹尼尔·茨曼:《消费者需求与假定垄断者测试:相关市场界定的两种分析框架》,载王晓晔主编:《反垄断法总的相关市场界定》,社会科学文献出版社 2014 年版,第 19 页。

④ [德]乌尔里希·施瓦尔贝、丹尼尔·齐默尔:《卡特尔法与经济学》,顾一泉、刘旭译,法律出版社 2014 年版,第 92 ~ 93 页。

就要将实施涨价后的需求者转向的替代商品与目标商品组成商品集合，然后再以该商品集合作为新的目标商品实施小而显著的非临时性涨价，看假定垄断者是否有利可图。如果有利可图，则该商品集合就构成了一个相关商品市场；如果无利可图，则需要进行新一轮的测试，直至界定出相关产品市场。

（二）危机前典型金融业反垄断案件中的相关市场界定

1. 美国诉费城国民银行案中的相关市场界定。费城国民银行拟与另外一家银行合并，美国依据《谢尔曼法》和《克莱顿法》等法律规定向美国联邦地区法院起诉了拟合并的两家银行，要求禁止该项合并。地区法院驳回了起诉，美国直接向最高法院提起上诉。最高法院法官 Brennan 认为，该合并将会实质性减少竞争，而且地区法院未能依据相关地域市场的需求及便利评估合并的效果。该案在美国银行业反垄断历史上首次提出了“产品与服务群”（cluster of products and services）的概念。即将“商业银行”界定为一系列信贷产品和服务（如账户结算与信托管理）构成的产品与服务群，从而界定了相关产品市场。不同产品被一起供给和需求的市场被称为产品组合市场或集群市场。组成集群市场的各种商品存在交易补偿性。所谓交易补偿性是指“某一客户从某一企业那里购买多种产品时的交易成本要低于在不同企业那里分别购买这些产品”。[①] 交易补偿性给需求方所带来的利好集成，使得其更乐意购买这些产品或服务组合。从供给的角度看，将交易标的进行组合销售的效率高于分散销售，有利于减少销售成本。因此，“需求方所采购的和企业供给的服务组合也就应视为一个整体进行相关市场界定，即便是在这个组合中各个产品元素之间可能不仅存在补偿关系产品也存在替代关系。”[②]

此外，Brennan 法官还对本案中的相关地理市场发表了意见，认为银行业像大多数服务业一样，地理位置是否方便对于市场竞争具有重要影响，无论是个人还是公司，都经常在其当地社区银行办理大量业务，到距离遥远的

---

① ［德］乌尔里希·施瓦尔贝、丹尼尔·齐默尔：《卡特尔法与经济学》，顾一泉、刘旭译，法律出版社 2014 年版，第 109 页。

② ［德］乌尔里希·施瓦尔贝、丹尼尔·齐默尔：《卡特尔法与经济学》，顾一泉、刘旭译，法律出版社 2014 年版，第 109～110 页。

银行办理业务不现实。因此,必须确定一个有效竞争的地域范围,即相关地理市场。①

2. 1992年社会公司兼并美洲信托公司案中的相关市场界定。1992年,一家位于美国俄亥俄州克利夫兰的银行控股公司——社会公司,向美国联邦储备委员会申请兼并同城的美洲信托公司。美国联邦储备委员会和司法部对于本案的相关市场界定存在较大的分歧。在本案中,美国联邦储备委员会沿用了费城国民银行案中的"产品与服务群"概念,认为"本次收购方案的分析应该是以银行在地方市场上,对一系列客户进行'一揽子'服务的可行性为基础",②作为"一揽子服务"的产品市场包括信贷产品和服务产品,它们结合在一起可以统归于"商业银行业务"这一术语。基于对产品市场的上述界定,美国联邦储备委员会将相关地域市场界定为克利夫兰银行业市场。相对于美国联邦储备委员会,司法部所认定的相关产品市场要狭窄得多,仅限于除了商业抵押贷款之外的商业贷款,相关地域市场是包括库亚赫干和雷克县在内的4个县,只及克利夫兰地域范围的一半。"过分狭窄的产品定义有可能排除真正的替代产品,并且可能夸大被告影响价格和产量的能力;如果非替代产品被考虑在内,被告的市场份额将会被低估,从而其市场势力也会被低估"。③ 正是由于美国联邦储备委员会和司法部对相关市场界定的不同,导致了对该兼并行为的竞争效果的判断迥异。美国联邦储备委员会认为兼并不会对克利夫兰银行业市场的竞争产生显著的负面效果,司法部认为兼并计划的完成会对库亚赫干和雷克县产生不利于竞争的显著效果。

3. 美国诉维萨和万事达卡案件中的相关市场界定。1998年10月,美国司法部起诉了维萨和万事达两大支付卡网络公司,因为这两家公司禁止发行了维萨和万事达卡的银行发行其他网络的卡,而且这两家公司的股东

---

① 参见[美]乔纳森·R.梅斯、杰弗里·P.米勒、理查德·斯科特·卡内尔:《银行法》,中信出版社2003年版,第393页。

② [美]哈威尔·E.杰克逊、小爱德华·L.西蒙斯:《金融监管》,吴志攀等译,中国政法大学出版社2003年版,第84页。

③ [美]欧内斯特·盖尔霍恩、威廉姆·科瓦契奇、斯蒂芬·卡尔金斯:《反垄断法与经济学》,任勇、邓志松、尹建平译,法律出版社2009年版,第94页。

是美国几家大型银行,其管理层在一定程度上是共享的。司法部指控,禁止发行其他卡和共享管理层的行为是反竞争行为。法庭在2003年的判决,支持了司法部对发卡限制的指控。美国学者罗伯特·S.平狄克对该案进行了深入的研究,尤其是对本案中的相关市场界定问题作了系统研究。他认为,本案中的4家公司发行的信用卡和签账卡属于相关产品市场。不过,“是否还存在具有同样支付功能,与信用卡和签账卡具有较强替代性的其他产品?例如,是否应将借记卡或现金、支票或其他支付方式也归入这一市场”?① 这恰恰是本案争议的焦点所在。作为反垄断执法机关的美国司法部认为,通用型支付卡网络所提供的产品和服务构成本案的相关产品市场,除了4家公司发行的信用卡和签账卡之外,还有Diner Club的支付卡,至于借记卡、现金和支票等其他支付方式不属于该案中的相关产品市场。维萨和万事达公司反对司法部以功能性为标准界定相关市场,因为产品的功能性难以准确衡量,应当基于需求或供给的替代性界定相关产品市场。基于需求或供给的替代性,借记卡、现金和支票等其他支付方式等属于本案的相关产品市场。审理该案的琼斯法官接受了司法部的观点,将通用型支付卡与其他支付方式分离,认为其构成一个单独市场。② “产品市场的界定要求知道是否存在与卖者相互竞争的产品,其他竞争者是否能够限制卖者提高价格”。③ 法庭认为,被假定的通用型支付产品的垄断者提高价格时,消费者不会将借记卡作为通用型支付卡的替代品;换言之,借记卡的发行者无力限制假定垄断者提高价格,提价仍然是有利可图的。因此通用型支付卡构成了一个相关产品市场。

(三)危机后典型金融业反垄断案件中的相关市场界定

在巴克莱银行与美国司法部就操纵汇率案达成的和解协议中,美国司法部将该案的相关产品市场界定为“即期外汇市场”(foreign currency

---

① [美]J. E. 克伍卡、L. J. 怀特:《反托拉斯革命——经济学、竞争与政策》,林平、臧旭恒等译,经济科学出版社2014年版,第510页。

② 参见[美]J. E. 克伍卡、L. J. 怀特:《反托拉斯革命——经济学、竞争与政策》,林平、臧旭恒等译,经济科学出版社2014年版,第511~512页。

③ [美]欧内斯特·盖尔霍恩、威廉姆·科瓦契奇、斯蒂芬·卡尔金斯:《反垄断法与经济学》,任勇、邓志松、尹建平译,法律出版社2009年版,第94页。

exchange spot market, FX Spot Market)。"即期外汇市场是一个货币交易的全球性市场。在这个市场上,货币被成对地进行相互交易,该市场每日的交易量达到约 2 万亿美元。其中,'欧元/美元'这对货币是交易量最大的,每日全世界交易量超过 5000 亿美元"。[①] 该市场是一个分散化的场外交易市场,金融机构作为经纪人在该市场上代为买卖货币。如巴克莱银行与其合谋的其他金融机构,从 2007 年 12 月到 2013 年 1 月,在全球雇佣了超过 5000 以上的人员,作为经纪人在美国及全球其他各地在外汇交易现货市场上买卖外汇。

和解协议的上述内容表明,该案的相关产品市场是即期外汇市场。即期外汇市场与远期外汇市场相对应,也就是从事即期外汇交易活动的场所。即期外汇交易与"远期外汇交易"相对,是指在"外汇市场上外汇买卖成交后,交易双方于当天或两个交易日内办理交割手续的一种交易行为"。[②] 它"既可以满足买方临时性的付款需要,又可以帮助买卖双方调整外汇头寸的货币比例,以避免外汇汇率风险"。[③] 远期外汇交易也叫期汇交易,其特点在于,"交易双方在成交后并不立即办理交割,而是事先约定币种、金额、汇率、交割时间等交易条件,到期才进行实际交割。"[④]为什么将相关产品市场局限于即期外汇交易,没有将远期外汇交易、外汇掉期交易、外汇期货与外汇期权等其他外汇产品纳入相关市场呢?笔者以为,这是因为由各种外汇交易产品构成的外汇市场是一个差异化产品市场,各种外汇交易产品之间存在较大差异,相互之间缺乏有效的替代性。对于差异化产品情形下的市场界定,应当"根据需求市场分析方法、按照使用功能上的替代可能性、设计用途、物理性质和价位可比性等标准"[⑤]进一步细分市场。即期外汇交易与其他外汇交易产品在使用功能上显然不具有可替代性,在满足市场需求方面也存在明显不同的定位,前者主要在于满足购买方的临时性付款需

① Plea Agreement in United States of America v. Barclays PLC. https://www.justice.gov/sites/default/files/criminal-fraud/legacy/2015/05/22/barclays-plea-agreement.pdf, 2016-06-27.

② 杨明基主编:《经济金融词典》,中国金融出版社 2015 年版,第 405 页。

③ 杨明基主编:《经济金融词典》,中国金融出版社 2015 年版,第 405 页。

④ 杨明基主编:《经济金融词典》,中国金融出版社 2015 年版,第 1024 页。

⑤ [德]乌尔里希·施瓦尔贝、丹尼尔·齐默尔:《卡特尔法与经济学》,顾一泉、刘旭译,法律出版社 2014 年版,第 105 页。

求,后者主要是为了应对外汇汇率风险。因此,按照上述标准,即期外汇交易应当被界定为一个单独的相关市场。

(四)美国 SIFIs 反垄断案件体现的相关市场界定趋势

1. 相关地理市场呈现扩大化、全球化趋势。美国司法部与联邦贸易委员会2010年《横向合并指南》第四节的相关规定指出,"地域市场的范围经常取决于运输成本。诸如语言、规制、关税及非关税贸易壁垒、习俗及熟悉度、信誉、服务可用性等其他因素也可以阻止远距离或国际贸易"。这说明,相关地理市场从国内地方性区域扩展至整个国家直至国外受到多种因素的制约。这些制约因素对相关地理市场的影响会随着社会生活的变化而变化。"当产品以一个国家为其销售区域而且运费成本相对不重要时,法院经常把该该产品的地理市场界定为整个国家"。① 在美国司法部诉巴克莱银行案中,司法部认定的相关地理市场是全球市场。这显然突破了在美国诉费城国民银行案中所界定的几个县的狭窄地域范围,也不再像在美国诉维萨及万事达案那样将地理范围局限于美国本土。这表明在经济全球化时代,诸如运输成本、消费者便利及服务可用性等传统制约因素对 SIFIs 相关地理市场的影响趋于式微。在经济全球化时代,许多产品是以全球作为其销售区域。对于金融业而言,金融全球化使得全球金融市场连为一体,计算机技术与互联网在金融业中的广泛运用,大大突破了以前金融机构提供金融服务所面临的地域限制,地理位置是否方便对于市场竞争效果的影响已经大大减弱。"以前人们办理银行业务必须亲自到银行办理,而现在往往只需通过电话、邮件、ATM 或计算机网络就可完成交易,导致人们使用银行服务时对地区依赖性不断下降,物理界限不断被打破。"②SIFIs 正是利用现代计算机技术、互联网技术,借助于金融全球化实现了在全球范围内的经营。尽管"一个企业的基础经营区域范围是全国还是地方并不能确定它的

---

① [美]欧内斯特·盖尔霍恩、威廉姆·科瓦契奇、斯蒂芬·卡尔金斯:《反垄断法与经济学》,任勇、邓志松、尹建平译,法律出版社2009年版,第90页。

② Dean F Amel、Timothy H:"Hannan. Defining Banking Markets According to Principles Recommended in the Merger Guidelines",*Antitrust Bulletin*, *Fall*, 2000. 转引自饶粤红:《论反垄断视野下美国银行业相关市场的界定——兼评美国的经验、反思及启示》,载《国际经贸探索》2009年第6期。

地理市场”,[①]但是地理市场毕竟是在企业的经营区域范围内界定。换言之,企业经营区域范围的扩大至少为地理市场的扩大提供了可能。经济全球化条件下 SIFIs 的经营区域范围在全球范围之内的不断拓展,就是在反垄断法规制 SIFIs 时其相关地理市场呈现出扩大化、全球化趋势的直接原因。

2. 产品组合市场与差异化产品市场并行趋势。产品组合市场或集群市场自在美国诉费城国民银行案中提出以来,就在金融业反垄断的相关市场界定中发挥着重要作用。“产品组合市场的概念在美国、欧盟和德国的执法实践中均有多次运用,例如对医院、食品零售、银行服务与电信服务领域。”[②]如果将产品组合中的每个组成元素界定为一个单独的市场,就会使相关市场界定过于狭隘。产品组合市场恰恰能够克服该缺陷,也符合需求方希望一起采购具有交易补偿性的产品或服务组合的现实。在 SIFIs 反垄断中,产品组合市场理论仍有较大的适用价值。因为 SIFIs 大都实行的是混业经营,银行、证券及保险等不同类型的金融产品被一起供给,能够同时满足消费者的多种金融需求,这些金融产品对于消费者而言具有交易补偿性。同时,经营多种类型的金融产品,对于 SIFIs 而言具有范围经济效应。即使 SIFIs 严格依照分业经营的原则仅仅从事单一类型的金融业务,如只从事银行业务,美国诉费城国民银行案早已表明,“商业银行”是系列信贷产品和服务(如账户结算与信托管理)构成的产品与服务群。此点对于从事商业银行业务的 SIFIs 并未改变。

不过,产品组合市场理论在 SIFIs 反垄断中也面临着较大的挑战。挑战来自于两个方面。一方面,产品组合市场概念具有自身的局限性,它将不具有需求替代性或供给替代性的产品和服务组合在一起,使相关产品市场的认定显得过于简单,尤其是当其中的部分产品在供给方面限制或制约了竞争时,将会提高整个组合产品的供给方的定价能力,如果再以产品组合市场

---

① [德]乌尔里希·施瓦尔贝、丹尼尔·齐默尔:《卡特尔法与经济学》,顾一泉、刘旭译,法律出版社 2014 年版,第 103 页。

② [德]乌尔里希·施瓦尔贝、丹尼尔·齐默尔:《卡特尔法与经济学》,顾一泉、刘旭译,法律出版社 2014 年版,第 110 页。

的整个供给方的定价自由度认定其市场支配地位,就可能导致错误的评估。[①] 质言之,就会低估产品组合市场整个供给方的定价能力。另一方面,挑战来自 SIFIs 的金融创新。金融创新是 20 世纪 80 年代以来金融业的一大发展趋势。金融创新使"金融机构之间的传统壁垒逐渐消失,出现了大量新的金融产品和金融工具"。[②] 这些新的金融产品在很大程度上是以往金融产品或工具进行组合或分解的结果。大量出现的创新型金融产品扩大了金融市场产品之间的差异性。这使反垄断法规制 SIFIs 时,面临着一个差异化产品市场,而差异性较大的金融产品在交易上不具有交易补偿性,也缺乏有效的替代性。故不宜将差异性较大的金融产品组合在一起界定为一个相关市场。例如,在美国诉巴克莱银行案中,为什么将相关产品市场局限于即期外汇交易,没有将远期外汇交易、外汇掉期交易、外汇期货与外汇期权等其他外汇产品纳入相关市场呢?笔者以为,这是因为由各种外汇交易产品构成的外汇市场是一个差异化产品市场,各种外汇交易产品之间存在较大差异,相互之间缺乏有效的替代性。对于差异化产品情形下的市场界定,应当"根据需求市场分析方法,按照使用功能上的替代可能性、设计用途、物理性质和价位可比性等标准",[③]进一步细分市场。即期外汇交易与其他外汇交易产品在使用功能上显然不具有可替代性,在满足市场需求方面也存在明显不同的定位,前者主要在于满足购买方的临时性付款需求,后者主要是为了应对外汇汇率风险。因此,按照上述标准,即期外汇交易应当被界定为一个单独的相关市场。

综上所述,美国反垄断法规制 SIFIs 时,在相关产品市场界定方面存在产品组合市场与差异化产品市场并存的趋势。

三、反垄断法上的 SIFIs:SIFIs 评估标准与市场支配地位间的关联

由于金融业的复杂性、专业性,在金融业反垄断中,认定某个金融机构

---

① 参见[德]乌尔里希·施瓦尔贝、丹尼尔·齐默尔:《卡特尔法与经济学》,顾一泉、刘旭译,法律出版社 2014 年版,第 110 页。

② [英]菲利普·莫利纽克斯、尼达尔·沙姆洛克:《金融创新》,冯健、杨娟、张玉仁译,中国人民大学出版社 2003 年版,第 5 页。

③ [德]乌尔里希·施瓦尔贝、丹尼尔·齐默尔:《卡特尔法与经济学》,顾一泉、刘旭译,法律出版社 2014 年版,第 105 页。

是否具有市场支配地位显得更加复杂和困难。因此，在 SIFIs 反垄断规制中，认定 SIFIs 是否具有市场支配地位，必须要将反垄断法上的一般原理与 SIFIs 所从事的金融业实际情况紧密集合。就此而言，高度概括和提炼了 SIFIs 经营特点的 SIFIs 国际评估标准，对于认定其是否具有市场支配地位也具有重要的现实意义与参考价值，尽管其提出初衷是为了满足金融监管需求。

（一）国际金融组织关于 SIFIs 的评估标准

如何识别和评估 SIFIs 的"系统重要性"风险，是危机后国际社会加强 SIFIs 监管的首要问题，实质上就是要确定哪些金融机构对于全球金融体系具有系统重要性的影响，因而需要纳入特别监管的范围。2010 年，国际货币基金组织（International Monetary Fund，IMF）、国际清算银行（Bank for International Settlements，BIS）、金融稳定理事会（Financial Stability Board，FSB）联合发布了《系统重要性金融机构、市场和工具的评估指引》，提出从规模、关联性和可替代性 3 个方面进行评估。巴塞尔银行监管委员会从以上 3 个方面量化了评估的指标：规模性指标依据的是金融机构的总资产；关联性指标表现为银行间的总负债与总资产，如发行债券、批发性融资的依赖程度等；可替代性指标主要包括非传统银行业务指标，如支付结算、承销、托管及做市商服务等。2010 年 12 月，巴塞尔银行监管委员会所属的宏观审慎小组进一步完善了系统重要性银行的评估指标，在之前 3 类指标基础上增加了全球活动指标，并将这些指标分为基础指标和辅助指标。金融机构的总资产、金融体系内的资产与负债等规模性指标属于基础指标。后面 3 个属于辅助指标。①

为什么将规模性指标作为系统重要性评估的基础指标？以银行业为例，"银行的规模越大，其倒闭时引起的潜在损失越高，其他银行不可能有能力完全替代它的业务，也会对银行业的信心带来负面影响。"②至于关联性指标，它反映的是金融风险的传染对于整个金融体系稳定性的影响程度。

---

①　参见徐超：《系统重要性金融机构识别方法综述》，载《国际金融研究》2011 年第 11 期。

②　巴曙松、高江健：《基于指标法评估中国系统重要性银行》，载《财经问题研究》2012 年第 9 期。

以批发性融资比例这一具体指标为例,它反映的是金融机构通过批发融资市场从其他金融机构融资的程度,因为出现危机中的金融机构缺乏偿债能力,金融风险会传递给与其具有融资关系的其他金融机构,增加其他金融机构发生金融危机的可能性。这是一个多米诺骨牌式的过程。可替代性指标反映了金融机构的系统重要性与其所提供金融服务的替代性之间的负相关关系。“提供关键性金融服务的银行倒闭不仅会引起客户寻找相同服务的不便,也会造成服务缺口和市场流动性降低从而增加其他银行危机的程度。”[①]全球活动指标是指跨境资产占总资产的比例,反映的是一家金融机构参与金融全球化的程度。较高的全球活动指标,表明该金融机构比较广泛地和较为深入地参与了金融全球化,也意味着其金融活动的风险对于全球金融市场具有重要的影响。此外,日本在 2011 年 3 月的巴塞尔银行监管委员会会议上建议,除了上述 4 大指标之外,还应当包括“复杂性”指标。“复杂性”表现在金融机构的业务类型及组织结构等方面。一般而言,金融机构的业务复杂程度越高,发生金融风险防控的难度就越大,一旦发生危机,处置的成本就越高。

（二）SIFIs 评估标准的法律性质:国际金融软法

国际金融组织制定的 SIFIs 评估标准,已经成为引领各国加强和完善 SIFIs 监管的国际金融软法。“软法”与“硬法”相对而言,“硬法”是狭义上的具有法律约束力的法律,其约束力来自于国家强制力,因此,“硬法”实质上是国家法意义上的法律。对“软法”一词争议较大。我国软法研究的倡导者罗豪才先生指出了软法的三个特征:一是效力结构不完整;二是不依赖国家强制力保障实施;三是能够产生实际效果。[②] 可见,“软法”是相对于“硬法”而言的非国家法意义上的法律。国际金融软法就是国际金融领域的软法,其制定主体多元,表现形式多样,调整范围广泛,而且可以通过以下三种方式转化为“硬法”:在司法裁判过程中认定特定软法规则具有法律

---

① 巴曙松、高江健:《基于指标法评估中国系统重要性银行》,载《财经问题研究》2012 年第 9 期。

② 参见罗豪才、宋功德:《认真对待软法——公域软法的一般理论及其中国实践》,载《中国法学》2006 年第 2 期。

效力；进入国际条约；一国在制定法律时将软法规则转化为国内法。[①] 事实上，巴塞尔银行监管委员会制定的《有效银行监管核心原则》已经成为各国制定或修改银行业监管法律制度的重要参考，许多内容已经转化为各国国内银行法。又如国际金融组织公布 SIFIs 评估标准之后，中国银监会在 2014 年 1 月 6 日公布了《商业银行全球系统重要性评估指标披露指引》。该指引第 4 条第 2 款规定："全球系统重要性评估指标是指巴塞尔银行监管委员会用于评估商业银行全球系统重要性的指标。"依据该指引要求，除了巴塞尔银行监管委员会认定的全球系统重要性银行之外，上一年年末调整后的表内外资产余额为 1.6 万亿元以上的商业银行，应当披露有关信息。这实际上是将巴塞尔银行监管委员会等国际组织制定的 SIFIs 评估标准转化成了我国银行业监管规章。

（三）SIFIs 评估标准的反垄断法阐析：基于市场支配地位的视角

基于规模性、关联性、可替代性、复杂性及全球活跃度 5 个方面的指标，评估一个金融机构是否具有"系统重要性"，从而确定全球系统重要性金融机构的范围，并通过加强对这些金融机构的监管来维护全球金融稳定。这是后危机时代全球金融监管改革的一个重大变化。不过，正如笔者在前文中所述，有效规制 SIFIS 经营活动的风险，尤其是因为其"太大而不能倒"所致的道德风险，不能仅仅依靠金融监管，尽管金融监管是一个重要的手段。有效规制的路径是突破传统金融监管的范围，从反垄断、金融消费者保护、公司治理、危机救助与风险处置、全球金融治理等多个视角完善对 SIFIs 的法律规制。在本次金融危机之后，欧美国家的反垄断执法部门已经加强了对 SIFIs 的反垄断法规制。在反垄断规制实践中，经营者市场支配地位的认定是一个非常重要的问题，SIFIs 的反垄断规制亦不例外。依据我国《反垄断法》第 17 条第 2 款规定，市场支配地位是指经营者在相关市场内所拥有的一种市场优势地位，经营者凭借该地位可以控制商品的价格及数量或其他交易条件，可以阻碍或者影响其他的经营者进入相关市场。欧盟委员会 2009 年发布的《关于对市场支配企业的排挤性滥用行为适用欧共体条约第 82 条的执法优先性指引》对市场支配地位界定如下："经营者拥有经济力地

---

① 参见漆彤：《国际金融软法的效力与发展趋势》，载《环球法律评论》2012 年第 2 期。

位,使其能够在相当程度上独立于竞争者、客户和终端消费者(实施经营行为),而在相关市场上阻碍持续有效的竞争。”①在美国反托拉斯法上,与“市场支配地位”相似的概念是“垄断势力”(monopoly power)和“市场势力”(market power)。美国学者指出,“如果没有实际的或可能的市场势力,我们几乎没有理由去关心单一企业的行为在反垄断法上的意义”。② 不过,反垄断法意义上的市场势力与经济学意义上的市场势力并不完全相同。“从经济学角度来说,市场势力就是在企业有利可图的情况下,较长时期地将商品价格维持在竞争性价格水平之上的能力。”③所谓竞争性价格水平,是指完全竞争市场模式下的均衡价格水平。然而,完全竞争市场模式极为鲜见,不完全竞争市场模式才是常情,而不完全竞争市场中的企业都在一定程度上具有市场势力。显然,反垄断法不能对不完全竞争市场中的所有企业进行规制,必须要“确定何种程度的市场势力及其使用才能引起反垄断审查和控制”。④ 这就是反垄断法上的市场支配地位或市场势力的认定问题。

如何认定经营者是否具有市场支配地位或市场势力呢?首先是要界定相关市场,其次可以从绩效、竞争和结构等各个方面进行测试。如看一个企业的绩效在多大程度上偏离了正常的竞争状态,分析比较每个企业在相关市场所占的份额,推定拥有主要市场份额的企业具有市场支配地位等。除此之外,还要考虑其他因素。如我国《反垄断法》第 18 条规定,要综合考虑经营者的市场份额、相关市场的竞争状况、经营者控制销售市场或原材料采购市场的能力、经营者的财力和技术条件、其他经营者对该经营者在交易上的依赖程度、其他经营者进入相关市场的难易程度等多种因素。可见,市场支配地位或市场势力的认定是一个非常复杂、专业和困难的过程。

美国 1995 年《关于知识产权许可行为的反托拉斯指南》规定,拥有受

---

① 转引自万江:《中国反垄断法——理论、实践与国际比较》,中国法制出版社 2015 年版,第 106 页。

② [美]欧内斯特·盖尔霍恩、威廉姆·科瓦契奇、斯蒂芬·卡尔金斯:《反垄断法与经济学》,任勇、邓志松、尹建平译,法律出版社 2009 年版,第 90 页。

③ [美]欧内斯特·盖尔霍恩、威廉姆·科瓦契奇、斯蒂芬·卡尔金斯:《反垄断法与经济学》,任勇、邓志松、尹建平译,法律出版社 2009 年版,第 90 页。

④ [美]欧内斯特·盖尔霍恩、威廉姆·科瓦契奇、斯蒂芬·卡尔金斯:《反垄断法与经济学》,任勇、邓志松、尹建平译,法律出版社 2009 年版,第 90 页。

保护的知识产权并不当然具有市场势力。与之相似的是，拥有"系统重要性"和"太大而不能倒"地位的 SIFIs 并不当然具有市场支配地位。SIFIs 是依据国际金融组织的上述评估标准确定的，国际评估标准反映的是 SIFIs 对全球金融市场体系的宏观审慎风险，将一个金融机构确定为 SIFIs，是对其全球性宏观审慎风险的总体性评价。从法价值视角观之，这种总体性风险评价侧重于维护全球金融稳定与金融安全。全球金融市场并不是反垄断法意义上的相关市场，认定一个金融机构是否具有市场支配地位，需要依据具体案件的实际情况确定一个相关市场，然后依据该金融机构在该市场的市场份额、相关市场的竞争状况及其他金融机构进入该市场的难易程度等多种因素做出判断。从法价值视角看，金融业反垄断规制与其他行业的反垄断规制一样，是通过对反竞争行为的规制，保护市场竞争，促进金融效率。"效率是反托拉斯的终极目标，竞争只是一个中间目标。"①

然而，由于金融业的复杂性、专业性，在金融业反垄断中，认定某个金融机构是否具有市场支配地位显得更加复杂和困难。在 SIFIs 反垄断规制中，认定 SIFIs 是否具有市场支配地位，必须要将反垄断法上的一般原理与 SIFIs 所从事的金融业实际情况紧密集合。就此而言，高度概括和提炼了 SIFIs 经营特点的 SIFIs 国际评估标准提出的初衷，是为了满足金融监管需求，但是对于认定其是否具有市场支配地位也具有重要的现实意义与参考价值。以规模性指标为例，SIFIs 的总资产反映了它的财力。在关联性方面的三个指标，金融系统内资产、金融系统内负债等比总资产更加准确地反映了该金融机构的实际财力，而批发融资比例则反映了该金融机构的融资能力。可替代性指标对于分析 SIFIs 是否具有市场支配地位具有更加重要的意义，反映的是 SIFIs 所提供的金融服务在相关市场中的重要程度，可替代性与重要程度成反比。SIFIs 所提供金融服务的可替代性低，意味着其在相关市场中的重要性程度高。申言之，SIFIs 具有控制该相关市场的服务价格、数量或其他交易条件的能力。可替代性指标能够比较准确地反映 SIFIs 控制销售市场的能力，以及其他金融机构对该金融机构在交易上的依赖程

---

① ［美］理查德·A. 波斯纳：《反托拉斯法》，孙秋宁译，中国政法大学出版社 2003 年版，第 32 页。

度。复杂性指标主要体现在SIFIs的业务类型与组织结构方面,其对认定SIFIs市场支配地位的影响主要体现在对相关产品市场的界定上。一般而言,SIFIs的业务类型越复杂,界定相关产品市场的难度越大。全球活跃性指标反映了SIFIs参与全球金融市场的程度,对认定SIFIs市场支配地位的影响主要体现在相关地理市场的界定上。一般而言,SIFIs的全球活跃程度越高,将相关地域市场界定为全球金融市场的可能性就越大。

以上的分析表明,SIFIs国际评估标准作为评估一家金融机构"系统重要性"的金融监管标准,与反垄断法上的市场支配地位认定条件存在异曲同工之妙。因此,有必要从反垄断法的视角审视这些标准,并将其纳入各国SIFIs反垄断规制实践中。鉴于SIFIs国际评估标准的国际金融软法性质,可以像美国司法部与联邦贸易委员会制定专门的知识产权反垄断指南一样,针对金融业反垄断制定专门的指南,将SIFIs评估标准中5个指标的主要内容嵌入到指南,从而将其转化为国内法予以适用。

四、SIFIs参与经营者集中的反垄断法规制:以美国银行业为例

(一)危机前美国银行业合并的反垄断法规制

在美国银行业发展历史上,对于银行业金融机构跨州开设分支机构一直存在着地域限制。这种限制直到1994年才被《跨州银行和分支机构效率法》取消。乔纳森·R.梅斯等指出,银行经营地域范围的扩大对于银行业的市场竞争格局具有双重影响。一方面,它有助于促进竞争,因为在新区域开设的银行分支机构必然会与该地域内先前的银行开展竞争,从而有助于提高服务质量和降低服务价格;另一方面,某些形式的银行经营地域范围的扩张可能减少竞争。如两个银行之间的合并会增加银行业的市场集中度,可能使得合并后的银行拥有市场势力或垄断势力,或者使该银行通过明示或默示协议的形式与其他银行组建卡特尔。[①] "银行在扩张时所面对的是大量的地域限制,这种限制通过禁止银行在不同市场上的兼并,达到对经济集中进行间接限制的效果。但是,由于地域限制已经减少,银行兼并和收购

---

① 参见[美]乔纳森·R.梅斯、杰弗里·P.米勒、理查德·斯科特·卡内尔:《银行法》,中信出版社2003年版,第378页。

过程中的经济集中问题，被反垄断法更为直接地摆到了桌面上。”①因此，为了保障银行业的市场竞争秩序，银行业金融机构之间的并购必须要接受反垄断审查。1994 年《跨州银行和分支机构效率法》加强了对银行业反垄断的关注，对州际银行或跨州分支机构组成的兼并，限制了兼并之后的银行业市场集中度，兼并之后的银行控制的全国性存款不超过 10%，州范围内的存款不超过 30%。②

依据美国《银行兼并法》《银行控股公法》《银行控制法》等法律规定，美国银行业并购必须要接受美国联邦银行监管机构和一般的联邦反托拉斯机构如司法部的双重审批。联邦银行监管机构依据何种标准审查银行业金融机构并购呢？该标准与一般的联邦反托拉斯合并审查有何异同呢？美国学者总结了两个相同点与 6 个不同之处。

两个相同点是指联邦银行监管机构对并购的审查标准实质上源于《谢尔曼法》和《克莱顿法》的相关规定。其一，若并购交易导致在美国任何地方垄断银行业务，或有助于任何形式的联合与共谋垄断，或意图垄断银行业务，美国联邦监管机构将不予批准该并购交易的申请。该条源自于《谢尔曼法》第 2 条：“任何人垄断或意图垄断，或与他人联合、共谋垄断州际间或与外国间的贸易和商业，将构成重罪。”其二，如果该并购交易实质性减少竞争或旨在形成垄断与限制贸易，并购不能被批准，除非并购交易给社会提供的服务和带来的便利等公共利益明显超过并购引起的反竞争效果。该标准源自于《克莱顿法》第 7 条：“联邦贸易委员会管辖权下的任何人，不能占有其他从事商业或影响商业活动的人的全部或一部分资产，如果该占有实质上减少竞争或旨在形成垄断。”6 个不同之处表现为：第一，一般的反托拉斯审查不需要获得监管机构对合并交易的批准；第二，储蓄机构立法规定储蓄机构可以“公共利益”抗辩违反反托拉斯法的指控，只要证明并购在其他方面符合公共利益，一项具有反竞争效果的合并可能被允许，而一般的反托拉斯法没有规定公共利益抗辩情形；第三，即使并购交易得到了监管机构的

① [美]哈威尔·E. 杰克逊、小爱德华·L. 西蒙斯：《金融监管》，吴志攀等译，中国政法大学出版社 2003 年版，第 79 页。

② 参见[美]哈威尔·E. 杰克逊、小爱德华·L. 西蒙斯：《金融监管》，吴志攀等译，中国政法大学出版社 2003 年版，第 40 页。

同意,依据《银行兼并法》和《银行控股公司法》的规定,并购交易在批准之后也要暂停30日;第四,《银行兼并法》和《银行控股公司法》规定了“安全港”规则,在交易暂停期的30日内,如果未有并购交易的异议,那么该交易将免受司法部的管辖,任何私人不能再对该并购交易提出异议;第五,依据1999年《金融服务现代化法案》,储蓄机构合并不受联邦贸易委员会的管辖;第六,银行控股公司的并购长期以来受到1976年《哈特—斯科特—罗迪诺反垄断改进法》(Hart-Scott-Rodino Antitrust Improvements Act of 1976,简称HSR法)的事前申报豁免。① HSR法规定达到特定要求的并购应当事先向联邦反垄断主管机关申报,在规定的等待期结束后才能进行并购。②

(二)危机之后美国控制金融业集中度的法律规制

美国在次贷危机之后制定了《多德—弗兰克法案》,在该法的制定过程中,麻省理工学院的西蒙·约翰逊教授和斯蒂格利茨教授坚持认为应当拆分大银行,因为“大型银行由于机构庞大不能进行有效的管理,而且扭曲了金融市场的正常秩序”。③ 约翰逊教授认为,商业银行的规模不应超过美国GDP的4%,投资银行的规模不超过2%。④ 戴维·斯基尔将这种观点称为“布兰代斯主义”或“路易斯主义”,因为布兰代斯在20世纪初就一直提倡分拆大型银行。如戴维·斯基尔所言,美国《多德—弗兰克法案》对路易斯主义做出了一些让步,其中有两个条文对金融机构的规模进行了限制。该法第622条针对SIFIs的集中度进行了限制。该条是对《1956年银行控股公司法案》的修订。该条(b)款规定,遵循金融稳定监督委员会的建议,如果金融公司兼并以取得其他公司全部或大部分的资产,或者控制其他公司,使得其并表负债总额在交易完成后超过了所有金融公司在交易前一年度并表负债总额的10%,那么金融稳定监督委员会会建议美国联邦储备银行不批准该并购申请。该条(c)款规定了(b)款集中度限制的例外:并购处于违

---

① 参见[美]乔纳森·R.梅斯、杰弗里·P.米勒、理查德·斯科特·卡内尔:《银行法》,中信出版社2003年版,第380~381页。

② 如并购一方的年度销售额或总资产达到1517000000美元且其他方的销售额或总资产达到15200000美元,该并购应当事先申报。

③ 参见[美]戴维·斯基尔:《金融新政:解读〈多德—弗兰克法案〉及其影响》,丁志杰、张红地等译,中国金融出版社2012年版。

④ 参见[美]西蒙·约翰逊:《13个银行家》,郭庚信译,中信出版社2010年版。

约的银行或存在违约风险的银行；并购正在受美国联邦存款保险公司援助的金融机构；仅仅会导致金融公司负债微量增长的并购。该法第 623 条(a)款规定，如果一项州际并购使参保存款机构在交易完成后，将控制超过美国参保存款机构存款总额的 10%，那么监管机构不能批准并购申请。该条(b)款和(c)款分别针对银行控股公司并购、储存和贷款控股公司并购规定了与该条(a)款相同的集中度限制，即当并购使得参与并购的银行控股公司、储存和贷款控股公司在并购完成后能够控制美国国内参保存款机构存款总额 10% 以上，并购申请不予批准。同时，该法第 623 条规定了与第 622 条相同的集中度限制例外情形。①

此外，该法第 121 条为了减缓金融稳定面临的风险，专门针对 SIFIs 规定了一项措施：美国联邦储备银行理事会认为，合并总资产在 500 亿美元及以上的银行控股公司或非银行金融公司，也就是具有"系统重要性地位"的 SIFIs，严重威胁到美国的金融稳定时，经过美国金融稳定监督委员会 2/3 多数票同意，美国联邦储备银行理事会应当限制该公司收购、合并、联合其他公司或附属于其他公司的能力。②

第三节　欧美 SIFIs 反垄断规制对我国的借鉴意义

(一)我国 SIFIs 反垄断规制的必要性分析

如前文所述，在后危机时代欧美国家加强了对 SIFIs 的反垄断规制。欧美国家对 SIFIs 反垄断规制的兴起，对于我国金融业发展与金融法治无疑带来了新的重大挑战。众所周知，本次全球金融危机并没有改变金融全球化的趋势，SIFIs 在金融全球化中的重要地位与影响不减反增，SIFIs 在全球范

① 参见《多德—弗兰克华尔街改革与消费者保护法案》，董裕平、全先银等译，中国金融出版社 2010 年版，第 227 ~ 231 页。

② 其他可以采取的措施包括：严格限制该公司提供金融产品的能力；终止公司的营业活动；对公司的营业活动附加条件；以出售或其他方式向非附属机构转移资产或表外业务。参见《多德—弗兰克华尔街改革与消费者保护法案》，董裕平、全先银等译，中国金融出版社 2010 年版，第 22 页。

围内的金融活动必然会将其伴随的金融风险扩展到活动所在地的东道国。为了全面防范和化解 SIFIs 的金融风险，一国对 SIFIs 的规制势必会超出该国领域范围内的 SIFIs 经营活动，对该国领域范围之外的 SIFIs 的经营活动予以规制。因此，美国对 SIFIs 反垄断规制的强化，必然会影响到已经入选了全球系统重要性金融机构名单的我国大型金融机构在境内外的经营活动。质言之，中国银行、中国工商银行等我国的 SIFIs 会受到美国反垄断法的规制。事实上，在美国 2015 年调查的十大银行操纵贵金属市场案中，就涉及中国工商银行控股的南非标准银行，中国工商银行拥有南非标准银行 60% 的股份。可见，美国强化 SIFIs 反垄断规制必将对我国金融机构利益产生重大现实影响。另一方面，欧美国家入选了全球系统重要性金融机构名单的 SIFIs 在我国境内已经开展了大量的经营活动，其在中国境外的经营活动也会对我国金融市场产生重大影响。为了维护我国金融市场的稳定，保护金融消费者合法权益，应当运用反垄断法规制国外 SIFIs 在我国国内金融市场乃至境外金融市场的反竞争行为。因此，加强对 SIFIs 的规制已经成为一个迫切的重大现实问题。

(二)我国 SIFIs 反垄断规制的现状分析

2008 年 9 月，我国发生了银行业反垄断第一案——重庆西部破产清算公司诉建设银行垄断案，这也是我国 SIFIs 反垄断第一案。在该案中，原告诉称中国建设银行重庆分行“拒绝交易、强制收取账户管理费、涉嫌强制收取服务费”。[①] 2012 年 5 月，北京两名律师向国家发展与改革委员会提交了举报信，举报中国工商银行、中国农业银行、中国银行、中国建设银行、交通银行 5 大银行与中国邮政储蓄银行的收费项目和标准许多相同和一致，属于价格垄断行为，要求国家发展与改革委员会依法查处。[②] 第一个案件争议的焦点是建设银行的行为是否涉嫌构成滥用市场支配地位，第二个案件争议的焦点是 6 大银行的行为是否构成垄断协议。滥用市场支配地位与垄

---

① 《建行坐上中国银行业反垄断第一案被告席》，载中国证券网：http://www.cnstock.com/zxbb/bwkx/2008-09/12/content_3664029.htm，最后访问日期：2017 年 3 月 6 日。

② 参见黄倩蔚、黄妙贤：《六家银行收费协同涉嫌价格垄断？律师一纸举报信告至发改革》，载《南方日报》2012 年 5 月 25 日，第 15 版。这 6 家银行的前四大行在 2015 年就全部进入了金融稳定理事会公布的全球系统重要性金融机构名单。

断协议是我国《反垄断法》规定的经济性垄断,经济性垄断的主体是经营者。依据我国《反垄断法》第 12 条的规定,经营者是从事商品生产、经营或提供服务的自然人、法人和其他组织。银行向客户提供金融服务,当属于经营者,其排除或限制市场竞争的行为自应适用我国《反垄断法》。此点从《国务院关于经营者集中申报标准的规定》中也可以明确。该规定第 2 条规定:"营业额的计算,应当考虑银行、保险、证券、期货等特殊行业、领域的实际情况。"这说明我国《反垄断法》并未将金融业作为适用除外的行业。因此,我国《反垄断法》有关经济性垄断的规定是我国 SIFIs 反垄断规制的法律依据。

然而,我国《反垄断法》在规制 SIFIs 不公平竞争行为方面存在一些缺陷。其一,未能明确反垄断主管部门与行业监管部门在规制 SIFIs 不公平竞争行为方面的分工与合作。以上述两个案件为例,中国银监会与国家发展改革委均有规制银行价格垄断行为的职权,但是二者在规制银行价格垄断行为时的职权分工并不明确。其二,SIFIs 反垄断规制的具体实施规则阙如。众所周知,相关市场界定在反垄断规制中具有十分重要的意义,而金融业反垄断案件中的相关市场界定又有其特殊性。反观我国国务院反垄断委员会的《关于相关市场界定的指南》,虽然考虑到了知识产权反垄断中相关市场界定的特殊性,但是没有顾及金融业反垄断中相关市场界定的特殊性。这些缺陷是导致上述两个案件后来均"无疾而终"的重要原因之一。这表明我国 SIFIs 反垄断规制的制度供给不足,应当借鉴域外经验加以完善。美国在本次全球金融危机后强化 SIFIs 规制的实践为之提供了可供借鉴的经验。

(三)欧美 SIFIs 反垄断规制之于我国的借鉴意义

1. 强化金融消费者保护理念,明确反垄断主管部门与金融监管部门之间的职责分配,完善 SIFIs 反垄断规则,充分发挥反垄断法保护金融消费者权益的功能

我国银行业反垄断案件的发生,从另一个侧面反映出银行监管在保护金融消费者方面存在诸多不足。银行消费者企图借助反垄断法维护自身的合法权益,遗憾的是,我国金融业反垄断制度供给的不足使其目的无法实现。如前文所言,美国在本次全球金融危机后加强对 SIFIs 的反垄断的一个

重要原因,是加强金融消费者保护。此点对于我国当下具有非常现实的借鉴意义。我国应当在反垄断法实施中强化金融消费者保护理念,充分发挥反垄断法保护金融消费者权益的制度功能。具体而言,可以从以下两个方面落实。

其一,明确反垄断主管部门与金融监管部门之间的职责分配。在反垄断主管部门与行业监管部门之间的职权配置上,有美国为代表的并行适用模式,还有除外适用、补充适用及统一适用等模式。以银行业为例,在美国银行业反垄断的职权配置上,美国司法部、联邦贸易委员会等联邦反垄断机构和美国联邦储备银行、美国联邦存款保险公司及货币监理署等银行业监管机构,对于银行业金融机构的垄断行为均有管辖权。有关自然垄断行业的反垄断管辖权配置模式的总结,同样适用于金融业的反垄断管辖权配置。当然,随着科学技术的进步,自然垄断的神话被打破,日本早就在铁路、邮政等传统自然垄断行业打破了禁忌。[①] 美国在危机后强化对 SIFIs 反垄断规制表明,在秉承金融自由化理念的金融全球化时代,金融业不再是反垄断豁免的行业,除外适用模式已经不合时宜。

美国金融业反垄断规制模式的借鉴意义是,应当立足于我国实际情况确立 SIFIs 反垄断规制模式,协调反垄断执法部门与金融监管部门之间的关系,以充分发挥反垄断法保护金融消费者,维护金融公平竞争的功能。首先,我国不能采取统一模式,因为已经成立的众多行业监管机构不会轻易放弃监管权,从制度变迁的视角看,成立新的统一监管机构取代原来众多的行业监管机构,社会成本极高;从比较视角看,我国是世界第二大经济体,经济规模非实行统一模式的新西兰、澳大利亚可比,依据统一模式设置的监管机构会过于庞大,不便管理。[②] 其次,补充适用模式以反垄断为主,以行业监管制度的适用为补充,能够发挥反垄断与行业监管制度的各自优势,但也存在协调两类机构权限的困难与成本。[③] 最后,并行适用模式存在与补充适用模式相同的问题,而且反垄断执法部门与行业监管机构对金融业的限

---

① 参见陈云良:《打破自然垄断的神话》,载《检察日报》2006 年 5 月 15 日,第 3 版。

② 王晓晔:《反垄断法》,法律出版社 2011 年版,第 251 页。

③ 参见王先林主编:《中国反垄断法实施热点问题》,法律出版社 2011 年版,第 298 ~ 299 页。

制竞争行为享有同等的规制权,因此,协调的困难与成本甚至会更大。这或许是我国现行《反垄断法》既未将金融业纳入反垄断豁免行业,也未就反垄断执法部门与金融监管机构之间的分工与协调留下只言片语的现实原因。笔者以为,我国应当采取补充适用模式。既然金融业反垄断规制的对象是金融业的限制竞争行为,那么问题的关键是判断金融机构的行为是否会排除、限制金融市场竞争。反垄断执法部门在处理该问题上显然要比金融业监管部门具有专业优势。鉴于金融业的特殊性,涉及金融市场竞争的特殊性问题,反垄断执法部门应当向金融业监管部门征询。

其二,完善 SIFIs 反垄断的具体规则。如在相关市场界定方面,可以借鉴美国 SIFIs 反垄断案件中的相关市场界定经验,借鉴产品组合市场理论和差异化产品市场理论,完善金融业反垄断中的相关市场界定规则。

2. 强化金融稳定理念,完善金融业经营者集中制度,防范 SIFIs“大而不倒”所致的道德风险,维护我国金融稳定

美国在本次全球金融危机之后运用反垄断法加强了对 SIFIs 的规模控制,以维护美国金融稳定。这也给予我们以下启示:在我国 SIFIs 反垄断规制中,应当重视反垄断法在维护金融稳定方面的重要作用。因此,在我国 SIFIs 反垄断立法、执法与司法等各个方面,应当强化金融稳定理念,完善金融业经营者集中制度,防范 SIFIs“大而不倒”所致的道德风险。

《国务院关于经营者集中申报标准的规定》第 3 条第 2 款规定:“营业额的计算,应当考虑银行、保险、证券、期货等特殊行业、领域的实际情况,具体办法由国务院商务主管部门会同国务院有关部门制定。”《金融业经营者集中申报营业额计算办法》分别针对银行、证券公司、基金公司、期货公司及保险公司规定了营业额的构成要素及计算方式。且不说上述金融业经营者集中申报标准的科学性如何,对于符合以上申报标准的金融业经营者集中,反垄断执法部门就面临着审查的难题。尽管反垄断执法部门可以依据《反垄断法》第 27 条规定的诸如参与集中的经营者的市场份额、相关市场的市场集中度等因素进行审查,但是缺乏控制金融业市场集中度的具体规定,很容易为 SIFIs 的经营者集中活动打开方便之门,不利于防范“大而不倒”所致的道德风险。美国在危机后的立法中,针对 SIFIs 进一步加强和完善了防范和控制金融业集中程度的规定,设定市场集中度的最高限制。

此点对于我国的 SIFIs 反垄断规制具有非常重要的借鉴意义。

3. 以合作与对等原则应对金融霸权主义，完善反垄断法域外适用制度，以反垄断提升我国在全球金融治理中的地位

面对国际金融领域发生的国际金融卡特尔等限制竞争行为，国际社会至今尚未有统一的竞争政策或立法。危机后美国对一些 SIFIs 的反垄断调查，是借助于美国反托拉斯法上的域外适用制度。尽管开创了反垄断域外适用的 1945 年美国铝公司案及该案裁判确立的“效果原则”当时遭到了其他国家的坚决反对，但是其他国家又纷纷效仿美国的做法，在本国的反垄断法中相继规定了该制度。如德国 1957 年《反对限制竞争法》第 98 条第 2 款规定：“本法适用于本法管辖范围内产生效果的所有限制竞争行为，即使这些行为发生于本法适用的领域范围之外亦同。”我国《反垄断法》第 2 条借鉴国际经验规定了域外适用制度。这为我国反垄断执法部门规制 SIFIs 的境外限制竞争行为提供了法律依据。

不过，该条规定的“效果原则”即使在美国也已经受到了一定的限制，国际礼让原则要求美国反垄断法域外适用时，应当考虑他国的利益。一方面，我国应当利用反垄断法域外适用制度，对我国金融市场产生排除、限制竞争影响的境外 SIFIs 的行为予以规制，以维护我国金融市场的公平竞争。为此，应当保留“效果原则”作为反垄断法域外适用的主要原则。另一方面，面对美国在危机后强化对 SIFIs 反垄断规制的现实趋势，我国要对美国以反垄断维护其在全球金融治理体系中的霸权地位的动机保持清醒的认识，要以合作与对等原则应对金融霸权主义，要善于利用反垄断提升我国在全球金融治理中的地位。如果我国仅仅依据“效果原则”确定对 SIFIs 限制竞争行为的管辖，就会像美国当初一样被其他国家广为诟病，陷入单边主义的困境。这显然不利于我国在全球金融治理体系变革中与其他国家的国际金融合作，不利于提升我国在全球金融治理中的地位。因此，我国应当修改《反垄断法》，将国际礼让原则纳入反垄断域外适用制度。

4. 完善金融业相关市场界定制度，将 SIFIs 评估标准纳入市场支配地位的考量因素

我国《反垄断法》第 12 条第 2 款界定了“相关市场”，第 18 条规定了在认定经营者具有市场支配地位时应当依据的因素。不过，这些规定是适用

于所有行业的一般性规定，没有反映金融业的特殊性。在反垄断法上，具有“系统重要性”地位的 SIFIs 并不当然具有市场支配地位，认定 SIFIs 的市场支配地位，需要依据 SIFIs 从事的具体金融业务特征进行相关市场界定，将反垄断法的一般原则与 SIFIs 所处的金融实际状况相结合。因此，构建我国的 SIFIs 反垄断制度，应当借鉴美国 SIFIs 反垄断案件中的相关市场界定经验，同时将 SIFIs 国际评估标准纳入认定市场支配地位的考量因素。就前者而言，应当顺应相关地理市场扩大化、全球化的趋势，顺应产品组合市场与差异化产品市场并行的趋势。就后者而言，应当基于 SIFIs 评估标准的国际金融软法性质，通过以下三种方式转化为“硬法”：在司法裁判过程中认定特定软法规则具有法律效力；进入国际条约；一国在制定法律时将软法规则转化为国内法。① 可以像美国司法部与联邦贸易委员会制定专门的知识产权反垄断指南一样，针对金融业反垄断制定专门的指南，将 SIFIs 评估标准中 5 个指标的主要内容嵌入到指南，将 SIFIs 评估标准纳入认定市场支配地位的考量因素，从而将其转化为国内法予以适用。

本章小结

SIFIs 的反垄断规制是后危机时代日渐凸显的重大现实问题。欧美发达资本主义国家尤其是美国在全球金融治理体系中的主导地位，以及欧美在反垄断规制立法与实践方面的丰富经验，是欧美在危机后对 SIFIs 加强反垄断规制的现实基础。诚然，欧美强化对 SIFIs 的反垄断规制，确实有助于保护金融公平竞争和金融消费者利益，维护欧美乃至全球金融市场的稳定，有助于弥补全球金融治理体系在应对国际金融领域以 SIFIs 为主体的国际金融卡特尔等国际限制竞争行为方面存在的不足。不过，对于美国以反垄断维护其在全球金融治理体系中的霸权地位的主观动因也应当保持清醒的认识。就反垄断法规制 SIFIs 的法律适用而言，需要明确的是，在反垄断法上，具有“系统重要性”与“太大而不能倒”地位的 SIFIs 并不当然具有市场

① 参见漆彤：《国际金融软法的效力与发展趋势》，载《环球法律评论》2012 年第 2 期。

支配地位。SIFIs所处金融行业的复杂性与专业性,给反垄断执法部门认定SIFIs具有市场支配地位带来了挑战。挑战主要表现在其相关市场界定及其认定市场支配地位时需要考量的因素两方面。通过梳理美国危机后SIFIs反垄断典型案例中的相关市场界定,可以发现在SIFIs反垄断的相关市场界定上,存在相关地理市场扩大化、全球化的趋势,存在产品组合市场与差异化产品市场并行的趋势。在认定SIFIs时需要考量的因素上,尽管"系统重要性"与"市场支配地位"体现着不同的法价值目标,前者体现的是金融监管法维护金融稳定的价值目标,后者旨在促进反垄断法上的效率,但是二者存在密切的关联——由规模性、关联性、可替代性、复杂性及全球活跃度等构成的国际评估标准既反映了SIFIs的系统重要性程度,也在一定程度上反映了SIFIs对金融市场的影响与控制能力。因此,应当遵循国际金融软法化国内化的路径,将其相关内容转化为反垄断领域的国内法,为SIFIs反垄断实践提供指南。我国反垄断法对于SIFIs的规制尚未起步,但是在金融全球化盛行和我国金融业更加开放的时代,加强对SIFIs的反垄断规制是保障我国金融市场公平竞争和维护我国金融稳定的客观需求,也有利于以反垄断提升我国在全球金融治理中的地位。就此而言,我国SIFIs反垄断规制可谓任重而道远。

第三章　金融消费者保护视角下的SIFIs规制

第一节　危机前的金融消费者保护立法与危机后金融消费者保护的凸显

一、危机前欧美日金融消费者保护的主要立法

2008年全球金融危机至今已近10年，近10年来理论界对于金融危机发生原因的探讨未曾停止，这一主题也许要等到下次危机发生时才会被替代。在这些探讨中，金融消费者保护不足被认为是引发金融危机的一个重要原因。然而，金融领域的消费者保护问题并不是在本次金融危机孕育及爆发的过程中才存在。如有的学者所言，“近代金融史就是一部消费者不断被伤害，而监管者对其不断加强保护的历史。以美国为代表的金融史，经历了消费者保护从无到有，到逐渐加强并日益科学化的过程。”①在本次危机发生之前，欧盟及其成员

① 陈龙：《金融消费保护的有效边界》，载 http://yuanchuang.caijing.com.cn/2017/0315/4247537.shtml，最后访问日期：2017年10月16日。

国、日本等国家均有保护金融消费者的立法。在探讨后危机时代为何要在SIFIs规制中加强金融消费者保护这一问题之前,有必要对危机前欧美日金融消费者保护的主要立法略作考察。

(一)危机前欧盟的金融消费者保护立法

1957年《罗马条约》有几个条文明确提到了"消费者"一词,如第39条规定的共同农业政策的5大目的之一是"确保消费者以合理的价格取得交货"。不过,国外学者指出,《罗马条约》中的"'消费者'概念并没有任何特定的消费者政策涵义"。[①] 早在20世纪70年代,欧共体政府首脑在巴黎峰会上强调加强消费者保护立法与合作,1975年欧共体制订了第一个消费者保护计划。1987年欧共体理事会通过了《消费信用指令》,这是第一个将消费者保护原则适用于银行业和其他金融服务业的指令。1992年《马斯特里赫特条约》第129a条强调了消费者保护的重要性。1997年《阿姆斯特丹条约》增加了有关消费者保护的两项内容:一是要求共同体为保护消费者的健康、安全与经济利益作出贡献;二是在制定和执行共同体政策时,应当考虑消费者保护的要求。这表明欧盟开始主动地保护消费者权利,消费者不再是被动的受益者。进入21世纪之后,欧盟在2002年颁布了《消费者金融服务远程销售指令》,指令规定了金融服务业者的信息披露义务和消费者的合同解除权。[②] 2005年欧盟颁布了《不公平商业行为指令》,不公平商业行为分为误导性商业行为和侵犯性商业行为。以误导性商业行为为例,其规制的重点是利用消费者的特定心理误导消费的行为,消费者爱美的心理、消费者信任专家的心理、消费者迷信的心理等都有可能被利用而误导消费。[③] 2007年欧盟制定的《金融工具市场指令》,从两个方面完善了金融消费者保护:一是将投资者分为零售客户、专业客户和合格的交易对手三类。在这三类投资者中,零售客户受到的保护最多,专业客户次之,合格的交易

---

① Norbert Reich, "European Consumer Law and its Relationship to Private Law," (1995) *European Re-view of Private Law* 3, p. 285. 转引自杜志华:《欧盟消费者保护政策的形成与发展》,载《欧洲研究》2001年第5期。

② 参见宋晓燕:《价值的平衡:论欧盟银行一体化中消费者保护政策的发展》,载《经济管理》2008年第16期。

③ 参见李小年、查拉·艾薇丝:《欧盟〈不公平商业行为指令〉对完善中国消费者权益保护机制的借鉴意义》,载《政治与法律》2009年第9期。

对手受到的保护最少。因为专业客户拥有从事投资的专业知识、技能和经验。“零售客户”比传统的“消费者”的外延更广，通过引入“零售客户”的概念，扩大了传统金融消费者保护的范围；二是以信息的提供或获取作为金融消费者保护的核心，要求金融机构向客户发送的广告信息必须准确、公正、清晰且无误导，向零售客户提供信息之前，应当先“了解客户”。[①]

（二）危机前美国的金融消费者保护立法

美国在本次危机之前就已经制定了许多保护金融消费者的法律。例如，《联邦贸易委员会法案》禁止“商业过程中或影响商业的不公平、欺诈行为或做法”之规定，适用于所有商业中涉及的人，包括银行。[②] 1971 年《公平信用报告法》就规定了信用报告中的消费者权利及信用报告机构的义务，消费者可以每年免费获得消费者报告，该法后来相继为 1996 年《消费者信用报告改革法》、1999 年《美国金融服务法》（又叫《格雷姆—里奇—比利雷法案》）与 2003 年《公正和准确信用交易法》等法律所修改。[③] 1979 年《金融隐私权法》赋予金融消费者对其财务记录享有合理的隐私权；[④]1974 年《平等信贷机会法》《平等信用机会法》规定金融机构应当“不考虑性别或婚姻状况，对所有有信誉的客户提供平等的信贷”。[⑤]《公平住房法》第 805 节规定：“银行不得以种族、肤色、宗教、民族、残疾、家庭地位，或性别为由拒绝下列人以购买、建造、改造、修理或维持居住为目的的贷款或其他金融支持：贷款申请人；联合贷款的申请人；住房现在或将来的所有人；任何租

---

① 参见王雄飞：《欧盟金融消费者保护的立法及启示》，载《上海金融》2009 年第 11 期。关于欧盟金融消费者保护研究的国内文献还包括但不限于：刘益灯：《欧盟金融消费者保护法的最新发展及其启示》，载《政治与法律》2009 年第 5 期；傅家荣、杨娜：《欧盟消费者保护政策评析》，载《国外社会科学》2008 年第 2 期；苏号朋、刘春梅：《欧盟消费者保护立法述评》，载《国际商法论丛》2008 年第 1 期；谢海：《国际消费者保护政策的国内借鉴：以欧盟为例》，载《经济体制改革》2005 年第 4 期。

② 美国联邦储备委员会消费者与社区事务局编：《美联储金融消费者保护合规手册》，中国人民银行西安分行译，经济科学出版社 2013 年版，第 373 页。

③ 美国联邦储备委员会消费者与社区事务局编：《美联储金融消费者保护合规手册》，中国人民银行西安分行译，经济科学出版社 2013 年版，第 131 页。

④ 美国联邦储备委员会消费者与社区事务局编：《美联储金融消费者保护合规手册》，中国人民银行西安分行译，经济科学出版社 2013 年版，第 398 页。

⑤ 美国联邦储备委员会消费者与社区事务局编：《美联储金融消费者保护合规手册》，中国人民银行西安分行译，经济科学出版社 2013 年版，第 408 页。

赁者;房屋占有者或住户。"[①]1977 年《社区再投资法》要求,"与法案相关的存款类机构,应该满足其所开展业务所在社区的信贷需求"。[②]

(三)危机前日本的金融消费者保护立法

中国社会科学院金融研究所课题组的研究报告指出,"日本金融法制在横向监管、纵向监管及金融市场统一立法等方面取得了令世界瞩目的成就"。[③] 正是得益于完善的金融法制和监管体制,日本在 2008 年全球金融危机中才能免受重创。日本自 1996 年开始实施"大爆炸"金融改革,经过 10 年历程直到 2006 年《金融商品交易法》出台,才形成相对完善的金融法制和监管体制。日本在 1996 年效仿英国实施"大爆炸"金融改革之后,金融产品层出不穷,金融业分业经营界限被打破,金融市场效率得到了极大提升,但是日本金融业分业监管的立法模式滞后于改革实践,损害消费者利益的事件频发。"放松规制的'大爆炸'改革虽然倡导'自由、公平、全球化'的基本原则,却没能对'公平'原则给予应有的重视,忽视了对金融消费者利益的应有的保护。"[④]

为了加强对金融消费者的保护,日本国会在 2001 年颁布了《金融产品销售法》。该法规定了金融产品提供商在销售金融产品之前必须向客户说明以下重要事项:可能导致客户本金损失的利率、币值、证券价格或其他任何指数及其波动的风险;可能导致客户本金损失的金融产品销售者或任何其他相关方的经营或财务状况变化;政令规定的重要因素,该因素会影响客户的金融产品购买决策且可能引发本金损失风险;金融产品的销售时间限制或者金融产品销售协议的有效期限等。金融机构未能向客户说明重要事项并导致客户遭受损失的,应当对该损失进行赔偿。[⑤] 日本在 2006 年制定

---

① 美国联邦储备委员会消费者与社区事务局编:《美联储金融消费者保护合规手册》,中国人民银行西安分行译,经济科学出版社 2013 年版,第 414 页。

② 美国联邦储备委员会消费者与社区事务局编:《美联储金融消费者保护合规手册》,中国人民银行西安分行译,经济科学出版社 2013 年版,第 457 页。

③ 中国社会科学院金融研究所课题组:《两大因素导致日本免受金融危机重创》,载《中国证券报》2009 年 10 月 13 日。

④ 何颖:《浅析日本的金融消费者保护制度改革》,载《日本学刊》2011 年第 1 期。

⑤ 参见日本《金融产品销售法》第 3 条、第 4 条。中国银行业监督管理委员会银行业消费者保护局编著:《国际金融消费者保护法律法规选编》,中国金融出版社 2014 年版,第 250 ~ 251 页。

了《金融商品交易法》。该法在完善日本金融消费者保护制度方面具有重要意义,被定位为“金融商品销售与劝诱的一般法,就涉及金融商品的行为而言,不分业务形态适用统一的销售和劝诱规则”。① 该法在广告规制、缔约行为规制、投资顾问等方面统一并加强了对金融消费者的保护。如在广告规制方面,禁止虚假陈述,禁止对收益或损失作保底承诺;在缔约行为规制方面,全面强化金融机构的说明义务,规定金融机构在缔约前的说明义务,引入冷静期规则。②

二、金融机构与金融消费者间的权义失衡是危机产生的重要原因

与美国众多金融消费者保护法林立之现实相映成趣的是,美国金融实践中欺诈消费者和损害消费者权益的事件频发。美国前财政部长盖特纳承认,美国在消费者保护方面非常失败,致使许多美国民众背上一些根本不懂且无力承受的债务。③ 例如,在美国次级按揭贷款中,借款人不得不接受高额的贷款利率,不得不接受金融机构搭售的其他金融产品,美国学者称该贷款是一种“掠夺性贷款”和“歧视性贷款”。④ 显然,这种行为违反了美国《平等信贷机会法》《公平住房法》等法律的相关规定。在 2010 年 4 月发生的美国高盛集团欺诈投资者案中,美国证券交易委员会指控高盛欺诈行为给投资者造成的损失超过 10 亿美元。美国学者伊丽莎白·沃伦在美国 2005 年破产改革法案制定的过程中,一直捍卫消费者权益,并在 2007 年发表《无论如何都不安全》一文,谴责信用卡公司利用“诡计和陷阱”,牺牲消费者利益获得利润,并且质问:“为何消费者在购买烤箱时能受到保护,而签署协议使用抵押贷款和信用卡这些日常金融产品时却无法受到保护。”⑤

---

① 庄玉友:《日本金融商品交易法述评》,载《证券市场导报》2008 年第 5 期。

② 参见何颖:《浅析日本的金融消费者保护制度改革》,载《日本学刊》2011 年第 1 期。

③ See Timothy F. , “Geithner, Addressing the Need for Comprehensive Regulatory Reform: Hearing Before the H. Comm. on Financial Services,” 111th Cong. 1(2009), available at: http://www. house. gov/apps/list/hearing/financialsvcs-dem/geithner032609. pdf.

④ See Tania Davenport, “An American Nightmare: Predatory Lending in the Subprime Home Mortgage Industry,”2003 36 *Suffolk U. L. Rev.* 531.

⑤ [美]戴维·斯基尔:《金融新政:解读〈多德—弗兰克法案〉及其影响》,丁志杰、张红地等译,中国金融出版社 2012 年版,第 90 ~ 91 页。

2008 年美国第四大投资银行雷曼兄弟破产,在新加坡、中国香港地区、中国台湾地区等世界各地引发了雷曼迷你债券风波。以中国香港地区为例,雷曼迷你债券持有人损失惨重,数万被套的雷曼迷你债持有人向香港消费者委员会、香港金融管理局、香港证监会等部门投诉,认为代销银行存在误导行为,风险提示不够。

频繁发生的金融消费者保护纠纷,凸显了金融消费者保护立法的不足,也表明这些立法并未起到切实保护金融消费者的效果。金融消费者保护不足被认为是引发 2008 年全球金融危机的重要原因之一。哈里 · W. 琼斯说:“只有当构成社会的人——无论是官员还是大多数私人公民——的实际行为与宪法规定、制定法规或判例法规定所指定或认可的标准相一致时,这些规定才在该社会中具有实效。”①何种原因使这些众多的金融消费保护立法在美国社会中未能取得实效而沦为一纸具文呢?笔者曾经在阐述“金融消费者”这一概念的法理内核时指出,金融消费者保护的不足源于金融消费者与金融机构之间权利义务的失衡,导致该失衡的原因主要有:一是金融创新的广泛运用与深入发展提高了金融产品的复杂性,增强了消费者对金融机构的依赖性,加剧了二者之间现实地位的不平等;二是法的滞后性、不周延性等局限性使得法律变革大大滞后于金融创新;三是金融机构利用优势地位俘获规制机构,使得金融消费者保护法纠正这一失衡的目的落空。②

三、加强金融消费者保护有助于实现金融公平和维护金融稳定

以上原因是针对于一般金融机构而言,从危机发生以来的“高盛欺诈门”、雷曼迷你债券事件等金融消费者案例看,大型金融机构尤其是 SIFIs 是欺诈金融消费者、损害消费者合法权益的主角。尽管危机之前的美国金融立法已经注意到了金融机构与金融消费者之间现实地位的不平等,不再将金融机构与金融消费者作为“被抽掉了种种能力的个人并且以平等的自

---

① 转引自[美]E. 博登海默:《法理学:法律哲学与法律方法》,邓正来译,中国政法大学出版社 2004 年版,第 347 页。

② 参见阳建勋:《后危机时代衍生金融监管变革的法律问题研究——以〈多德—弗兰克法案〉为中心》,法律出版社 2014 年版,第 99 ~ 102 页。

由意思行动的主体被对待”,①并将金融消费者作为社会经济弱者阶层进行偏重保护,但是这些立法没有注意到大型金融机构与金融消费者之间更为严重的地位不平等,如 SIFIs 与金融消费者之间地位相较于一般金融机构,在经济实力、专业能力、风险识别与控制能力等各个方面,SIFIs 与金融消费者之间的差距更大,消费者对 SIFIs 的依赖性更强,SIFIs 的金融创新能力更强,利用金融创新规避金融监管和法律义务的能力更强。自布兰代斯在 1934 年出版《大公司的灾祸》以来,公司权力没有停止增长的任何迹象,富可敌国的跨国公司在全球范围内配置资源,追逐利润。“‘大型公司的灾祸’,现今不仅与我们同在,而且,它已经扩展到连布兰代斯大法官都想不到的程度。”②在层出不穷的各种金融创新措施推动下,大型金融机构的权力得到了无与伦比的扩张,而全球性 SIFIs 的经营活动遍及世界各地,在经济、政治、社会及文化等各个层面深刻影响着当今人类社会的日常生活,在提供所谓的全方位、一站式的便捷金融服务时,也衍生出了许多金融风险。面对金融创新趋势下大型金融机构权力不断扩张的现实,法律应当从“压制型法”或“自治型法”走向“回应型法”,应对现实社会中的各种变化作出积极回应。③ 后危机时代的金融消费者保护立法,必须要回应 SIFIs 与金融消费者之间地位的不平等现实,从消费者保护法视角加强对 SIFIs 规制。从法的价值目标视角看,金融消费者保护法的主要价值目标是金融公平,也就是要实现金融机构与消费者之间权利义务配置的实质公平。“当一批个人按照某些规则加入互惠的合作冒险,并自愿限制他们的自由时,服从这些限制的人有权要求那些从他们的服从中获利的人们有一类似的服从。如果我们没有尽自己的一份公平的职责的话,我们就不应从其他人的合作获利。”④既然金融消费者加入了金融产品交易这一互惠的合作冒险,并自愿承担了义务——消费者基于自愿原则服从对其自由的限制,那么从该服从

① [日]星野英一:《私法中的人》,王闯译,中国法制出版社 2004 年版,第 64 ~ 65 页。

② [美]伯纳德·施瓦茨:《美国法律史》,王军等译,中国政法大学出版社 1990 年版,第 313 页。

③ 参见[美]P. 诺内特、P. 塞尔兹尼克:《转变中的法律和社会》,张志铭译,中国政法大学出版社 1994 年版,第 18 页。

④ [美]约翰·罗尔斯:《正义论》,何怀宏、何包钢、廖申白译,中国社会科学出版社 1988 年版,第 343 页。

中获得利益的金融机构应当尽到一份公平的职责。

加强 SIFIs 规制中的金融消费者保护，也是维护金融稳定的现实需求。金融法之价值目标，除了金融公平之外，还有金融效率与金融稳定。这三个价值目标既对立又统一。众所周知，2008 年全球金融危机凸显了金融稳定的重要性。经济合作与发展组织 2011 年发布的《金融消费者保护高级原则》指出："消费者保护，连同金融稳定，已日益成为金融监管机构的主要监管目标之一。"[①]SIFIs 具有的大而不倒地位使得其自身累积的金融风险可能达到足以影响或危及整个金融体系安全的程度，SIFIs 的经营活动对于金融稳定具有十分重要的影响，故加强 SIFIs 规制对于维护金融稳定具有十分重要的意义。而加强 SIFIs 规制中的金融消费者保护，有助于发挥消费者的私人力量约束和规范 SIFIs 的不公平竞争行为，从源头上抑制 SIFIs 经营活动的风险，从而为宏观金融市场的稳定创造良好的微观金融市场基础。就此而言，在 SIFIs 规制中加强金融消费者保护，是维护金融稳定的现实需求。

第二节　危机后金融消费者保护立法的域外考察

一、国际社会关于金融消费者保护的规则

在二十国集团的推动下，经济合作与发展组织 2011 年发布了《金融消费者保护高级原则》（以下简称《原则》）。《原则》规定了金融消费者保护的 10 项原则。

（1）法律和监管框架，即将金融消费者保护作为一国法律和监管框架不可或缺的组成部分；（2）监管机构的职责，即各国应当建立承担金融消费者保护职责的监管机构，该监管机构应当独立运作、具有明确职责和治理框架，并与其他国家监管机构之间开展国际合作；（3）平等、公平地对待消费

① 经济合作与发展组织：《金融消费者保护高级原则》，载中国银行业监督管理委员会银行业消费者权益保护局编：《国际金融消费者保护法律法规选编》，中国金融出版社 2014 年版，第 10 页。

者原则；（4）信息披露和透明度原则，要求金融机构和授权代理机构向消费者披露金融产品的基本收益、风险和产品条款等重要信息，并告知其与消费者所产生的利益冲突；（5）普及金融教育以提高消费者金融意识原则；（6）金融机构以消费者利益最大化为宗旨并保护金融消费者；（7）保护消费者资产，避免欺诈和滥用；（8）保护消费者数据和隐私；（9）便捷、低廉、独立、公平、及时、有效的投诉处理与赔偿机制；（10）竞争原则。①

世界银行在2012年发布的《金融消费者保护良好做法》，从以下8个方面提出了完善的金融消费者保护制度所应当具备的良好做法。

（1）消费者保护机构，金融行业协会、监管机构及司法体系等都具有消费者保护功能，金融机构应当遵守其所处金融行业的行业协会制定的行为准则；消费者保护监管机构可以与审慎监管机构独立，也可以同为一家机构；司法体系应确保金融消费纠纷以及时、专业的方式解决，且其成本能够为消费者承受。（2）信息披露与销售行为，如要求金融机构向消费者推荐的产品或服务应当与消费者的需求及能力相匹配，向消费者提供纸质版的一般交易条款和特殊条款；禁止欺诈性的销售行为；消费者对于一些金融产品和服务享有"冷静期"；金融业务广告接受正规的监管。（3）客户账户管理和维护，金融机构应当做好客户交易的常规报表，并提供纸质版的交易条款确认书，及时更新和维护客户消费记录；（4）隐私和数据保护，主要从征信业角度加以规范，如要求法律明确征信机构更新和维护客户信息的范围和时效性；征信机构应至少每年一次及时、免费地向客户提供信用记录，并在信用记录错误时依照程序更正；确保客户信息数据的保密性和技术安全性；消费者享有信息共享权；征信机构接受监管。（5）纠纷解决机制，金融机构应当明确处理消费者投诉的规程，并制定联络点；建立成本低廉、高效、权威、专业的纠纷解决机制，如金融督查机构；监管机构应当公布消费者保护的相关统计数据和分析报告。（6）担保和赔偿机制，监管者可以采取适当措施保护陷入财务困境的消费者；在金融机构清偿过程中，特定的金

① 经济合作与发展组织：《金融消费者保护高级原则》，载中国银行业监督管理委员会银行业消费者权益保护局编：《国际金融消费者保护法律法规选编》，中国金融出版社2014年版，第11～13页。

融债权人,如存款人、人寿保险的投保人、证券和衍生品账户持有人以及养老金用户比其他无担保债权人享有优先权。(7)金融知识普及和对消费者赋权,消费者享有受教育权,为增加消费者的金融专业知识,政府应当指定一家部门领导和协调金融知识普及活动,并针对各年龄段的消费者群体采取相应的普及措施。(8)竞争,金融监管机构应当与反垄断主管部门协商,后者在制定金融竞争政策时应当考虑消费者福利的影响,并定期评估零售金融机构之间的竞争,发布评估报告,提出优化竞争的建议。①

二、美国《多德—弗兰克法案》中的金融消费者保护制度

美国《多德—弗兰克法案》的第十章为"《2010 年消费者金融保护法案》"。该法案首先界定了"消费者"与"消费者金融产品或服务"概念的含义与范围。"'消费者'是指个人或代表个人行事的代理人、受托人或代表人。"对于"消费者金融产品或服务",则是采取列举与概括性规定相结合的方式。例如,提供信用和贷款服务,提供或佣金代理私产或不动产租赁,吸收存款、传递或兑换资金,出售、提供或发行储值工具或支付工具,提供支票现金、支票托收或支票担保服务,这些都属于"金融产品或服务"。但是,只有当这些金融产品或服务向消费者供应或提供且其目的是满足个人、家庭成员或家庭需要时,才是"消费金融产品或服务"。②

其次,该法案授权在美国联邦储备体系内成立独立的金融消费者保护机构——消费者金融保护局。联邦储备委员会、货币监理署、储蓄机构监督办公室、联邦存款保险公司等应当将所有的消费者金融保护职能移交给消费者金融保护局。联邦贸易委员会只是移交依据列举的消费者法制定规章、发布方针、完成研究以及发布报告的职权。消费者金融保护局依据联邦消费者金融法,负责监管金融机构提供消费者金融产品或服务的活动。该局局长由美国总统在参议院同意后任命。该局的宗旨是,"确保所有消费

---

① 参见世界银行:《金融消费者保护的通用良好做法》,载中国银行业监督管理委员会银行业消费者权益保护局编:《国际金融消费者保护法律法规选编》,中国金融出版社 2014 年版,第 14~17 页。

② 参见《多德—弗兰克华尔街改革与消费者保护法案》,董裕平、全先银等译,中国金融出版社 2010 年版,第 534~537 页。

者能够进入消费者金融产品与服务市场,确保消费者金融产品与服务市场的公平性、透明度和竞争性”。①

再次,消费者金融保护局设立公平贷款与机会均等办公室、金融教育办公室、服役人员事务办公室、老年公民金融保护办公室,以加强金融消费者保护。公平贷款与机会均等办公室的主要职责是确保个人或社区获得公平的贷款,在贷款时获得平等的、无歧视的服务。金融教育办公室通过向消费者提供金融咨询、信用的估值信息与评级咨询等服务,提高消费者对金融产品与服务的理解与判断能力,保障消费者实现其受教育权、知情权与选择权。服役人员事务办公室旨在为服役人员及其家庭成员传授金融技能,与其他监管机构合作,加强对服役人员及其家庭成员在使用消费者金融产品或服务时的保护。老年公民金融保护办公室专门向年龄在 62 岁以上的公民传授金融技能,以避免老年人在接受金融服务时遭受不法业务的欺诈。②

最后,该法案第 1025 条与第 1026 条区分“大银行、储蓄协会以及信用合作社”和“其他银行、储蓄协会及信用合作社”进行监管。前者是指总资产超过 100 亿美元的参加保险的存款机构、信用合作社及其关联人;后者则指总资产不足 100 亿美元的参加保险的存款机构或信用合作社。对于前者,消费者金融保护局就以下情况享有要求其提交报告和接受定期检查的专属权:评估遵守《联邦消费者金融法案》的情况;收集依据《联邦消费者金融法案》开展活动的有关信息及其合规信息;识别、评估消费者风险。对于后者,消费者保护局可以在必要时要求其就以上情况提交报告。③

三、危机后欧盟加强金融消费者保护的主要立法

欧盟在 2010 年发布了《消费者信贷条例》,废除了《2005 年消费者信贷法》。首先,该条例界定了“消费者”、“债权人”及“信贷协议”等相关概念。

① 参见《多德—弗兰克华尔街改革与消费者保护法案》,董裕平、全先银等译,中国金融出版社 2010 年版,第 555 页。

② 参见《多德—弗兰克华尔街改革与消费者保护法案》,董裕平、全先银等译,中国金融出版社 2010 年版,第 546 ~ 549 页。

③ 参见《多德—弗兰克华尔街改革与消费者保护法案》,董裕平、全先银等译,中国金融出版社 2010 年版,第 564 ~ 569 页。

消费者是指基于行业、业务或专业以外的其他目的而参与信贷交易的自然人。债权人是在其行业、业务或专业领域授予信贷的自然人或者法人，如提供消费信贷的商业银行。信用中介是指不以债权人身份，向消费者提供信贷协议、为信贷协议订立开展准备工作，或者代表债权人与消费者签订信贷协议的自然人或法人。

其次，该条例规定了债权人和信用中介应当履行以下义务：(1)信贷协议订立前的信息披露义务，即债权人或信用中介根据消费者提出的偏好及其他信息，披露信贷类型、债权人和信用中介的身份和地址，信贷总额和信贷支取条件、信贷协议期限、借款利率、消费者还款金额与次数及频率、任何其他相关费用以及变更费用的条件等相关信息，并向消费者提供充分的解释，帮助消费者比较不同报价，以便消费者在信息充分的情况下决定是否签约；(2)信用中介应向消费者明示其与债权人合作还是独立经纪人，在信贷协议订立之前与消费者通过书面或其他耐久媒介约定服务费用，信用中介还应当向债权人披露消费者支付的服务费用。

再次，该条例赋予消费者享有如下权利：(1)免费获取一份信贷协议草案，但债权人不愿意与消费者订立信贷协议的除外；(2)签订信贷协议后，免费获取一份最终协议；(3)协议应当以书面或耐久媒介形式订立，并计算出年费率及消费者应付总额；(4)对于在固定期限内分期摊还本金的，消费者有权在协议期限内随时要求免费获取以分期摊还表格开具的对账单；(5)随时免费终止开放式信贷协议，但应提前一个月通知债权人，协议约定债权人可终止开放式信贷协议的，应当至少提前两个月以书面形式或耐久媒介形式通知消费者；(6)可以不提供任何理由撤销消费信贷合同，撤销权的期限为14个连续工作日，自该条例规定的起始日期计算，消费者行使撤销权时应当以书面形式或耐久媒介形式通知债权人；(7)消费者已行使撤销权的，挂钩信贷协议对消费者不再具有约束力；(8)在协议约定的日期前，消费者有权履行协议约定的全部或部分义务，可以提前偿还债权人信贷，但应向债权人进行公平、客观合理的补偿。

最后，债权人将其依据信贷协议享有的债权转让给第三方的，消费者有权对受让人提出异议并采取防御措施抵制原债权人，包括依据民事法典的规定行使抵销权。①

此外,欧盟在2011年10月25日颁布了新的消费者权益保护指令。该指令与2010年《消费者信贷条例》存在两点共同之处:一是要求经营者向消费者提供合同标的相关的信息,不仅规定了普通消费合同的经营者的信息提供义务,也规定了远程销售合同和无店铺合同的经营者的信息义务,而且要求以耐用媒介的形式提供信息;二是赋予了消费者以撤销权,将撤销权期限从原来的7日延长为14日。②

第三节　金融消费者保护视角下的我国SIFIs规制

一、从金融消费者保护视角加强我国SIFIs规制的必要性分析

(一)加强SIFIs规制中的消费保护者是我国金融业的现实需求

前文已经分析了在SIFIs规制中加强金融消费保护者的理论基础,在此不再赘述。就我国实际情况而言,在我国SIFIs规制中加强金融消费者保护具有更强的现实紧迫感。

首先,在我国金融实践中,已经入选了全球系统重要性金融机构(G-SIFIs)的四大国有控股银行损害金融消费者权益的事件不时发生。在2014年3月12日最高人民法院公布的10起消费者维权典型案例中,就有刘某云诉中国银行股份有限公司衡阳分行、中国建设银行股份有限公司衡阳市分行财产损害赔偿纠纷案。原告在取款时银联卡号及密码被他人复制,卡上存款被取走,法院判决由提供银联卡的银行承担赔偿责任。③ 在被社会各界广为关注的“信用卡滞纳金被否决第一案”中,原告是中国银行股份有限公司成都高新技术产业开发区支行,被告沙某某请求对滞纳金予以

---

① 关于该条例主要内容的介绍依据以下文献整理:中国银行业监督管理委员会银行业消费者权益保护局编著:《国际金融消费者保护法律法规选编》,中国金融出版社2014年版,第18~28页。

② 参见胡田野:《最新欧盟消费者权益指令的解读与借鉴》,载《河北法学》2012年第12期。

③ 参见杨树明:《最高法院通报10起维护消费者权益典型案例》,载《人民法院报》2014年3月13日。

减免。这些案件不过是我国近年来众多银行业消费纠纷的缩影。在这些众多的银行消费纠纷中,作为 G-SIFIs 的四大国有控股银行是银行业消费者投诉的主要对象。

其次,就我国保险业而言,近年来保险消费纠纷案件数量不断增加。据中国保监会发布的 2014 年度、2015 年度及 2016 年度保险消费者投诉情况的通报,在这三个年度,中国保监会机关及各保监局共接收各类涉及保险消费者权益的有效投诉分别是 27902 件、30204 件、31831 件,分别同比增长 30.62%、8.25%、5.39%;反映有效投诉事项分别是 29934 个,30978 个、32442 个,分别同比增长 32.02%、3.49%、4.73%。从投诉涉及的保险公司看,以人身保险为例,2014 年投诉量居前 10 位的人身险公司依次为:中国人寿、平安寿险、泰康人寿、新华人寿、太保寿险、生命人寿、人保寿险、太平人寿、阳光寿险和中美联泰;2015 年投诉量居前 10 位的人身险公司依次为:中国人寿、平安人寿、泰康人寿、太平洋人寿、新华人寿、富德生命、人民人寿、太平人寿、阳光人寿和合众人寿;2016 年投诉量居前 10 位的人身险公司依次为中国人寿、新华人寿、平安人寿、泰康人寿、人民人寿、太平洋人寿、富德生命、太平人寿、平安养老和阳光人寿。① 在这些保险消费者投诉中,中国人寿、平安保险、泰康人寿、新华保险、富德生命、太平洋保险及阳光保险等均入围了中国保监会要求填报《D-SII 监管数据报表》的 16 家国内系统重要性保险机构名单,②而且这些保险机构涉及的保险消费者投诉占到整个投诉的大多数。例如,2014 年居于前十位人身险公司的投诉占人身险公司投诉总量的 81.51%,2015 年占 83.57%,2016 年占 85.91%。可见,我国保险业 SIFIs 规制中的保险消费者保护,本身就是我国保险业消费者保护的主要内容与重点所在。

最后,在我国证券期货等行业,内幕交易行为、虚假陈述行为、操纵市场

① 资料来源:中国保险监督监督管理委员会:《中国保监会关于 2014 年度保险消费者投诉情况的通报》,载 http://www.circ.gov.cn/web/site0/tab5168/info3949625.htm;《中国保监会关于 2015 年度保险消费者投诉情况的通报》,载 http://www.circ.gov.cn/web/site0/tab5213/info4014786.htm;《中国保监会关于 2016 年度保险消费者投诉情况的通报》,载 http://www.circ.gov.cn/tabid/106/InfoID/4058417/Default.aspx,最后访问日期:2017 年 4 月 1 日。

② D-SII 是国内系统重要性保险机构的英文"Domestic Systemically Important Insurer"的简称。

行为、欺诈行为等证券违法违规行为损害了投资者的合法权益。例如，“光大证券816乌龙指事件”发生之后，中国证监会认定光大证券股份有限公司的异常交易行为构成内幕交易，并依法对其作出了罚款等行政处罚，随后有6名投资者向上海第二中级人民法院起诉，要求光大证券赔偿因其内幕交易行为所遭受的损失。上海第二中级人民法院在一审判决中支持了原告的请求，6名投资者获得近30万元的赔偿。被告不服一审裁判向上海市高级人民法院上诉，二审法院驳回上诉，维持原判。该案是我国内幕交易案件中投资者获得有效保护的典型案例。然而，在虚假陈述、操纵市场及证券欺诈等所致的民事赔偿问题上，鲜见证券投资者获得赔偿的案件。正是由于《证券法》等法律未能给投资者提供有效保护，加之在2008年全球金融危机之后金融消费者保护理念在整个金融领域的拓展与深化，我国证券投资者转而寻求以《消费者权益保护法》保护其利益。例如，证券公司的客户起诉证券公司欺诈，依据《消费者权益保护法》的惩罚性赔偿规定要求证券公司双倍赔偿其损失，从而引发了个人证券投资者是不是消费者的理论争议。[①] 不过，2013年修订的《消费者权益保护法》第28条规定，提供证券、保险、银行等金融服务的经营者，应当向消费者提供经营地址、联系方式、商品或者服务的数量和质量、价款或者费用等信息。该规定为个人证券投资者主张依据《消费者权益保护法》保护提供了法律依据。

总之，加强对我国SIFIs规制中的金融消费者保护，是维护我国金融市场公平竞争的现实需求。

（二）加强SIFIs规制中的金融消费者保护有利于维护我国金融稳定

金融消费者保护与维护金融稳定之间是一种相互促进的关系，而SIFIs具有的大而不倒地位，使加强SIFIs规制中的金融消费者保护对于维护金融稳定具有全局性和更加重要的现实意义。就我国而言，加强SIFIs规制中的金融消费者保护之于金融稳定的意义还有其特殊性。一方面，经过三十几年的经济发展，我国已经成为全球第二大经济体，2016年国内生产总值达

---

① 参见林晓君、沙洵：《证券投资者无权要求券商承担双倍赔偿责任》，载《人民司法》2010年第22期；阳建勋：《“金融消费者”概念生成的法社会学探析——消费者运动与金融危机耦合下的金融法变革及其本土资源》，载《甘肃政法学院学报》2014年第1期；陈洁：《投资者到金融消费者的角色嬗变》，载《法学研究》2011年第5期。

到74.4万亿元,增长6.7%,[1]在持续的中高速经济增长下,我国金融业发展迅速,以在我国金融业中占主导地位的银行业为例,中国银监会的统计数据显示,截至2016年10月末,银行业金融机构总资产219.61万亿元,同比增加16.5%。[2] 在2016年英国《银行家》杂志公布的全球1000家大银行排行榜上,共有119家中资银行入围,前100名中有17家中资银行,前10名中中资银行4家,中国工商银行与中国建设银行位居前两名,中国银行位居第4,中国农业银行处于第5名。这4家银行都入选了全球性SIFIs。这表明我国SIFIs的经营规模已经非常庞大,对于国内金融稳定乃至全球金融稳定都具有重要影响。另一方面,与我国规模庞大、实力雄厚的SIFIs相比,我国金融消费者的金融专业知识水平普遍较低,识别和控制金融风险的能力较弱;与欧美金融业发达国家的金融消费者相比,我国金融消费者群体的金融专业知识水平与风险识别、控制能力等专业素质逊于前者,然而,我国金融机构的经营规模与经济实力与欧美国家金融机构不相上下,有的甚至还略胜一筹。这也反证了我国在SIFIs规制中加强金融消费者保护的必要性与艰难性,而且我国还是世界上第一人口大国,金融消费者人数众多,金融消费者群体规模庞大,SIFIs损害金融消费者权益事件的社会影响广泛,其中所隐藏的金融风险的传染性更强,也就是说对于金融稳定的影响大。综合以上因素,为了守住不发生区域性与系统性金融风险的底线,维护我国金融稳定,也必须要加强我国SIFIs规制中的金融消费者保护。

二、我国金融消费者保护制度的现状分析与反思

(一)我国金融消费者保护制度的现状分析

1.《消费者权益保护法》的相关规定。尽管2013年修订的《消费者权益保护法》没有明确界定“消费者”与“金融消费者”这两个概念,甚至在该法中未曾出现过“金融消费者”的字样,“金融”一词在该法中也仅仅是在第28条出现过一次,但是该法以下几个条文与这两个概念具有密切联系。该法第2条规定:“消费者为生活消费需要购买、使用商品或者接受服务,其

---

① 资料来源:李克强总理在第十二届全国人民代表大会第五次会议上的政府工作报告。

② 参见钱箐旎:《我国银行业总资产超219万亿元》,载《经济日报》2016年11月26日。

权益受本法保护；本法未作规定的，受其他有关法律、法规保护。”该法第 3 条规定：“经营者为消费者提供其生产、销售的商品或者提供服务，应当遵守本法；本法未作规定的，应当遵守其他有关法律、法规。”这两条规定了《消费者权益保护法》的适用范围，间接界定了“消费者”的含义，“本法未作规定的，受其他有关法律、法规保护”与“本法未作规定的，应当遵守其他有关法律、法规”等，为金融法律、法规保护金融消费者权益留下了制度空间。该法第 18 条第 2 款规定，银行等经营场所的经营者，应当对消费者尽到安全保障义务。该法第 28 条规定：“……提供证券、保险、银行等金融服务的经营者，应当向消费者提供经营地址、联系方式、商品或者服务的数量和质量、价款或者费用、履行期限和方式、安全注意事项和风险警示、售后服务、民事责任等信息。”

2. 中国人民银行的金融消费者保护规定。2016 年 12 月 14 日发布并实施的《中国人民银行金融消费者权益保护实施办法》共 6 章 50 条。第一章“总则”主要规定了该办法的立法依据、立法目的、适用范围、保护原则、中国人民银行及其分支机构的金融消费者权益保护职责等，其中第 2 条规定，“……金融消费者是指购买、使用金融机构提供的金融产品和服务的自然人”。该办法所称的“金融机构”是在中国境内依法设立的银行业金融机构、提供跨市场、跨行业交叉性金融产品和服务的其他金融机构以及非银行支付机构。第二章“金融机构行为规范”的主要内容包括：要求金融机构建立保护金融消费权益的内部控制制度，对员工加强金融消费者权益保护方面的教育与培训；金融机构的金融消费者保护义务，如确保金融产品和服务适合度义务，不能向低风险承受等级的金融消费者推荐高风险金融产品；财产安全保障义务，金融机构不得非法挪用、占用金融消费者的资金及其他资产；信息披露义务，金融机构应当依据金融产品或服务的特性，依法依规披露信息，说明重要内容和披露风险，并留存相关资料；金融产品与服务广告的诚信义务，金融机构实际承担的义务不得低于广告、资料、说明等形式所承诺的标准，金融机构在进行营销活动时不得有虚假、欺诈、隐瞒或引人误解的宣传等不正当竞争行为。第三章“个人金融信息保护”，明确了金融机构保护个人金融信息安全的义务，且该义务不因金融机构与外包服务供应商合作而转移、减免。该办法界定的个人金融信息，“是指金融机构通过开展业务或者其他渠道获取、加工和保存的个人信息,包括个人身份信息、财产信息、账户信息、信用信息、金融交易信息及其他反映特定个人某些情况的信息”。第四章“投诉处理与受理”,该办法第35条规定,发生金融消费争议时,金融消费者原则上应当先向金融机构投诉,金融机构不受理投诉或者在一定期限内不处理投诉,或者金融消费者认为投诉处理结果不合理的,可以向中国人民银行分支机构投诉。第五章“监督与管理机制”主要规定了中国人民银行及其分支机构的金融消费者权益保护职责,当金融机构有侵犯消费者合法权益的违规行为时,中国人民银行及其分支机构可以采取以下措施:约谈其董事会或高管人员;责令限期改正;向上级机构、行业监管部门、行业内部和社会通报相关信息;依据《消费者权益保护法》等法律法规处罚。此外,中国人民银行在2012年成立了金融消费权益保护局,履行其保护金融消费者权益的职责。

3. 中国银监会的金融消费者保护规定。2013年8月30日,中国银监会发布了《银行业消费者权益保护工作指引》。该指引共5章43条。第一章“总则”主要规定了目的、适用范围及银行业消费者权益保护的监管部门。该指引第3条界定了“银行业消费者”是购买和使用银行业产品和接受银行业服务的自然人。第二章“行为准则”共8条,规定了银行业金融机构在保护银行业消费者方面的具体义务,如尊重银行业消费者知情权和选择权的义务;公平交易义务;了解银行业消费者的风险偏好与承受能力,不主动提供超出银行业消费者风险承受能力的产品和服务;保障银行业消费者的个人金融信息安全义务;依法收费的义务。第三章“制度保障”主要从公司治理、内部控制、员工教育和培训、消费者投诉处理机制、应急响应机制等方面,要求银行业金融机构加强银行业消费者权益保护工作的制度保障。第四章“监督管理”规定银监会及其派出机构将银行业消费者权益保护作为监管工作的重要组成部分,并在市场准入、非现场监管、现场检查等各个监管环节落实。2012年11月,中国银监会银行业消费者权益保护局成立,该局的主要职能是制定银行业消费者权益保护总体战略、政策法规;协调推动建立和完善服务、教育和保护机制;建立和完善投诉处理机制;组织开展监督检查,依法纠正和处罚侵犯银行业消费者权益的违法行为;组织开展银行业消费者宣传教育工作。2014年8月26日,中国银监会发布了《银行业金融机构消费者权益保护工作考核评价办法(试行)》,从以下 5 个方面对银行业金融机构的消费者权益保护工作进行考核:制度体系是否完备、制度执行是否有可靠保障、工作开展是否有效、内部考核与管理是否得当和重点问题是否发生。

4. 中国保监会的金融消费者保护规定。2011 年 10 月 14 日,中国保监会经中央编制委员会批复同意成立我国金融监管部门第一个消费者权益保护机构——保险消费者权益保护局。2012 年 2 月 9 日,中国保监会下发了《关于做好保险消费者权益保护工作的通知》,要求保险公司建立完善的保险消费者权益保护制度。这表明,消费者权益保护理念已经为我国保险监管层所认同并得以在保险实践中力推。2013 年 7 月,中国保监会发布了《保险消费投诉处理管理办法》,明确界定了"保险消费者"的概念。该办法第 43 条第 1 款规定:"本办法所称保险消费活动,是指购买中华人民共和国境内保险产品以及接受相关保险服务的行为。"同条第 2 款规定:"本办法所称保险消费者,包括投保人、被保险人和受益人。"显然,该办法界定"保险消费者"的范围比《银行业消费者权益保护工作指引》界定的"银行业消费者"的范围要广泛得多,不限于自然人,法人和其他社会组织作为投保人和被保险人都可以成为保险消费者。2014 年 11 月 14 日,中国保监会发布了《关于加强保险消费者权益保护工作的意见》。该意见主要从强化保险公司的主体责任、加强信息披露、完善消费维权机制及提高消费者的保险知识水平和风险意识等几个方面加强对我国保险消费者权益的保护。例如,保险公司应当规范销售行为,建立区分销售制度,以将合适的产品销售给相应的消费者;禁止保险广告或其他销售形式中的虚假宣传行为;及时披露保险产品或服务信息,尤其是要重点披露保险产品的保障范围、免责条款及预期收益等内容。

5. 国务院办公厅《关于加强金融消费者权益保护工作的指导意见》。该意见于 2015 年 11 月 4 日发布,要求"一行三会"等金融管理部门按照职责分工,密切配合,与地方政府合作,做好金融消费者权益保护工作。该意见主要从金融消费者权利视角规范金融机构行为:一是要求建立金融消费者适当性制度;二是要保障金融消费者的财产安全,如严格区分自身资产与客户资产,不得挪用、占用客户资金;三是金融机构要以通俗易懂的语言,及时、真实、准确、全面地披露可能影响消费者决策的信息,充分提示风险,以保障金融消费者的知情权；四是尊重金融消费者的自主选择权，不得强买强卖和违背消费者意愿搭售产品或服务；五是不设置违反公平原则的交易条件，不得以格式条款加重金融消费者责任、限制或排除其合法权利、限制其法律救济途径，或者免除金融机构因损害消费者合法权益本应承担的社会责任；六是金融机构履行投诉处理主体责任，建立多层级投诉处理机制，以保障金融消费者的依法求偿权；七是金融机构要组织开展金融消费者教育活动，普及金融知识，帮助消费者提高对金融产品与服务的认知能力，以保障金融消费者的受教育权；八是保障金融消费者个人安全，金融机构要加强对外包服务机构的管理，严格防控金融消费者个人信息泄露的风险。

（二）我国金融消费者保护法律制度的反思

1. 尚未形成统一的“消费者”概念。我国现行法律体系中，尽管在《消费者权益保护法》与《反不正当竞争法》等法律中出现了“消费者”的字眼，但是尚未在法律层面上界定“消费者”这一概念，只是在《消费者权益保护法》第 2 条规定：“消费者为生活消费需要购买、使用商品或者接受服务，其权益受本法保护……”在实践中出现诸如“单位是不是消费者”“知假买假者是否为消费者”“证券公司客户是否为消费者”等之类的争议。这些争议产生的根源在于我国现行法律没有统一界定“消费者”的概念。有学者在评析《〈反不正当竞争法〉修订草案送审稿》时建议增设“消费者”的概念界定条款，理由是消费者已经作为该法的保护对象纳入了修订草案送审稿中，且虚假宣传、商业诋毁等不正当竞争行为的认定与“消费者”涵义相关，并借鉴《欧盟不正当商业行为指令》第 2 条将消费者界定为“不以工商业、手工业或职业活动为目的而从事商业活动，与竞争利益相关的自然人”。[①] 有学者深入分析了《德国民法典》规定一体化消费者概念的立法，[②]认为该立

---

① 参见郑友德、张钦坤等：《对〈反不正当竞争法（修订草案送审稿）〉的修改建议》，载《知识产权》2016 年第 6 期。

② 《德国民法典》在第一章“人”第一节“自然人、消费者、企业者”的第13 条规定：“消费者是指为一个既不能够归属于自己的营利事业活动，也不能够归属于自己的独立职业活动的目的，而订立法律行为的任何自然人。”第 14 条规定：“企业者是指一个在订立法律行为时，为从事自己的营利事业活动或者独立职业活动而实施行为的自然人、法人或者有权利能力的合伙。有权利能力的合伙，是指被赋予取得权利和承担义务能力的合伙。”杜景林、卢谌：《德国民法典——全文注释》，中国政法大学出版社 2015 年版，第 15 页。

法是为了“刻意强调保护消费者法的私法属性，刻意强调消费者地位的特殊性，刻意强调消费者与经营者相对应以确定倾斜的消费者保护政策，刻意强调提升消费者法的品性实现再法典化”，[1]认为消费者保护法属于民法而非经济法，将消费者保护法归并到经济法领域会使得民法规则不能直接适用于消费者权益保护，故主张利用制定民法总则的机遇，借鉴《德国民法典》在民事主体中规定一体化的消费者概念。[2] 不过，第十二届全国人民代表大会第五次会议通过的《民法总则》并没有规定一体化的消费者概念。在整个《民法总则》中，含有“消费者”字眼的条文只有第128条。[3] 有学者指出，该条是一个指引性条文，并没有规定对消费者的民事权利予以特殊保护的具体内容，比如说确认更多的民事权益或提高保护水平，而是指向《消费者权益保护法》的特别保护，并认为对这些处于弱势状态的人的特别保护，涉及被保护者广泛的社会权益和部分的民事权益，旨在实现实质公平正义，故这些“保护类”法律，属于社会法。[4] 依该学者所言，消费者保护法当属于社会法而非民法。有学者在研究民法典与特别民法关系的建构时指出，消费者法与劳动法同属于政策型特别民法，突破了传统民法典的技术中立原则，旨在实现国家的特别政策目的，尤其是以“弱者保护为核心”的“社会共生”，故不将二者纳入民法典的法典解构模式会动摇民法典作为市场经济基本法的地位，而将二者纳入民法典的法典重构模式与传统民法典存在价值冲突，且难以兼容，德国不少民法学者就批判《德国民法典》纳入消费者保护的立法乏善可陈，在定义的精确性与体系化程度等方面存在诸多不足，无助于提高法律适用的效率。[5] 有学者认为，尽管消费者权源于民事权利，但是突破并超越了民事权利的边界，民法不能对其提供全面保护，故

① 杨立新、刘召成：《德国民法典规定一体化消费者概念的意义及借鉴》，载《法学杂志》2013年第1期。

② 参见杨立新、刘召成：《德国民法典规定一体化消费者概念的意义及借鉴》，载《法学杂志》2013年第1期。

③ 《民法总则》第128条规定：“法律对未成年人、老年人、残疾人、妇女、消费者等的民事权利保护有特别规定的，依照其规定。”

④ 参见张新宝：《〈中华人民共和国民法总则〉释义》，中国人民大学出版社2017年版，第252～253页。

⑤ 参见谢鸿飞：《民法典与特别民法关系的建构》，载《中国社会科学》2013年第2期。

不宜将消费者保护法纳入民法典之中,应当在民法典之外为这一新型权利的生长和保护留出空间。①

随着消费者保护诉求的日趋增加和众多消费者保护立法的出现,如何协调消费者保护立法与传统民法规范之间、众多的消费者保护立法之间存在的价值和逻辑冲突,是各国面临的重大现实问题。尽管我国《民法总则》未能规定一体化的消费者概念,但是《德国民法典》规定一体化消费者概念的立法,回应了消费者保护理念如何进入民法典这一现实问题,开启和提供了消费者保护理念进入民法典的一个路径——高度抽象化的总则模式。《欧洲示范民法典草案》也是采用这一模式。该草案在第一卷“一般条款”的第5条规定了“消费者”和“经营者”的概念:该条第1款规定消费者是任何不以贸易、交易或职业活动为其行为主要目的的自然人;第2款规定经营者是任何以贸易、营利活动或职业活动为其行为目的的自然人或法人,不论其是公有还是私有,也不论其行为是否为了营利;第3款规定针对的是混合目的行为,即在消费者与经营者发生重合的偶然情形,要视当事人的权利是否需要如消费者一般受到保护而定。② 此外,将消费者保护纳入民法典规定的立法例还有:《捷克民法典》第52(3)条、《荷兰民法典》第7编第5(1)条、《波兰民法典》第22条、《斯洛文尼亚民法典》第52条、《立陶宛民法典》第6编第350(1)条。

2. 尚未形成统一的“金融消费者”概念。由于我国尚未在法律层面上统一规定消费者的概念,法律层面上“金融消费者”概念更是无从谈起,甚至在现有法律文本中,都未曾出现过“金融消费者”的字眼。前文对我国金融消费者保护制度的现状分析表明,2013年修订的《消费者权益保护法》第28条实质上对银行、保险、证券等金融服务的经营者课予了消费者保护义务,相当于赋予了接受银行、保险、证券等金融服务的客户以金融消费者的法律地位。不过,由于没有明确界定金融消费者的涵义及范围,金融机构的哪些客户是金融消费者?接受金融服务的单位是不是金融消费者?是不是

---

① 参见钱玉文:《消费者权的经济法表达——兼论对〈民法典〉编纂的启示》,载《法商研究》2017年第1期。

② 参见[德]克里斯蒂安·冯·巴尔、[英]埃里克·克莱夫主编:《欧洲私法的原则、定义与示范规则:欧洲示范民法典草案》,高圣平等译,法律出版社2014年版,第107~109页。

所有接受金融服务的自然人都是金融消费者？法律对诸如此类问题尚未有明确的规定。从体系解释的角度观之，《消费者权益保护法》第 2 条“消费者为生活消费需要购买、使用商品或者接受服务，其权益受本法保护”之规定，同样适用于金融消费者之判定。换言之，客户只有是为了生活消费需要在金融机构接受服务时才是金融消费者。然而，中国人民银行的《金融消费者权益保护实施办法》第 2 条规定，“金融消费者是指购买、使用金融机构提供的金融产品和服务的自然人”；中国银监会的《银行业消费者权益保护工作指引》第 3 条规定，“银行业消费者”是购买和使用银行业产品和接受银行业服务的自然人；中国保监会的《保险消费投诉处理管理办法》第 43 条第 1 款规定：“保险消费活动，是指购买中华人民共和国境内保险产品以及接受相关保险服务的行为”，同条第 2 款规定：“本办法所称保险消费者，包括投保人、被保险人和受益人。”这些规定都没有要求金融消费者在接受金融服务时是“为生活消费需要”。而且，中国人民银行规章与中国银监会规章规定的金融消费者是自然人，将在金融机构接受服务的单位排除在金融消费者之外，中国保监会规章规定则与前两者不同，保险消费者不局限于自然人，单位作为投保人、被保人和受益人等均可以是保险消费者。由上述规定可见，在制度层面上我国尚未形成统一的“金融消费者”概念。

“金融消费者”概念在制度层面的差异，在一定程度上反映了理论界的争议。在 2013 年《消费者权益保护法》修订之前，我国理论界对于投资领域的金融消费者保护问题存在较大的争议。例如，对于证券公司的客户可否依据《消费者权益保护法》请求惩罚性赔偿之类的纠纷，法院认为，“原告作为证券投资者，与被告签订协议，其意图在于从证券交易中获取投资收益，并非为生活需要购买消费或者服务，与《消费者权益保护法》规定的消费者定义存在显著区别，因此原告的身份与《消费者权益保护法》上的消费者不相符合。”①该裁判意见实质上基于商法学界的传统共识——“从事投资活动的自然人已经是不折不扣的商人，投资活动应当归属‘商’而不是

① 林晓君、沙洵：《证券投资者不能归入〈消保法〉上的消费者范畴——吴某诉某证券营业部、某电子公司其他证券纠纷案》，载 http://fayuan. xinmin. cn/alyp/2011/11/23/12776571. html，最后访问日期：2017 年 5 月 9 日。

‘非商’”。[①] 这与英国学者如下的观点如出一辙:“我们在把到银行存款,或者与保险公司签订保险合同的个人描述成消费者可能没有什么困难,但是当我们将投资人也视为消费者时往往面临障碍。”[②]不过,有学者认为,在金融创新趋势下,金融产品的抽象化、复杂化和金融交易的综合化,使金融市场的投资者发生了身份转变和角色嬗变,非专业投资者已经与消费者融合,转变为金融消费者。[③] 依据2013年修订的《消费者权益保护法》第28条与第2条,为了生活消费需要接受证券服务的自然人是消费者。可见,立法者已经认可了非专业投资者的身份转变与角色嬗变。

3. 尚未形成统一的面向消费者的金融消费者保护义务规则。由于现行立法尚未明确界定金融消费者的概念,自然难以制定统一的金融消费保护义务规则。2013年修订的《消费者权益保护法》在第三章“经营者的义务”第28条一并规定了金融服务的经营者与采用网络、电视、电话、邮购等方式提供商品或者服务的经营者的信息披露义务,要求其向消费者提供以下信息:经营地址、联系方式、商品或者服务的数量和质量、价款或者费用、履行期限和方式、安全注意事项和风险警示、售后服务、民事责任。显然,这一规定难以满足金融实践中加强金融消费者保护的诉求,与欧美国家对金融机构课以的金融消费者保护义务相比存在着较大差别。中国人民银行、中国银监会及中国保监会等制定的金融消费者保护方面的规章以规范金融机构行为视角,规定了金融机构应当承担的一些义务。然而,三家不同监管机构制定的规章中的金融消费者保护义务规则并不完全一致,以中国人民银行《金融消费者权益保护实施办法》的规定最为具体和系统。针对金融业实践中金融机构不当说明充斥金融市场的情形,该办法规定了金融机构在金融产品与服务广告中负有诚信义务,要求金融机构实际承担的义务不得低于广告、资料、说明等形式所承诺的标准;中国保监会的规章只是禁止保险

---

① 曹兴权:《商事法律制度构建视野的转换——以金融消费者保护为例》,载《上海财经大学学报》2011年第13期。

② Peter Cartright, “Consumer Protection in Financial Service”, *Klumer Law International*, 1999, p. 5. 转引自何颖:《金融消费者刍议》,载《金融法苑》(总第75期),中国金融出版社2008年版,第24页。

③ 参见陈洁:《投资者到金融消费者的角色嬗变》,载《法学研究》2011年第5期。

广告或其他销售形式中的虚假宣传行为。两相比较,前者能为消费者提供更加明确和可靠的保护。此外,应当看到这三个规章都是金融监管部门制定的,为金融监管机构处罚金融机构的违法行为提供了法律依据,①在法律性质上属于公法规范,旨在通过公法规制规范金融市场行为。如有的学者所言,消费者无法直接援引这些具有公法属性的规则维护其合法权益。②因为这些监管规章并没有规定金融机构违反上述义务应当承担何种民事责任。法谚云:"没有救济,就没有权利。"加强对金融消费者的保护,必须要构建统一的面向消费者的金融消费者保护义务规则。

4. 尚未建立统一的金融消费者保护机构。在后危机时代国际社会大力加强金融消费者保护的趋势下,中国人民银行、中国银监会及中国保监会等已经建立了各自的金融消费者保护机构,中国证监会也在 2011 年设立了投资者保护局。这是我国在"一行三会"的金融监管体制下为加强金融消费者保护所作出的具有路径依赖性的选择。然而,我国许多金融机构,主要是大型金融机构早已突破了"分业经营"的法律限制,③如中国平安保险(集团)股份有限公司就是一家以保险为核心,融证券、信托、银行、资产管理、企业年金等多元金融业务为一体的综合金融服务集团;光大集团已发展成为经营银行、证券、保险、资产管理、信托、期货、金融租赁等金融业务,以及环保、水务、垃圾焚烧发电及新能源等实业业务的金融控股集团;总资产近 2 万亿元人民币的安邦保险集团的业务领域涵盖寿险、财产险和意外险、健康险、养老险、银行和资产管理。然而,基于分业监管体制的分业型金融消

---

① 例如,依据中国人民银行《金融消费者权益保护实施办法》第 47 条规定,金融机构有侵害金融消费者合法权益的违规行为的,中国人民银行及其分支机构可以采取以下措施:约谈其董(理)事会或者高级管理层;责令其限期整改;向其上级机构、行业监管部门、行业内部、社会通报相关信息;依照《消费者权益保护法》以及相关法律、行政法规、规章进行处罚。中国人民银行职责范围内依法可以采取的其他措施。

② 参见何颖:《构建面向消费者的金融机构说明义务规则》,载《法学》2011 年第 7 期。

③ 有关分业经营的法律规定有:《商业银行法》第 43 条:"商业银行在中华人民共和国境内不得从事信托投资和证券经营业务,不得向非自用不动产投资或者向非银行金融机构和企业投资,但国家另有规定的除外。"《证券法》第 6 条:"证券业和银行业、信托业、保险业实行分业经营、分业管理,证券公司与银行、信托、保险业务机构分别设立。国家另有规定的除外。"《保险法》第 8 条:"保险业和银行业、证券业、信托业实行分业经营、分业管理,保险公司与银行、证券、信托业务机构分别设立。国家另有规定的除外。"

费者保护机构难以应对混业经营的现实挑战,不同金融行业的金融消费者保护规定的差异给从事综合经营业务的金融机构提供了监管套利的空间,也增加了金融消费者维权成功的不确定性。

三、完善金融消费者保护法律制度以加强 SIFIs 规制

作为大型金融机构的 SIFIs 较之于一般的金融机构,与金融消费者之间在经济地位、专业知识、风险识别和控制能力等方面更加不对等,金融消费者的弱势地位更为突出。依据传统民法,SIFIs 与金融消费者是“被抽象掉了种种能力的个人并且是以平等的自由意思行动的主体”。① 不过,正所谓店大欺客。这种处理会在 SIFIs 与金融消费者之间产生实际上的不平等。雷曼迷你债券事件、美国高盛集团欺诈案件、美国 SAC 内幕交易案件,②使得二者之间的不平等性昭然若揭。金融消费者保护不足被普遍认为是 2008 年全球金融危机发生的重要原因之一,这也是欧美国家在危机后不断加强金融消费者保护的现实诱因。金融消费者保护与维护金融稳定成为危机后金融法制变革的主要价值目标。我国 SIFIs 损害消费者权益的事件时有发生,加强和完善金融消费者保护无疑是 SIFIs 规制的重要内容。这就需要进一步完善金融消费者保护制度,因为“制度在协调个人行动上发挥着关键作用”。③ 何谓制度?“制度是广为人知的、由人创立的规则,它们的用途是抑制人类的机会主义行为。它们总是带有某些针对违规行为的惩罚措施。”④麦考密克认同塞尔所言的“制度就是规则体系”,指出“明智的做法是考虑一个较老的和较确定的关于‘制度’这个词的法律用语”,⑤即把法律作为一种制度事实的用语——法律制度。在人类所创立的规则中,法律责任的强制性使法律成为抑制人类机会主义行为的重要制度。鉴于此,下文

---

① [日]星野英一:《私法中的人》,王闯译,中国法制出版社 2004 年版,第 64 ~ 65 页。

② SAC 就是 SAC Capital Advisors(赛克资本),是全球对冲基金领域的超级航母。

③ [德]柯武刚、史漫飞:《制度经济学:社会秩序与公共政策》,韩朝华译,商务印书馆 2008 年版,第 7 页。

④ [德]柯武刚、史漫飞:《制度经济学:社会秩序与公共政策》,韩朝华译,商务印书馆 2008 年版,第 116 页。

⑤ [英]尼尔·麦考密克、[奥]奥塔·魏因贝格尔:《制度法论》,周叶谦译,中国政法大学出版社 2004 年版,第 63 页。

就从金融消费者保护法律制度视角探讨如何完善我国 SIFIs 规制。

（一）我国金融消费者保护立法模式的选择

当前民法典的编纂正在我国如火如荼地进行。在民法典编纂的大背景下，加强和完善我国金融消费者保护立法，首先需要解决的重大现实问题是金融消费者保护法是否以及如何进入民法典。该问题涉及民法、商法及经济法三个部门法之间的关系。在民法典编纂过程中，民商分立抑或民商合一的问题再度成为民法学者与商法学者争论的焦点。例如，商法学者在研究民法典（民法总则）对商行为的调整时指出，基于“整体的社会进化观”的现代民法应当回应社会高度商事化、金融化、全球化等所致的规制需求，认为制定独立的商法典是“商法法典化”的最优模式，“可替代的最优模式”是制定独立的商法通则，将商法通则内容分解融入民法总则的融合式是最不理想的选择。① 有经济法学者认为消费者权已经超越了民事权利的边界，成为了经济法的权利范畴，并据此认为消费者保护法不宜纳入民法典。若遵循这一路径，金融消费者保护法作为特别的消费者保护立法，自当也不宜纳入民法典。我国台湾地区的民法学者在论述德意志联邦共和国的消费者保护立法时指出，“虽然并无统一之消费者保护法之出现，但将该种法律按其性质与题材分属于各种多样性的法规当中。例如，独占禁止法、不正竞业法……等具有行政监督性质之经济立法或社会立法是。除此之外在民事法上亦有若干消费者保护性质之立法。”②如一般契约条款规制法、分期付款买卖法等。

将消费者保护法纳入民法典的域外典型立法是《德国民法典》。2002 年的《德国债法现代化法》将以下消费者保护特别法纳入了《德国民法典》之中：1976 年《德国一般交易条款规制法》；1986 年《德国房门口交易撤回法》；1990 年《德国消费者信贷法》；2000 年《德国远程销售法》。《德国民法典》第 491～505 条是关于消费者借贷合同的特别规定。有学者认为，德国将消费者保护特别法纳入《德国民法典》是要为法律适用创造方便条件；

① 参见蒋大兴：《论民法典（民法总则）对商行为之调整——透视法观念、法技术与商行为之特殊性》，载《比较法研究》2015 年第 4 期。

② 刘得宽：《民法诸问题与新展望》，中国政法大学出版社 2002 年版，第 178 页。

消除分散立法、各自为政的做法，避免《德国民法典》与特别法之间产生价值冲突。[①] 如第491a条规定了消费者借贷合同中贷与人的先合同资讯义务，贷与人有义务在订立合同之前，向借用人适当解释说明，以便于借用人评价合同是否符合自己的目的和财产状况。[②] 这些规范也是对《欧盟消费者信贷指令》在德国的转化。

金融是现代经济的血液，金融交易是商事交易的重要内容，金融消费者保护是现代民法回应现代社会金融化之规制需求的重点所在。金融消费者保护立法也是各国消费者保护立法的重要内容。金融消费者保护立法模式的选择涉及如何处理消费者保护法与民法典之间、一般的消费者保护法与金融消费者保护法之间的关系。在立法模式上有多种选择可能：所有的消费者保护立法，包括金融消费者保护立法，与民法典分立；将所有的消费者保护立法，包括金融消费者保护立法，均纳入民法典；将一般性的消费者保护立法纳入民法典，金融消费者保护法单列。对于第一种模式，可以细分为两类：一是制定统一的消费者保护法，将金融消费者保护纳入其中；二是既制定一般性的消费者保护法，又制定特别的金融消费者保护法。如我国台湾地区在1994年制定了"消费者保护法"，2011年制定了"金融消费者保护法"。可见，前一种关系的处理虽然在一定程度上制约或影响着后一种关系的处理，但是并没有决定性作用。

我国金融消费者保护立法采取何种模式？《民法总则》并未借鉴《德国民法典》规定"消费者"与"经营者"这两个概念，而是在第128条以指引性规范通过法律的特别规定对消费者权利予以保护。《民法总则》如此规定是不是意味着消费者保护法不会被纳入民法典？从立法技术上看，总则对于整个民法典具有统领作用，规定消费者与经营者的概念在一定程度上会影响整个法典的体系性与逻辑性。但是，正如有的民法学者所言，作为一部现代民法典，不将消费者保护法纳入，会影响其作为市场经济基本法的地位。从这种意义上看，我国民法典应当纳入消费者保护法。当然，纳入民法

---

① 参见杜景林、卢谌：《德国债法改革：〈德国民法典〉最新进展》，法律出版社2003年版，第165页。

② 参见杜景林、卢谌：《德国民法典全条文注释》（上册），中国政法大学出版社2015年版，第368～370页。

典的方式很多,并非只有在总则中规定消费者与经营者之概念这一种方式。因此,在总则中没有规定消费者或经营者的概念,并不表明不再将消费者保护法纳入民法典,我国不一定要照搬外国民法典如《德国民法典》。在民法典的债编部分纳入消费者保护法与《民法总则》第 128 条并不矛盾,《荷兰民法典》第 7 编第 5(1)条、《立陶宛民法典》第 6 编第 350(1)条就是在民法典的分则部分纳入消费者保护法的立法体例。

不过,德国在将消费者保护法纳入民法典之前,已经有多部有关消费者保护的单行法。这些单行法以及欧盟有关消费者保护的指令为《德国民法典》落实消费者保护功能和调整消费关系奠定了基础,积累了相当丰富的经验。《德国民法典》将这些单行法的消费者保护规则纳入进来,也是对这些法律实践经验的总结与提升。毕竟,法典之编纂与修订是一项非常复杂的系统工程,也相当耗费时力。故民法典一经制定出台,不可能像单行法一样动辄修改。反观我国目前的消费者保护立法并不发达,金融领域的消费者保护立法虽在 2013 年修订《消费者权益保护法》时偶有规定,但是在司法实践中鲜有消费者据此维权成功的案例,在法律层面上金融消费者保护立法只有几条零星的规定。我国立法部门表示,在 2020 年力争完成民法典编纂,2020 年是全面建成小康社会之年,需要有一套健全的民事法律制度与之相适应。[①] 在如此短期之内,将金融消费者保护法纳入民法典的难度殊非一般,不如先制定单行法,通过制定和实施单行的金融消费者保护法积累经验,待日后时机成熟时再纳入民法典。

(二)界定统一的"金融消费者"概念

"金融消费者"概念关系到金融消费者保护法的适用范围,关系到金融机构的哪些客户能够主张以消费者身份受到法律保护,应当在制定金融消费者保护法时予以规定。欧洲学者在评析欧盟成员国立法中包罗万象的消费者概念时指出,尽管定义各自不同,但是并不意味着不同的定义在本质上不同。[②] "金融消费者"概念的本质是偏重保护金融交易中的弱势群体,以

---

① 参见任松筠、陈月飞、汪晓霞:《力争在 2020 年完成民法典编纂》,载 http://news.163.com/17/0310/08/CF5CKTVA000187VI.html,最后访问日期:2017 年 5 月 14 日。

② 参见[德]克里斯蒂安·冯·巴尔、[英]埃里克·克莱夫主编:《欧洲私法的原则、定义与示范规则:欧洲示范民法典草案》,高圣平等译,法律出版社 2014 年版,第 110 页。

实现金融公平。造成金融交易中一方处于弱势的主要原因是其在经济实力、金融专业知识及信息享有等方面处于劣势。这应当是判断金融交易当事人是否为金融消费者的主要考量因素。《元照英美法词典》对“消费者”的涵义有两种解释:“①购买商品或服务供个人或家庭需要和使用,并再无出售等商业目的的自然人;②消费品的购买者和最终使用者,以转卖为目的者除外,但包括消费品在其默示或书面担保(或服务合同)有效期内的受让人或者其他适用该商品担保条款(或服务合同)的使用者或有关法律规定商品担保人或服务合同应对之负责的使用者。”[①]日本2001年《金融商品销售法》既保护自然人,也保护不具备金融专业知识的法人;我国台湾地区的“金融消费者保护法”界定的金融消费者是指接受金融服务业提供的金融商品和服务的自然人和法人,但是不包括专业投资机构和符合一定财力或专业能力的自然人或法人。日本和我国台湾地区的上述规定,突破了将消费者保护范围限于自然人的局限性,而且将具有专业能力或符合一定财力的自然人排除在金融消费者保护范围之外,非常鲜明地体现了金融消费者的本质特征,富有借鉴意义。笔者以为,可以借鉴我国台湾地区“金融消费者保护法”第4条之规定,基于《民法总则》将民事主体分为自然人、法人和其他社会组织的现实,在制定单行的金融消费者保护法时将“金融消费者”界定为:接受金融机构提供的金融商品和服务的自然人、法人和非法人组织,但是不包括专业投资机构以及符合一定财力或专业能力的自然人、法人和非法人组织;专业投资机构的范围、一定财力或专业能力的条件,由金融业监督管理机构决定。

与现行《消费者权益保护法》和金融监管机构的相关规定相比,如此界定“金融消费者”具有以下几个优势:其一,与《消费者权益保护法》相比,不再以“为了生活消费需要”这一主观要件作为界定消费者的必要条件,可以避免在司法实践中如何判断“生活消费需要”所产生的争议难题;其二,既不笼统地将所有接受金融服务的自然人作为金融消费者,也不排除不具有一定财力或专业能力的法人、非法人组织作为金融消费者,准确地把握了金融消费者保护法偏重保护金融交易中的弱势群体的法理念和对金融公平的

---

① 薛波主编:《元照英美法词典》,潘汉典总审定,北京大学出版社2014年版,第306页。

法价值追求;其三,纠正了保监会规章中无限扩大保险消费者范围,将所有投保人、被保人与受益人全部纳入保险消费者范围的错误规定。

(三)建立统一的金融消费者保护义务规则体系

"权利和义务构成了法律关系的核心要素,赋予它特殊的质的规定性。某一社会关系之所以是法律关系,就在于它是依法形成或得到承认的、以权利和义务的相互联系和相互制约为内容的社会关系。"①换言之,权利与义务是法学的基本范畴,权利与义务具有相关性。我国有学者以马克思主义哲学为指导,论证了权利与义务在结构上具有相关关系、在数量上具有等值关系、在功能上具有互补关系:在结构上,权利和义务是法这一事物内涵的可以分离的两个成分或因素,二者相互排斥又相互依存;数量上的等值关系是从整个社会的权利总量与义务总量而言,对于单个法律主体而言其权利与义务的数量可能是不相等的;功能互补主要是一方面是指权利与义务在法价值目标上的互补性——权利体现法价值目标,义务保障法价值目标的实现;另一方面是指权利或义务在指引人的行为方面既有独特性又互相补充,如权利对人的行为指引具有不确定性,义务对人的行为指引具有确定性。②

权利义务的相关性理论对于金融消费者保护立法具有十分重要的现实意义。首先,从结构上分析,金融消费者权利与金融机构的义务是金融消费者保护法的两个重要组成部分。其次,从数量上的等值关系看,金融消费者权利总量与金融机构的义务在整个社会层面上是相等的,对于单个法律主体而言可以不相等。例如,对金融消费者的偏重保护意味着其享有更多的权利而承担较少的义务,也意味着金融机构要承担更多的义务而享受较少的权利。最后,权利义务的功能互补性表明,金融消费者权利体现了金融消费者保护法所追求的价值目标,而消费者权利的实现有赖于金融机构履行其义务,鉴于该义务对于金融消费者保护法之价值目标的保障功能,不妨将其称为金融消费者保护义务。因此,金融消费保护法应当注意充分发挥金融消费者权利与金融消费者保护义务的指引作用。

笔者以为,基于金融消费者权利与金融消费者保护义务之间的相关性,

---

① 张文显:《法哲学范畴研究》,中国政法大学出版社2001年版,第332页。

② 参见张文显:《法哲学范畴研究》,中国政法大学出版社2001年版,第338~341页。

我国应当通过制定金融消费者保护法，借鉴欧美日立法及我国台湾地区的相关规定，建立统一的金融消费保护义务规则体系。该义务规则体系主要由以下几个方面的义务组成。

其一，金融机构的信息披露义务。此种义务是一种先合同义务。《欧洲示范民法典草案》在第二卷“合同及其他法律行为”的第三章“营销行为与先合同义务”的第103条规定，在以下三种情形下，经营者负有特定的先合同披露义务：订立合同时需要运用技术方法；经营者与消费者的地位差距与空间距离；特殊交易的本质属性。在这三种情形中，消费者处于重要信息缺失地位，与经营者相比处于信息不对等的不利地位。《德国民法典》第491a条规定了消费者借贷合同情形的先合同披露义务。我国金融消费者保护法应当借鉴上述立法，规定金融机构在与消费者缔约时，有义务向消费者披露提供的金融产品与服务的相关信息，以符合消费者的合理预期。披露的信息应当包括金融产品或服务的主要特征、消费者支付的价格、金融机构的名称与地址、合同的条款、双方的权利义务以及争议解决方式等。特别是要披露与撤销权有关的信息，包括行使撤销权的条件与程序等规定。

其二，金融机构的金融产品风险适合度义务。该义务要求金融机构在与消费者缔约前，应当充分了解金融消费者的相关资料，确保其所提供的金融商品与服务适合金融消费者。我国《商业银行个人理财业务管理暂行办法》第37条规定：“商业银行利用理财顾问服务向客户推介投资产品时，应了解客户的风险偏好、风险认知能力和承受能力，评估客户的财务状况，提供合适的投资产品由客户自主选择，并应向客户解释相关投资工具的运作市场及方式，揭示相关风险。……”《商业银行个人理财业务风险管理指引》第22条规定：“商业银行向客户提供财务规划、投资顾问、推介投资产品服务，应首先调查了解客户的财务状况、投资经验、投资目的，以及对相关风险的认知和承受能力，评估客户是否适合购买所推介的产品，并将有关评估意见告知客户，双方签字。”这两个规定从金融风险视角比较全面地诠释了金融机构适合度义务。金融机构履行该义务具有两个重要功能：一是保护金融消费者，利用金融机构的金融专业知识帮助消费者提高对金融产品风险的识别与控制能力，以便消费者在自己的风险承受能力范围内选择合适的金融产品；二是有助于防范和控制金融市场的总体风险，以保障金融安全和维护金融稳定。我国香港地区雷曼迷你债券事件之所以演变成为一场影响重大的维权风波,重要原因之一就是雷曼迷你债券的风险超出了这些购买者的风险承受能力。

在胡某斌等诉中国银行股份有限公司上海市田林路支行财产损害赔偿纠纷案中,原告在银行认购了银行代为销售的基金公司发行的基金产品,并在基金交易凭条及其背面的《风险提示函》签字确认如下内容:"本人充分知晓投资开放式基金的风险,自愿办理银行代理的基金业务,自担投资风险。"该基金产品发生亏损,原告起诉,要求判令银行赔偿其亏损 18 万余元及投资期间的利息。银行确认在销售系争理财产品时,未对原告进行风险评估,但在发生系争理财产品交易之前,原告曾在银行作过风险评估,评估结果为:胡先生的风险承受能力评级及适合购买的产品为稳健型。一审法院认为,银行作为理财产品代销机构,已尽到了合理的风险告知义务;原告签署合同即应视为其已对合同文本的内容进行阅读并知晓,其作为具有多次投资理财产品经验的投资者,应当能够预判系争理财产品的风险程度,由此产生的投资损失应自行承担,判决驳回全部诉请。二审法院认为,根据《商业银行个人理财业务管理暂行办法》及《商业银行个人理财业务风险管理指引》等相关规定,银行在金融服务法律关系中,负有依照客户的风险承受能力及财务状况等推介合适产品的义务;原告虽签字确认知晓相关风险,但并不能据此免除银行在缔约前的评估和适当推介义务;原告属稳健型投资者,风险承受能力较差,但银行却违反"将合适的产品销售给合适的投资者"的原则,将风险相对较高的产品销售给了胡先生,故对原告的损失负有主要过错;同时,原告对自身的财务状况、投资能力及风险承受能力应当有相应的认识,但其未依照自身状况进行合理投资,而是选择购买系争理财产品,对相应损失的发生亦具有相应过错,根据《侵权责任法》相应规定,银行的侵权赔偿责任可相应减低。综上,二审法院认为,要求银行赔偿其本金损失的诉请可予支持,赔偿其利息损失的诉请不予支持,二审判决如下:撤销一审判决,被上诉人(银行)赔偿上诉人(原告)的全部本金损失 18 万余元,驳回其余诉讼请求。①

---

① 上海市第一中级人民法院民事判决书(2015)沪一中民六(商)终字第 198 号。

对比一审判决与二审判决,可以发现一审法院与二审法院对于涉诉银行之义务存在不同认识,一审法院认为银行应当承担合理的风险告知义务,二审法院根据中国银监会的有关规定,认为银行负有风险适合度义务——向客户提供符合其风险承受能力的产品或服务。银行不履行该义务给客户造成损失的,应当承担相应的赔偿责任。二审法院的判决对于银行等金融机构提出了更高的注意义务要求,体现了对金融消费者的偏重保护。不过,二审法院依据的是中国银监会有关规章,而不是法律,应当在制定金融消费者保护法时,将规章中的风险适合度义务规则上升为法律。

其三,金融机构的安全保障义务。安全保障义务是为保障消费者的人身与财产安全而对经营者所课以的义务。在我国司法实践中,不少法院的裁判确认了银行的安全保障义务。如在"王某胜诉中国银行河西支行纠纷案"中,犯罪分子以安装读卡器和摄像装置的方式窃取原告的银行卡号、信息及密码,复制假银行卡,用假卡支取了原告在银行的存款。被告是否应对对犯罪分子支取的款项承担支付责任?原告认为其与被告之间了建立了储蓄合同关系,被告有义务保证借记卡内的资金安全,原告卡内资金被盗是因为被告在安全管理上存在疏忽,而被犯罪分子利用。法院试图通过对《商业银行法》"为存款人保密的原则"作如下扩张解释确立银行的安全保障义务:[①]商业银行的保密义务不仅是指银行对储户已经提供的个人信息保密,也包括为到银行办理交易的储户提供必要的安全、保密的环境;进而认为银行提供的安全防范设施合格证并不能证明自助银行足以保证储户存款安全。有人分析了作如此扩张解释的理由主要有:(1)依据谁获利谁承担风险原则,自动柜员机是银行为获利而使用的营业辅助性工具,由此产生的经营风险应当由银行承担;(2)依据危险控制理论,自动柜员机处于银行的控制范围,银行能够预见可能发生的危险与损害,由银行采取必要的措施防止或减轻损害的发生符合社会成本最小化的效率原则。[②] 在"吴成礼等五人

---

① 扩张解释,是指在法律条文的文义过于狭窄,不足以表示立法的真实意图时,为了正确阐释法律条文的意义内容而扩张法律条文的文义。参见梁慧星:《民法解释学》,中国政法大学出版社2000年版,第218~219页。

② 参见吴宏、丁广:《合同法视野下的金融机构安全保障义务》,载《人民司法》2009年第12期。

诉官渡建行、五华保安公司人身损害赔偿纠纷案”中,法院依据《民法通则》第 106 条第 2 款、①《商业银行法》第 6 条等法律规定,认为银行负有控制危险、保障客户安全义务,官渡建行未尽到合理限度内的安全保障义务,致使存款人及其他客户在银行的营业场所遭抢劫遇害,对原告亲属吴某红的死亡有一定过错,应当承担与其过错相应的赔偿责任。②

从法院对以上案件的裁判可以发现,要求银行对存款人及其客户承担安全保障义务是现实需求。为了满足这一需求,法院依据《商业银行法》第 29 条中的“为存款人保密的原则”扩张解释该条规定的商业银行的保密义务——不仅是指银行对储户已经提供的个人信息保密,也包括为到银行办理交易的储户提供必要的安全、保密的环境,进而认为银行提供的安全防范设施合格证并不能证明自助银行足以保证储户存款安全。法院又依据《商业银行法》第 6 条及《民法通则》第 5 条等规定,③认为银行未能为储户提供安全、保密的环境,侵犯了存款人的合法权益,应当承担赔偿责任。然而,“扩张解释虽扩张文义范围,但仍在法条可能文义之内。”就本案而言,“为存款人保密”这一法律条文的可能文义,无论如何扩张解释,都难以包括“提供必要的安全、保密的环境”之内涵。故无论如何扩张解释,都难以将“安全保障”纳入“保密”的文义“射程”之内。

我国在 2009 年制定《侵权责任法》和 2013 年修订《消费者权益保护法》时,将确认银行负有安全保障义务的司法实践经验纳入了立法。《消费者权益保护法》第 7 条规定:“消费者在购买、使用商品和接受服务时享有人身、财产安全不受损害的权利。消费者有权要求经营者提供的商品和服务,符合保障人身、财产安全的要求。”《消费者权益保护法》第 18 条规定,经营者应当保证其所提供的商品或服务符合保障人身、财产安全的要求,宾

---

① 《民法通则》第 106 条第 2 款规定:“公民、法人由于过错侵害国家的、集体的财产,侵害他人财产、人身的,应当承担民事责任。”《商业银行法》第 6 条规定:“商业银行应当保障存款人的合法权益不受任何单位和个人的侵犯。”

② 北大法宝网:《吴成礼等五人诉官渡建行、五华保安公司人身损害赔偿纠纷案》,载 http://www.pkulaw.cn/case/pfnl_1970324837041863.html,最后访问日期:2017 年 5 月 24 日。

③ 《商业银行法》第 6 条规定:“商业银行应当保障存款人的合法权益不受任何单位和个人的侵犯。”《民法通则》第 5 条规定:“公民、法人的合法的民事权益受法律保护,任何组织和个人不得侵犯。”

馆、商场、餐馆、银行、机场、车站、港口、影剧院等经营场所的经营者应当对消费者尽到安全保障义务。《侵权责任法》第37条第1款规定："宾馆、商场、银行、车站、娱乐场所等公共场所的管理人或者群众性活动的组织者，未尽到安全保障义务，造成他人损害的，应当承担侵权责任。"从文义解释的角度而言，[①]《消费者权益保护法》与《侵权责任法》虽然未明文规定证券公司、保险公司、信托公司、基金公司等非银行业金融机构的安全保障义务，但是"等经营场所"与"等公共场所"应当包括非银行业金融机构的经营场所，与银行、宾馆、商场等经营场所一样，非银行业金融机构的经营场所都属于公共场所，其经营者或管理者负有安全保障义务。因此，在制定金融消费者保护法时，应当明确规定银行、证券、保险等所有金融业经营场所的经营者负有安全保障义务。

其四，金融机构对金融广告的最低标准义务。在市场经济时代，"好酒也怕巷子深"。广告成为经营者的一项重要营销手段，金融业亦不例外。随着互联网金融的发展，越来越多的金融机构通过发布网络金融广告向消费者推介金融产品和服务。与此同时，网络金融广告中也充斥着欺诈。一些金融理财产品自始就是一场"大忽悠"，"治理非法集资，保护投资者权益，要盯准'违规广告'这个死穴"。[②] 诚然，治理违法广告是维护金融市场秩序、保护投资者合法权益的重要措施。为了加强对违法金融广告的治理，我国有关部门出台了一些规定，如国家工商管理总局、中央宣传部、中央维稳办在2016年4月13日发布了《开展互联网金融广告及以投资理财名义从事金融活动风险专项整治工作实施方案》，要求金融监管部门会同有关部门抓紧制定金融广告发布的市场准入清单，依法设立金融广告发布事前审查制度；又如中国银监会在2011年制定的《商业银行理财产品销售管理办法》在第三章"宣传销售文本管理"的第13条规定，理财产品销售文本中不得有下列情形：虚假记载、误导性陈述和重大遗漏；违规承诺收益或承担损失；夸大或片面宣传理财产品，违规使用与产品风险收益特性不匹配的表述等。商

---

① 文义解释，就是按照法律条文用语的文义以及通常使用方式，阐释法律规范的涵义。参见梁慧星：《民法解释学》，中国政法大学出版社2000年版，第210~213页。

② 《扼住金融理财"大忽悠"的咽喉》，载《人民日报》2016年5月6日，第17版。

业银行违反以上规定的,由中国银监会或其派出机构依法采取监管措施。

以上规定是从公法规制的路径加强对违法违规金融广告的治理,还需要从私法层面加强和完善对金融广告的规制。毕竟,法律具有整体性,违法违规金融广告的层出不穷、日趋猖獗有多种原因,除了公法上的金融广告监管制度阙如或不甚完善之外,因违法违规金融广告受到损失的消费者(投资者)不能在私法上要求发布广告的金融机构承担赔偿责任是另一个重要原因。因为从合同法视角看,广告不是要约,只是要约邀请,没有纳入合同条款的金融广告内容,对于消费者(投资者)没有法律拘束力。"投资者自担风险原则"往往成为金融机构逃避金融广告欺诈之法律责任的最佳理由。这实际上使得金融机构可能无须承担相应的私人成本。为了防止金融机构利用"投资者自担风险原则"逃避在金融广告中发布虚假信息、误导性陈述及重大遗漏等本应当承担的法律责任,还应当要求金融机构对其在金融广告中发布的金融产品与服务信息承担最低标准义务,金融机构违反该义务给消费者(投资者)造成损失的,应当承担相应的赔偿责任,金融机构的金融广告构成欺诈的,应当向消费者承担惩罚性赔偿责任。

其五,金融机构的金融信息保护义务。随着信息社会与互联网金融时代的到来,信息成为影响社会经济活动的重要因素。在信息社会,经济增长方式呈现信息化趋势——"生产和管理的社会和技术组织的特殊形式,它通过对新的信息技术的运用而使以知识和信息为基础的生产效率得以实现。"[①]由于信息在生产与交换活动中的基础性地位,信息地位或信息能力成为影响社会财富分配的重要因素。在信息社会,"信息就是财富",意指信息分配与控制具有优势地位的社会主体,有机会能够获得更多的财富。在信息社会,信息变成了财富的载体,进而变成了社会主体追求财富的手段。因此,保护社会主体的信息相当于间接保护其财产。此外,处于信息社会中的社会主体,信息地位或信息能力呈分化趋势,信息分化是"社会信息

---

① Castells. M., Yuko Aoyama, "Paths towards the Informational Society: Employment Structure in G-7 Countries, 1920-1990", *International Labor Review*, Vol. 133, No. 1, 1994. 转引自谢俊贵:《凝视网络社会——卡斯特尔信息社会理论述评》,载《湖南师范大学社会科学学报》2001 年第 3 期。

化发展过程中不同信息活动主体之间的信息差距及其发展态势”。[①] 信息分化会造成社会主体的收入差距成倍扩大，社会经济地位分化更加突出，给社会公平公蒙上新的阴影。[②] 金融是经济的血液，金融机构是从事资金融通的专业性机构，相对于金融消费者而言，具有天然的信息优势。金融消费者为了享受金融机构提供的金融产品与金融服务，不得不应金融机构的要求全面提供自己的信息。为了应对金融领域的信息分化现象，维护金融公平，应当对处于信息优势地位的金融机构课以信息保护义务，以实现对处于信息劣势地位的金融消费者的偏重保护。金融机构的金融消费者信息保护义务主要从以下几个方面加以规定。

首先，从保护对象看，依据前文对金融消费者的界定，金融消费者可以是个人，也可以是缺乏专业能力和不符合一定财力的法人和非法人组织，既要保护作为金融消费者的个人金融信息，也要保护作为金融消费者的法人、非法人组织的金融信息。其次，从保护内容看，以个人为例，受保护的个人金融信息包括个人身份信息、个人财产信息、个人账户信息、个人信用信息、个人金融交易信息及衍生信息。[③] 再次，在保护措施方面，金融机构应当严格遵守法律规定收集、保存使用和对外提供消费者的金融信息，不得收集与业务无关的信息，不得采用不正当方式收集信息，不得篡改、违法使用金融信息，如出售个人金融信息、向本机构以外的其他自然人、法人和非法人组织提供金融信息，但是金融消费者为办理相关业务书面授权和同意，以及法律法规另有规定的除外。最后，从救济方式看，金融机构违反金融消费者信息保护义务，金融监管部门可以对金融机构及其直接负责的高级管理人员和其他直接责任人员依法处罚；给消费者造成损失的，消费者可以要求

---

① 谢俊贵：《信息分化：一个信息社会学新概念的界定》，载《求索》2006 年第 1 期。

② 谢俊贵：《空间分割叠加与社会治理创新》，载《广东社会科学》2014 年第 4 期。

③ 中国人民银行 2011 年发布的《关于银行业金融机构做好个人金融信息保护工作的通知》规定：个人身份信息，包括姓名、性别、国籍、民族、身份证件种类及号码、职业、联系方式、婚姻状况、家庭状况、住所、工作单位及住址；个人财产信息，包括个人收入情况、拥有的不动产及车辆情况、纳税额、公积金缴存额等；个人账户信息，包括账号、账户开立时间、开户行、账户余额、账户交易情况等；个人信息，包括信用卡还款情况、贷款偿还情况及反映信用状况的其他信息；个人金融交易信息，包括银行业金融机构在中间业务中获得的个人信息和客户通过银行业金融机构与第三方发生业务关系时产生的个人信息等；衍生信息，包括个人消费习惯、投资意愿等对原始信息处理、分析之后形成的信息。

其承担相应的赔偿责任；涉嫌犯罪的，由司法机关依法处理。

（四）建立统一规制SIFIs的金融消费者保护机构

在混业经营趋势下，我国基于分业经营、分业监管的金融监管体制在"一行三会"内设的金融消费者保护机构，难以有效应对金融消费者保护的现实挑战。例如，从事混业经营的SIFIs损害金融消费者合法权益的不少违法违规行为，横跨银行、证券及保险等多种金融行业，分业监管体制下的金融消费者保护机构依据不同金融行业设立，不同金融行业的金融消费者保护机构的监管规定并不统一，保护水平难免会存在一定差异。这就为SIFIs利用监管规定与保护水平的差异进行套利提供了便利。美国1999年《金融服务现代化法》改变了1933年《格拉斯—斯蒂格尔法》确立的分业经营模式，允许金融机构开展混业经营，但是其金融监管体制仍然是分业监管。美国混业经营与分业监管的并存被认为是造成对消费者保护不足，进而引发次贷危机的重要原因之一。尽管美国在危机之后并没有从根本上改革金融业的分业监管体制，但是却加强了对金融监管机构之间的协调。在负责宏观审慎监管的美国联邦储备银行体系成立独立的消费者金融保护局，既整合了联邦储备理事会、储蓄机构监督办公室、联邦存款保险公司、全国信用合作社等所有关于金融消费者保护的职责，以及联邦贸易委员会有关消费者保护的部分职责，也被要求与联邦贸易委员会进行合作；消费者保护局在对大银行、储蓄协会及信用合作社的监督中，应当与审慎监管机构、州级银行监管机构等进行合作。

我国大型金融机构混业经营与分业监管体制并存的现状，与美国在次贷危机之前的状况非常相似，不同之处是我国《商业银行法》《证券法》《保险法》等金融法律仍然坚持着分业经营。显然，此种状况既影响着法律的权威，也不利于保护金融消费者合法权益。马克思说："社会不是以法律为基础，那是法学家的幻想。相反，法律应该以社会为基础。法律应该是社会共同的，由一定的物质生产方式所产生的利益需要的表现，而不是单个人的恣意横行。"面对我国金融业中实际存在且愈演愈烈的混业经营趋势，面对混业经营趋势下我国金融消费者保护纠纷频发而金融消费者维权举步维艰的现实，应当取消现行法律对混业经营的限制性规定，加强和完善金融消费者保护机构。具体而言，有如下几种路径选择。

一是改分业监管体制为混业监管体制,建立统一的金融监管机构,在统一的金融监管机构内设金融消费者保护部门,此即英国模式。二是坚持现行的分业监管体制,在不同金融业监管机构内设立金融消费者保护机构,同时加强金融消费者保护机构之间的协调,由中国人民银行金融消费权益保护局承担协调职责。三是坚持分业监管体制,同时设立统一的金融消费者权益保护局,统一履行金融消费者保护职责。美国消费者金融保护局的设立表明,即使在分业监管体制下,也可以建立统一的金融消费者保护机构。鉴于中国人民银行在我国金融监管体制中的协调监管职能,应当由其统一承担金融消费者保护职责。四是分业监管体制不变,考虑到开展混业经营的金融机构主要是大型金融机构,在中国人民银行内设立金融消费者保护机构,由其统一规制大型金融机构尤其是与 SIFIs 有关的金融消费纠纷,与 SIFIs 无关的金融消费纠纷由不同行业金融监管机构监管。因为 SIFIs 损害金融消费者权益事件的社会影响更为广泛,所隐藏的金融风险的传染性更强,对于金融稳定的影响大。因此,统一规制与 SIFIs 有关的金融消费纠纷对于维护我国金融稳定具有十分重要的现实意义。

本章小结

本章首先分析了在 SIFIs 规制中加强金融消费者保护的必要性。一方面,危机的发生凸显了危机前金融消费者保护制度的不足,尤其是 SIFIs 与金融消费者之间的权利义务失衡是导致危机发生的重要原因之一;另一方面,在 SIFIs 规制中加强金融消费者保护有助于实现金融公平和维护金融稳定。其次,对比分析了危机前后欧美国家的金融消费者保护立法,详细分析了危机后国际社会的金融消费者保护规则、美国《多德—弗兰克法案》中的金融消费者保护制度、危机后欧盟金融消费者保护的主要立法以及中国台湾地区的"金融消费者保护法"。再次,结合我国金融业实际情况,分析了在我国 SIFIs 规制中加强金融消费者保护的必要性,认为在我国 SIFIs 规制中加强金融消费者保护具有更强的现实紧迫感,分析和反思了我国金融消费者保护制度现状:尚未形成统一的"消费者"概念;尚未形成统一的"金融消费者”概念;尚未形成统一的面向消费者的金融消费者保护义务规则;尚未建立统一的金融消费者保护机构。最后,从立法模式的选择、界定统一的“金融消费者”概念、建立统一的金融消费者保护义务规则、建立统一规制 SIFIs 的金融消费者保护机构 4 个方面,提出了完善我国金融消费者保护法律制度的建议。在立法模式上,结合民法典编纂,分析了金融消费者保护法是否应当及如何纳入民法典等问题,认为在短期之内将金融消费者保护法纳入民法典的难度殊非一般,不如先制定单行法,通过制定和实施单行的金融消费者保护法积累经验,待日后时机成熟时再纳入民法典。就“金融消费者”概念而言,基于《民法总则》将民事主体分为自然人、法人和其他社会组织的现实,可以借鉴域外立法将“金融消费者”界定为:接受金融机构提供的金融商品和服务的自然人、法人和非法人组织,但是不包括专业投资机构以及符合一定财力或专业能力的自然人、法人和非法人组织;专业投资机构的范围、一定财力或专业能力的条件,由金融业监督管理机构决定。运用法理学上的权利义务相关性理论,分析了金融消费者权利与金融消费者保护义务之间的相关性:金融消费者权利体现了金融消费者保护法所追求的价值目标,而消费者权利的实现有赖于金融机构履行金融消费者保护义务,金融消费者保护义务规则体系主要由金融机构的信息披露义务、金融产品风险适合度义务、安全保障义务、对金融广告的最低标准义务、金融信息保护义务等构成。

第四章　公司治理视角下的 SIFIs 规制

第一节　SIFIs 公司治理的失衡与全球金融危机的产生

一、公司治理的涵义与金融机构公司治理的特殊性

(一)公司治理的涵义

公司治理的英文表述为"corporate governance",有"'公司管理'、'公司控制'、'法人治理结构'、'企业治理结构'和'公司法人治理结构'"①等多种表述。公司治理是一个横跨经济学与法学领域的问题。如经济学者认为,公司法人治理结构是"由公司的所有者、董事会和高级经理人员(高级执行人员)组成的具有一定制衡关系的一种组织结构"。② 在法学学者看来,公司治理研究旨在解决公司所有权与控制权的分离所引起的利益冲突,"如何在法律上使公司的经营者不损害公司法

---

① 冯果:《公司法要论》,武汉大学出版社 2003 年版,第 103 页。

② 杨明基主编:《经济金融词典》,中国金融出版社 2015 年版,第 245 页。

人及其成员的利益”。[①] 为此,需要在法律制度上科学合理地设置公司内部机关及其成员的权利、义务与责任。英国 R. Cheffins 教授在《公司治理的历史》一文中指出,“‘公司治理’在 20 世纪 70 年代的美国首先流行起来,在 20 世纪 70 年代至 90 年代的二十几年内,公司治理成为世界范围内学者、监管者、管理者及投资者等争论的主题。”[②]“对于公司治理这一宏大的主题,尽管至今尚未有一个统一的界定,也许永远不会有,但是实际上自公司产生以来,公司治理就一直存在。因为公司一旦产生,公司投资者与管理者之间就存在利益冲突的可能。因此,公司治理的历史至少可以追溯到 16 世纪和 17 世纪的东印度公司、哈德逊湾公司、利凡特公司及其他特许公司的产生。”[③]

在公司法理论上,存在有关公司治理的两种理论模型:以股东主权为基础的单边治理理论和以利益相关者为基础的多边治理理论。单边治理理论是一种传统的公司法理论,它将公司视为股东投资设立的法人团体,股东对公司享有资产受益、参与重大决策和选择管理者等权利,即公司作为物质资本的联合体归股东所有。因此公司治理要解决的问题是:“物质资本所有者即股东,通过何种机制迫使经营者将公司的利润的一部分作为回报返还给自己,以及如何约束经营者的行为并使其在股东的利益范围内从事经营活动。”[④]多边治理理论的基础是公司契约理论,将公司看作“一系列合约的连接”,“有着股东、经营管理人员、雇员、债权人、原材料供应商、客户等多个参与方,他们存在明显的利益异质性。”[⑤]这些参与方在参与公司治理时有着不同的利益诉求,相互之间既存在密切的利益关联,也存在激烈的利益冲

---

① 马俊驹、聂德宗:《公司法人治理结构的比较与重构》,载王保树主编:《商事法论集》第 5 卷,法律出版社 2000 年版,第 141 页。

② Brian R. Cheffins, “The History of Corporate Governance”, available at: http://ssrn.com/abstract=1975404 , p. 1.

③ Brian R. Cheffins, “The History of Corporate Governance”, available at: http://ssrn.com/abstract=1975404, p. 4.

④ A. Sheleifer and R. Vishny, “A Surevy of Corporate Governance”, *The Journal Finance*, June, 1997. 转引自马俊驹、聂德宗:《公司法人治理结构的比较与重构》,载王保树主编:《商事法论集》(第 5 卷),法律出版社 2000 年版,第 142 页。

⑤ 罗培新、张建伟:《公司法的科斯定理》,载[美]弗兰克·伊斯特布鲁克、丹尼尔·费希尔:《公司法的经济结构》(代译序),北京大学出版社 2014 年版,第 10 页。

突。以多边治理理论为基础的公司治理，将职工、债权人等利益相关者引入公司治理结构，参与公司治理决策，以实现对这些利益相关者的分权与制衡。

无论是单边治理理论还是多边治理理论，公司治理的核心都是如何协调与公司有关的利害关系人之间的利益冲突，二者之间的区别在于利害关系人的范围大小不同，单边治理中的利害关系人是股东与管理者，多边治理中的利害关系人除了股东与管理者，还包括公司的职工、债权人及公司所在的社区等。多边的公司治理理论表明，在公司治理中，“所遇到的麻烦还不只是个人(或个人群体)利益之间的矛盾和冲突，还有可能发生一方为某个个人或个人群体利益与另一方作为有组织的集体单位的社会利益之间的冲突”。① 如利益法学者所言，“法律规范构成了立法者为解决种种利益冲突而制定的原则和原理。”②“法律的主要作用之一就是调整及调和上述种种相互冲突的利益，无论是个人的利益还是社会的利益。”③以公司法为主所架构的公司治理制度，就是立法者为解决与公司有关的利害关系人之间的利益冲突而制定的原则和原理。“制度是众所周知的、由人创立的规则，其目的在于抑制人们可能有的机会主义行为。”④以单边治理理论为基础的公司治理之核心，是解决所有权与控制权分离所产生的所有者与管理之间的利益冲突问题，抑制管理人的机会主义行为，实现投资者利益最大化。为此，“公司法采取的最普遍的公式是信托忠诚义务：公司的董事、高级职员，以及在某些方面和某些情况下，公司的控制股东对公司负有不可分割的忠诚义务……公司法的历史大体上就是忠诚义务的实践内容的发展史。”⑤然

---

① [美]E. 博登海默：《法理学：法律哲学与法律方法》，邓正来译，中国政法大学出版社2004年版，第413页。

② [美]E. 博登海默：《法理学：法律哲学与法律方法》，邓正来译，中国政法大学出版社2004年版，第151页。

③ [美]E. 博登海默：《法理学：法律哲学与法律方法》，邓正来译，中国政法大学出版社2004年版，第413页。

④ [德]柯武刚、史漫飞：《制度经济学：社会秩序与公共政策》，韩朝华译，商务印书馆2000年版，第109页。

⑤ [美]罗伯特·C. 克拉克：《公司法则》，胡平、林长远等译，工商出版社1999年版，第21~22页。克拉克构建了基本自我交易、经理报偿、占有公司或股东的财产、具有混合动机的公司行为四种利益冲突模型，阐述了忠诚信托义务的具体内涵。

而,公司的实际运行是一个非常复杂的过程,涉及除了股东、管理者之外的诸多当事人。如公司的员工、公司所在的社区及公司的债权人等。由此看来,秉承股东价值最大化理念的公司治理显然脱离了实际。“从更宽泛的政治和社会角度看,企业需要服务于更多社会目标,需要对股东之外的更多的利益相关者负责。”①

“恰当的制度有助于降低复杂系统中的协调成本,有助于限制并可能消除人们之间的冲突。”②就此而言,良好的公司治理不仅有助于保障公司的正常运行,保护公司股东和其他利益相关者的合法权益,而且能够增强投资者信心,促进资本的形成与配置,增强各国公司在全球资本市场的竞争力。《二十国集团/经合组织公司治理原则》(以下简称《公司治理原则》)指出,“目前尚不存在良好公司治理的统一模式。但是,一些常见要素构成了良好公司治理的基础。”③《公司治理原则》提出了良好公司治理的 6 个原则:一是确保有效公司治理框架之基础的原则,即“公司治理框架应提高市场的透明度和公平性,促进资源的高效配置,符合法治原则,并为有效的监督和执行提供支持”。④ 二是保护股东权利和公平待遇方面的原则,即“公司治理框架应保护和促进股东行使权利,确保全体股东的平等待遇,包括少数股东及外资股东。在权利受到侵犯时,应保障全体股东均有机会获得有效救济。”⑤三是机构投资者、证券交易所和其他中介机构在公司治理方面应当坚持以下原则,“公司治理框架应当在投资链条的每一个环节中都提供健全的激励因素,并规定证券交易所的运行应当有利于促进良好公司治理实践。”⑥四是

① [法]让·梯若尔:《公司金融理论》,王永钦、许海波等译,中国人民大学出版社 2015 年版,第 76 页。

② [德]柯武刚、史漫飞:《制度经济学:社会秩序与公共政策》,韩朝华译,商务印书馆 2000 年版,第 109 页。

③ OECD (2016), 二十国集团/经合组织公司治理原则,OECD Publishing, Paris. available at:http://dx. doi. org/10. 1787/9789264250574 - zh,p. 10。

④ OECD (2016), 二十国集团/经合组织公司治理原则,OECD Publishing, Paris. available at:http://dx. doi. org/10. 1787/9789264250574 - zh,p. 13。

⑤ OECD (2016),二十国集团/经合组织公司治理原则,OECD Publishing, Paris. available at:http://dx. doi. org/10. 1787/9789264250574 - zh,p. 17。

⑥ OECD (2016),二十国集团/经合组织公司治理原则,OECD Publishing, Paris. available at:http://dx. doi. org/10. 1787/9789264250574 - zh,p. 26。

针对利益相关者提出的公司治理原则,“应承认利益相关者的各项经法律或共同协议而确定的权利,并鼓励公司与利益相关者之间在创造财富和就业以及促进企业财务的持续稳健性等方面展开积极合作。”①五是信息披露与透明度原则,“公司治理框架应确保及时准确地披露公司所有重要事务,包括财务状况、绩效、所有权和公司的治理。”②六是董事会责任原则,“公司治理框架应确保董事会对公司的战略指导和对管理层的有效监督,确保董事会对公司和股东的问责制。”③

(二)金融机构公司治理的特殊性:以银行为例

金融机构与一般企业存在显著不同。以银行为例,在以下几个方面与一般企业存在不同:其一,流动性对于以资产与负债期限错配作为经营基础的银行具有重要意义,金融危机凸显了加强银行流动性风险监管的重要性,当银行发生流动性困难时,为了避免发生银行挤兑事件,中央银行往往会履行最后贷款人职能向银行提供流动性支持;其二,银行是从事高杠杆率经营的机构,高杠杆率意味着高风险,以银行最低资本要求为核心的审慎监管就是为了控制银行经营的杠杆率;其三,银行的资产负债情况比一般的企业更加不透明,如银行发放的贷款及所持有的资产支持型证券(ABS)、担保债务凭证(CDO)及信用违约互换(CDS)等资产的质量,不如实体企业的机器、厂房等实物资产那样容易为债权人所了解,银行甚至都难于准确评估其他银行的资产风险,可见,银行的信息不对称问题较之于一般企业更为严重;其四,银行之间的相互依赖程度很高,单个银行的风险很容易在银行之间相互传染,进而诱发银行市场的系统性风险。为了防范银行系统性风险的发生,监管部门应当严格监管银行经营业务的风险。④

---

① OECD (2016),二十国集团/经合组织公司治理原则,OECD Publishing, Paris. available at: http://dx.doi.org/10.1787/9789264250574 - zh,p.31。

② OECD (2016),二十国集团/经合组织公司治理原则,OECD Publishing, Paris. available at:http://dx.doi.org/10.1787/9789264250574 - zh,p.35。

③ OECD (2016),二十国集团/经合组织公司治理原则,OECD Publishing, Paris. available at:http://dx.doi.org/10.1787/9789264250574 - zh,p.43。

④ See Peter O. Mülbert,“Corporate Governance of Banks after the Financial Crisis Theory, Evidence”, Reforms, available at: https://papers.ssrn.com/sol3/papers.cfm? abstract_id = 1448118,pp.10 - 14.

金融机构的特殊性决定了其公司治理相对于一般企业的公司治理具有一定的特殊性。如银行资产负债的不透明降低了银行股东与管理者之间的激励合约的有效性；银行持有的组合型资产使得银行可以利用资产证券化等金融创新工具迅速改变银行资产的风险状况，使管理层达到其报酬所需要的业绩目标；由于管理层报酬与银行的股票价格高度关联，而冒险策略有助于提高股票价格，故银行管理层具有增加银行经营杠杆率的激励；存款保险会促使银行采取更加冒险的经营策略，从而弱化市场机制对银行的约束力；控制权市场对于银行公司治理的激励与约束作用不及其他行业，尤其是对于大型银行更是如此。①

金融机构之公司治理的特殊性还体现在金融监管对于其公司治理的重大影响。“监管是独立和区别于市场的一种外部治理力量；监管是银行内部决策的一个明确和独立的维度；监管代表着独立于企业之外的外部利益；作为外部当事人的监管方与银行形成了风险共享关系。”②国外学者在探讨银行的公司治理问题时就指出，作为一般企业之公司治理核心的代理理论不完全适用于银行的公司治理。“代理理论至少具有三个假设：正常或竞争的市场；信息不对称是所有者与管理者之间的委托代理关系；最优资本结构要求有限的财务杠杆率。”③但是，这三个假设条件对于银行而言明显不适用。如银行市场是一个受到监管的市场；银行面临的代理问题更加复杂，除了所有者与管理者之间的信息不对称，至少还有存款人、银行及监管者之间的信息不对称，所有者、管理者及监管者之间的信息不对称，借款人、管理者与监管者之间的信息不对称；作为金融中介机构的银行，其财务杠杆率

---

① See Peter O. Mülbert, “Corporate Governance of Banks after the Financial Crisis Theory, Evidence, Reforms”, available at: https://papers.ssrn.com/sol3/papers.cfm?abstract_id=1448118, pp. 16–18.

② Penny Ciancanelli、José Antonio Reyes-Gonzalez, “Corporate Governance in Banking: A Conceptual Framework”, available at: https://papers.ssrn.com/sol3/papers.cfm?abstract_id=253714, p. 17.

③ Penny Ciancanelli、José Antonio Reyes-Gonzalez, “Corporate Governance in Banking: A Conceptual Framework”, available at: https://papers.ssrn.com/sol3/papers.cfm?abstract_id=253714, p. 6.

高,银行贷款的资金主要来自于存款人和金融债券持有人。①

二、从“大而不倒”看 SIFIs 公司治理的特殊性

(一)“大而不倒”加剧了 SIFIs 与其管理层之间的利益冲突

SIFIs 所具有的“大而不倒”地位,更加强化了 SIFIs 公司治理的特殊性。其中的一个重要表现就是 SIFIs 与其管理层之间的利益冲突表现得更为突出。在金融创新浪潮的推动下,SIFIs 普遍采取了风险激励型的高管薪酬机制。风险激励型的薪酬机制无疑会加剧公司治理中的委托代理成本,促使管理层为了获得高额薪酬回报从事高风险交易。显然,这将导致经理人“从事自己喜欢的项目,以损害股东利益为代价使自己获利颇丰”。② 1995 年被国际金融界称为“天才交易员”的英国巴林银行新加坡分行负责人里森投资失败,使英国这家具有百年历史的银行破产。2008 年美国第四大投资银行——雷曼兄弟,由于投资美国次级抵押贷款产品遭受巨大损失而破产。这两家已经破产的金融机构的高管受到了市场约束机制的惩罚,但是对于具有“大而不倒”地位的 SIFIs,国家为了避免系统性金融风险的爆发,为了维护金融安全、经济与社会稳定,不得不动用国家财政资金进行救助。救助 SIFIs 使得其高管不再担心 SIFIs 破产而丧失管理者的职位,甚至 SIFIs 高管的薪酬不会受到危机的多大影响。例如,美国国际集团(AIG)这家全球保险业巨头在美国次贷危机中深陷危机,美国政府先后 4 次给予 AIG 巨额资金救助,累计达到 1700 亿美元。然而,AIG 的高管在 AIG 获得巨额资金救助之后,即赴度假胜地疗养,人均花费超过 44 万美元。2009 年初,AIG 拟向高层发放高达 2.18 亿美元的奖金,演变成为“奖金门”事件。管中窥豹,从以上事件可以看到 SIFIs 与其管理层之间利益冲突的激烈程度。

---

① See Penny Ciancanelli、José Antonio Reyes-Gonzalez, “Corporate Governance in Banking: A Conceptual Framework”, available at: https://papers.ssrn.com/sol3/papers.cfm?abstract_id=253714, p. 6.

② [法]让·梯若尔:《公司金融理论》,王永钦、许海波等译,中国人民大学出版社 2015 年版,第 23 页。

（二）“大而不倒”诱发 SIFIs 股东及其债权人的道德风险

在一般情况下，公司股东的利益与公司的经营业绩密切相关。为了保障股东的利益，公司法赋予了作为作为公司内部治理结构参与主体的股东享有资产受益、重大决策和选择管理者的权利。股东既可以通过股权转让获得投资收益，也可以在公司经营陷入困境时转让股权，通过“用脚投票”的方式来惩罚表现不佳的管理层。这是股东发挥其在公司治理中的主导作用的重要手段。SIFIs 债权人则会在 SIFIs 陷入破产困境时通过启动破产程序来保障自身利益。依据单边治理的公司治理理论，债权人是公司的外部人，一般不参与公司治理，但是与公司之间存在债权债务关系。故公司经营的好坏对公司债权人利益有着现实的重大影响。合同法上的抗辩权制度、物权法上的担保制度以及企业破产法律制度等，都是保护公司债权人利益的重要制度。SIFIs 的债权人与非 SIFIs 的债权人一样，都是理性的经济人，可以运用合同法上的抗辩权或担保物权制度防范其债权不被清偿的风险，或者申请 SIFIs 破产来最小化其债权不被清偿的损失。

然而，SIFIs 所具有的“大而不倒”地位使政府在其陷入困境时，不得不对其予以救助。救助会改变 SIFIs 的股东与债权人的理性预期。“作为金融机构之债权人或股东的投资者，一旦形成金融机构陷入困境时会被救助的预期，就会延长或扩大对该金融机构的投资。持续投资的意愿促使陷入困境的企业拖延必要的业务重组或者延迟与健康的并购者的合并。”[①]救助使得债权人“更愿意向公司借钱，并减少监视公司业绩表现的时间”。[②] 美国学者将信用市场的这种扭曲现象称为“房利美效应”——“由于政府在 2008 年以前隐含为房利美和房地美的贷款提供担保，使借款成本被人为地降低。”[③]换言之，对 SIFIs 的救助会诱发 SIFIs 股东及其债权人的道德风险，促使其采取风险性策略，因为风险性策略成功将为其带来高额收益回报，即

---

① Kenneth Ayotte & David A. Skeel, Jr, “Bankruptcy or bailouts?”, *The Journal of Corporation Law*, Vol. 35:3, 2010, p. 485.

② ［美］戴维·斯基尔：《金融新政：解读〈多德—弗兰克法案〉及其影响》，丁志杰、张红地等译，中国金融出版社 2012 年版，第 123 页。

③ ［美］戴维·斯基尔：《金融新政：解读〈多德—弗兰克法案〉及其影响》，丁志杰、张红地等译，中国金融出版社 2012 年版，第 123 页。

使失败也可以得到政府救助而不会遭受损失。这实质是相当于将失败的损失外部化给社会承担。

三、SIFIs 公司治理失衡是危机产生的重要原因

在本次金融危机之后,关于金融机构公司治理与金融危机之间的关系成为理论界关注的焦点问题。金融机构,主要是大型金融机构如 SIFIs 的公司治理是不是引发本次金融危机的重要原因之一呢?换言之,SIFIs 的公司治理是否存在缺陷或不足?而这些不足恰恰是危机发生的原因之一呢?由于银行在金融体系中的重要地位,国外学者对这些问题的研究集中在对银行公司治理这一焦点上,并产生了激烈的争论。这些争论总结起来可以分为以下三种观点:第一种观点认为,本次危机与银行公司治理没有关联,因为自 20 世纪 70 年代以来,美国与其他发达国家的公司治理得到了很大改进,许多公司引入了独立董事,建立了审计与薪酬委员会,股东积极主义盛行,机构股东与对冲基金等更加积极主动地监督公司。第二种观点认为,公司治理的总体框架没有错,金融危机是源于公司治理制度的非有效实施,经济合作与发展组织公司治理指导小组 2009 年发布的报告就持该观点。第三种观点认为,公司治理的系统性失灵是引发危机的部分原因,它不单是规则执行问题,更多的是制度设计上的系统性失灵。① 以银行公司治理为例,尽管机构股东持有主要金融机构的控股权,但是鲜见机构股东阻止银行董事会采取冒险的商业模式、阻止实施存在不足的风险管理体系与薪酬政策,英国前财政大臣麦纳斯甚至将机构股东称为"外居的地主"。②

笔者赞同第三种观点,第一种观点对欧美国家公司治理丑闻不断的事实视而不见,夸大了股东积极主义对公司治理所起到的监督作用;第二种观

---

① See William Sun、Jim Stewart、David Pollard. Introduction, "Rethinking Corporate Governance-Lessons from the Global Financial Crisis", William Sun、Jim Stewart、David Pollard, *Corporate Governance and the Global Financial Crisis*: *International Perspectives*. London: Cambridge University Press ,2011,pp. 4 – 6.

② Roger barker,"Owernership Structure and Shareholder Engagement:Reflections on the Role of Institutional Shareholders in the Financial Crisis", William Sun、Jim Stewart、David Pollard, *Corporate Governance and the Global Financial Crisis*: *International Perspectives*, London: Cambridge University Press, 2011,pp. 144 – 145.

点将责任归咎于公司治理制度没有得到有效实施，尽管有一定的道理，但是经济合作与发展组织在2016年发布的《公司治理原则》概括了良好公司治理的6项原则，这实际上否定了其在2009年报告中所持的观点。银行的机构股东在危机前后的消极行为已经非常生动地诠释了银行股东的道德风险，表明危机前的银行公司治理机制已经不能完全有效地协调银行与其股东、管理层等之间的利益关系，银行公司治理已经失衡。金融机构公司治理失衡，特别是SIFIs的公司治理失衡是导致危机发生的重要原因。如何进行新的制度设计以矫正该失衡，是后危机时代金融机构规制，特别是SIFIs规制面临的重大挑战。

第二节　后危机时代SIFIs公司治理失衡的制度矫正

一、SIFIs管理层之道德风险的制度矫正

（一）欧美国家SIFIs管理层薪酬控制的制度与实践

美国《多德—弗兰克法案》第九章《投资者保护及加强证券监管》的第五节“责任及高级职员薪酬”从6个方面对美国《1934年证券交易法案》进行了修改：（1）执行薪酬股东会投票规则。依据证券交易委员会的薪酬披露要求，负有薪酬披露义务的公司高级职员的薪酬，应当由股东投票产生单独决议批准。另外，黄金降落伞计划也应当由股东会表决通过。[①]（2）保障薪酬委员会具有独立性。《多德—弗兰克法案》第952条规定，证券交易委员会规则应当要求发行者董事会的薪酬委员会的成员是董事会的成员且具有独立性。可以从以下两个方面考虑薪酬委员会是否具有独立性：董事会成员的薪酬来源，包括公司支付给董事的任何咨询、建议或其他补偿费；董事会成员是否隶属于公司、公司的分支机构或者分支机构的附属机构。（3）将薪酬披露纳入证券发行者的信息披露范围。美国证券交易委员会应

---

① 黄金降落伞计划是指公司高管因为公司被收购、兼并或合并而被解雇时，公司应当给予解职费、股票期权收入或额外津贴等各种形式的补偿费。黄金降落伞计划有助于吸引和留住管理层，促进管理层在面临公司收购时理性决策，有效防御敌意收购。参见伍坚：《黄金降落伞之问题研究》，载《河北法学》2011年第5期。

当要求,证券发行者在股东年会的代理或同意请求材料中,依法清晰地披露实际支付的高管薪酬与发行者的经济效益之间关系的信息;发行者的首席执行官的年度总薪酬,除首席执行官之外的发行者雇员的年度总薪酬水平的中间值,以及二者之间的比例。(4)实行错误奖励薪酬的追回制度。当公司因为披露的经济信息材料不符合法定要求而被要求重新准备会计报表时,公司应当追回自被要求重新准备会计报表之日起3年内,基于错误的财务报告向公司高管支付的作为激励机制的薪酬,包括股票期权。(5)要求披露公司雇员及董事的套期保值情况。证券交易委员会应当要求,发行者披露其雇员或董事会成员,是否被允许购买用于套期保值的金融工具,以作为授予其雇员或董事会成员的薪酬的一部分。(6)加强薪酬结构报告。联邦金融监管部门应当制定规则要求已承保金融机构向监管部门披露激励机制薪酬的结构安排,以便监管部门判断金融机构提供的薪酬是否过量、是否会给金融机构带来重大损失。对于已承保金融机构承担不适当风险的激励机制报酬安排,联邦监管部门应当禁止。不过,该规定并不要求报告特定人的实际薪酬,也不要求没有激励机制报酬安排的已承保金融机构披露薪酬安排。①

在实践中,欧美国家金融监管部门发布薪酬指导原则,或者直接限制金融机构高管薪酬的水平。在2009年10月,美国财政部和美国联邦储备委员会出台了限制银行业高管薪酬的规定,以确保银行业的薪酬安排不会带来系统性金融风险。如对接受了政府大规模援助的7家金融机构,其高管的现金工资不得超过50万美元,其薪酬总额也将减半。② 美国前总统奥巴马在2012年签署了《禁止利用国会情报交易法》,该法的补充条款规定,处在政府监管阶段的房利美和房地美不得向其高管发放奖金。美国国际集团(AIG)在2009年3月计划向部分员工发放1.65亿美元的奖金,但是在此前该公司曾接受美国政府高达1700亿美元的援助。该计划引起了美国民众的愤怒,美国国会众议院通过法案,拟对获得联邦救助资金超过50亿美

---

① 参见《多德—弗兰克华尔街改革与消费者保护法案》,董裕平、全先银等译,中国金融出版社2010年版,第479~485页。

② 参见潘荣:《美国出台银行高管"限薪令"》,载《第一财经日报》2009年10月26日。

元的公司向高管发放的奖金征收 90% 的税，遭到各大金融机构的坚决反对。日后该法案被参议院共和党人暂缓，但有 9 名 AIG 高管迫于社会压力退回了部分奖金，这就是当时备受关注的 AIG“奖金门”事件。[①] 欧盟在 2009 年就考虑效仿美国限制银行业高管薪酬，2011 年 1 月生效的欧盟“限薪令”被称为全球最严限薪令，规定以现金形式发放的奖金不能超过总额的 30%，数额特别巨大的，不超过 20%。[②] 但是，以金融服务业为支柱产业的英国反对“限薪令”。英国《金融时报》称，伦敦金融城的大型银行考虑起诉欧盟，认为设置银行业薪资与奖金之间比例上限的强制性规定违反欧盟法律。[③] 尽管如此，在 2014 年 1 月起正式实施的欧盟银行业“一揽子”新规定仍然对银行业员工薪酬采取了严格的限制措施，规定银行职员的奖金最高不得超过固定工资，但有 75% 的股东同意，或者经超过 50% 的股东投票表决且其中 66% 的股东同意，奖金最高可以达到工资的两倍。[④]

直接限制薪酬额度或对奖金征税是否具有正当性？这是一个颇具争议的难题。反对者如 AIG 的首席执行官李迪指出，AIG 是一个企业，企业发放奖金是为了吸引人才，而且 AIG 当时发放奖金是有合同依据，是公司履行合同义务的行为，况且并非所有的 AIG 高管都有假公济私和滥用权力的嫌疑。[⑤] 此外，金融机构高管享受高额薪酬具有一定的合理性，英国之所以反对欧盟的最严“限薪令”，是担心严格限制薪酬会导致金融机构高端人才的流失，从而影响作为英国支柱产业的金融服务业的发展。征税权在欧美国家受到严格的法律限制，税收法定主义在欧美社会中根深蒂固，对高管奖金征税相当于开征一种新的税收，受税收法定主义的制约，在欧美国家开征新税殊非易事，会在各个社会阶层之间引发激烈的博弈。这是美国“奖金门”法案最后不了了之的深层次原因。总之，在欧美国家，社会舆论要求限制金融机构尤其是对大型金融机构高管薪酬的呼声很高，欧美国家立法也做出了一些回应，但是欧美国家在高管薪酬控制上仍然秉承的是公司自治

---

① 参见程金华：《美“奖金门”法案的是与非》，载《法制日报》2009 年 3 月 27 日。

② 参见陈听雨：《欧洲银行业再掀“限薪”风暴》，载《中国证券报》2012 年 4 月 15 日。

③ 参见孙红娟：《欧洲银行业限薪令遭英国反对》，载《第一财经日报》2013 年 3 月 6 日。

④ 参见苗慧：《最严格欧盟银行业新规明年正式执行》，载《京华时报》2013 年 6 月 27 日。

⑤ 参见程金华：《美“奖金门”法案的是与非》，载《法制日报》2009 年 3 月 27 日。

的私法基本原则。

(二)矫正 SIFIs 管理层道德风险的制度演变:公司治理与金融监管的融合

无疑,公司法是矫正 SIFIs 管理层道德风险的重要制度。依据公司法,SIFIs 管理层对公司负有忠实义务和勤勉义务,SIFIs 管理层追求高额薪酬回报的道德风险行为实质上违反了有关忠实义务和勤勉义务的规定。然而,公司法秉承公司自治理念,判断管理层是否履行了忠实义务和勤勉义务,主要依据商事判断原则予以甄别。即使能够确定 SIFIs 管理层未履行忠实义务和勤勉义务,也只有利益受损的公司及股东才能寻求事后救济。以《多德—弗兰克法案》中的股东会批准管理薪酬规则为例,它实质上是将高管薪酬作为公司基本自我交易事项之一进行规制。美国标准公司法及许多州的成文法规定,一个特定的基本自我交易只要符合以下三个条件之一就是合法有效的:公开加无利益关系董事的批准;公开加股东的批准;公平性。① 这分别对应着对自我交易的法律监控方式:董事会批准;股东会批准和司法监督。克拉克教授指出,这三种监控方式都有其自身的缺陷。如董事会批准程序存在以下风险:"董事并不真正独立,他们缺乏为股东最大利益而行动的充分的激励;董事受到时间、信息和预算拨款的限制;亦受到这样一个事实的制约,即,要使他们获得真正的能力、对内部人提交的自我交易合同的经营智慧作出判断,其费用相当大,对公司来说却又常常无效率。"②至于股东会批准程序,克拉克教授认为也不是一个令人满意的程序,"让股东承担此类事务有悖常理,要求股东以谨小慎微、有根有据的方式对该类合同作出决断是荒唐的,而要他们承受他们无法如此作为的后果则又是不合适的。"③司法监督在审查自我交易合同的公平性方面也存在诸多缺陷,例如,寻求司法救济的股东或董事必须要找出确凿证据证明合同存在不

---

① 参见[美]罗伯特·C.克拉克:《公司法则》,胡平、林长远等译,李静冰校,工商出版社1999年版,第136页。

② [美]罗伯特·C.克拉克:《公司法则》,胡平、林长远等译,李静冰校,工商出版社1999年版,第148页。

③ [美]罗伯特·C.克拉克:《公司法则》,胡平、林长远等译,李静冰校,工商出版社1999年版,第147~148页。

公平之处，在大多数情况下这是一项难度很大的事情；司法监督的成本极其昂贵。①

然而，SIFIs 管理层追求高额薪酬的投机行为，不仅损害 SIFIs 及其股东的利益，还会造成系统性金融风险，危及整个金融体系的安全与稳定。就此而言，SIFIs 管理层追求高额薪酬的行为具有负外部性。负外部性会使得市场机制失灵，因为负外部性的制造者没有为其所造成的全部损害支付成本。以倾倒污染为例，行为人的私人成本为零，但是事实上存在真实的社会成本，私人成本与社会成本之间的差异，会激励污染制造者生产更多的产出和更多的有害物质。② 同理，SIFIs 管理层的投机行为，既会产生私人成本，如对 SIFIs 及其股东之利益的损害；也会导致社会成本，如对整个金融体系稳定与安全的损害，国家为了维护金融稳定不得不救助处于困境中的 SIFIs，为此需要承担巨大的救助成本。依据传统公司法处理委托代理问题的制度设计，SIFIs 管理层实际上只承担了其行为的私人成本，没有为其行为所造成的社会损害支付相应的成本。2008 年全球金融危机又一次彰显了 SIFIs 管理层投机行为的社会危害性。既然公司法上的制度设计难以让 SIFIs 管理层对其投机行为承担所有的成本，那么就需要突破公司法规范对 SIFIs 管理层的投机行为进行事前控制，以风险防范为主要目标的金融监管就成为事前控制的重要手段。在 2008 年全球金融危机之后，欧美一些国家将 SIFIs 管理层薪酬控制纳入了金融监管法的调整范围，这说明在矫正 SIFIs 管理层道德风险的制度演变上，呈现出公司治理与金融监管融合的趋势。从公法与私法划分的角度看，金融监管籍公法之授权，进入了传统的私法领域，对本属于公司自治事项的管理层薪酬进行国家干预。然而，干预并不意味着否定管理层薪酬事项的自治本质，私法自治理念仍然是 SIFIs 之公司治理的根基。

美国《多德—弗兰克法案》的薪酬规定赋予了公司股东会或董事会对公司管理层薪酬的控制义务，以遏制特定金融机构如 SIFIs 在薪酬政策方面

① 参见［美］罗伯特·C. 克拉克：《公司法则》，胡平、林长远等译，李静冰校，工商出版社 1999 年版，第 148～149 页。

② 参见［美］罗伯特·D. 考特、托马斯·S. 尤伦：《法和经济学》，施少华、姜建强等译，上海财经大学出版社 2002 年版，第 35～36 页。

鼓励过度冒险的风险激励倾向。这还是从私法视角来规制 SIFIs 管理层的道德风险。不过,该法案还从薪酬委员会独立性之保障、薪酬信息的强制披露、错误薪酬奖励的强制追回、套期保值的信息披露及薪酬结构报告等方面做出了强制性规定,并将这些事项作为证券监管的重要内容。这实质上是利用金融监管手段规制 SIFIs 管理层的道德风险。总之,该法案的薪酬规定对 SIFIs 管理层道德风险的规制秉承了公私法合作规制理念,体现了公司治理与金融监管的融合。

二、SIFIs 股东之道德风险的制度矫正:以股东权限制为中心

(一)限制 SIFIs 股东权的正当性分析

1. 股东权限制的公司法原理分析

从公司法原理分析,股东与公司各自具有独立的法律人格,股东以其对公司的出资为限承担有限责任,公司以其全部财产对公司的债务承担责任;同时,股东作为公司之成员,享有股东权。我国学者认为,股东权有广义与狭义之分,狭义的股东权是指股东基于股东资格对公司享有的权利,包括从公司获取经济利益、参与公司经营管理的权利。我国公司法将狭义上的股东权高度概括为资产受益、参与重大决策和选择管理者等权利。广义的股东权则指股东能够对公司行使的各种权利,如股东与公司签订了买卖合同,股东作为合同债权人享有的权利,也属于广义上的股东权。① 我国台湾地区学者柯芳枝教授指出:"公司事业在法律上归公司所有,股东在名义上丧失其出资之所有权而直接归公司所有。然而在经济上,公司事业仍属股东所有,从而股东乃成为公司企业之所有人。各股东对于公司事业有受益之名分,在法律上遂表现为由各种权利义务所组成之公司与股东间之法律关系,亦即股东对公司之法律上地位,此种法律上之地位,即为股东权。换言之,股东在名义上虽丧失其出资之所有权,但在实际上,其所有权变形为股东权。"②另有学者认为,股东只承担有限责任是公司法赋予出资者的特权,对债权人而言,有限责任意味着债权人放弃向出资者直接追索债务的方便;

① 参见刘俊海:《股份有限公司股东权的保护》,法律出版社 1997 年版,第 11 页。

② 柯芳枝:《公司法论》,中国政法大学出版社 2004 年版,第 103 页。

股东获得有限责任之特权也要付出相应的代价——放弃对出资所形成的公司财产的直接支配权;从经济学角度分析,有限责任是为了降低投资者的经营风险,促进投资者的投资积极性。① 从法律经济学视角看,有限责任制度有其相应的成本与收益。有限责任制度的收益主要表现为:降低了投资人监督其代理人的必要性,多元化投资和消极监督是投资人在有限责任条件下的理性策略,有利于降低公司运作成本;降低股东之间相互监督的成本;有利于促进股份的自由转让,进而促使管理者提高经营管理能力。② 有限责任制度的成本主要表现为公司股东在获得公司经营活动的全部收益时,没有承担公司经营活动风险所致的全部成本,其中一些成本由公司债权人,尤其是非自愿债权人承担,这就是国外学者所言的有限责任导致的道德风险。③ 就银行股东而言,"最坏的情况也就是股价为零,这就使得股东与存款人和其他债权人之间产生清晰的利益分界。"④

股东权的内容具有复杂性,既有经济方面的权利,如利益分配请求权、剩余财产分配请求权,也有非经济方面的权利,如表决权、参加会议权等。对此,我国学者谢怀栻认为,不能认为股东权具有经济方面的内容,就将其归于财产权,更不能将股东权说成是对公司财产的所有权;也不能因为股东权具有非经济方面的内容,就将其归为身份权;股东权是一种社员权,是一种团体法上的权利。⑤ 作为团体法上的权利,股东权"不是纯粹个人利益的表现,而是涉及全体股东利益的权利,与个人的权利有所不同"。⑥ 日本学者末永敏和指出,企业自私自利的弊端在公司上表现得特别突出,公司少数股东或公司债权人的利益被牺牲的危险性极大,特别是股份公司的股东之

---

① 参见朱慈蕴:《公司法人格否认法理研究》,法律出版社 1998 年版,第 65 页。

② 参见[美]弗兰克·伊斯特布鲁克、丹尼尔·费希尔:《公司法的经济结构》,罗培新、张建伟译,北京大学出版社 2014 年版,第 41~43 页。

③ 参见[美]弗兰克·伊斯特布鲁克、丹尼尔·费希尔:《公司法的经济结构》,罗培新、张建伟译,北京大学出版社 2014 年版,第 49 页。

④ [芬]大卫·G. 梅斯、丽莎·海尔姆、阿诺·柳克西拉:《改进银行监管》,方文、周济等译,中国人民大学出版社 2006 年版,第 131 页。

⑤ 参见谢怀栻:《外国民商法精要》,法律出版社 2002 年版,第 276 页。

⑥ 谢怀栻:《外国民商法精要》,法律出版社 2002 年版,第 276 页。

间缺乏个人信赖关系,股东对公司债权人无须承担责任,以上弊端更加突出。①

正是基于股东与公司、股东与公司债权人、股东之间复杂的利益纠葛,公司法需要在保护股东权的前提下,对股东权尤其是对大股东之权利予以适当限制,以维护投资者利益与债权人利益之间的平衡,保护中小投资者的合法权益。最低资本要求是降低有限责任之道德风险的方法之一。“公司资本越少,就越有激励从事过度冒险行为。法定的最低注册资本要求就是风险承担内部化的方法之一。”②体现公司资本充实、维持原则的各项制度,如禁止股东抽逃出资、公司盈余分配规则等,就是要保障公司在存续期间保持相当于公司资本额的实际财产,以保护公司债权人利益。又如,多数表决的原则有利于大股东,容易忽视处于少数派的中小股东的意见,但是依据多数表决原则通过的股东会决议在法律上仍然有效。为了保护中小股东的合法权益,公司法赋予反对股东以股份收购请求权,规定在选任董事时实行累积投票制度等。再如,以公司具有独立法人人格和股东有限责任为基石的公司法制度,本身就潜藏着诱使投资者将风险经营成本向债权人转移的“道德危险因素”,③为防止股东滥用公司法人人格和股东有限责任逃避义务,英国公司法上有“刺破公司面纱”、美国公司法上有“揭开法人面纱”、大陆法系国家如德日等有公司法人格否认制度。这些制度尽管说法各异,但是共同的核心思想是在特定个案中否认公司的独立人格和特定股东的有限责任,让公司债权人向特定股东直索责任。这实质上是基于利益平衡原则对股东之有限责任这一特权的限制。

2. SIFIs 股东权限制的特殊原因分析

上述关于股东权限制的公司法原理分析,无疑为限制 SIFIs 股东权提供了公司法上的理论支持。然而,任何事物都是普遍性与特殊性的统一。有

---

① 参见[日]末永敏和:《现代日本公司法》,金洪玉译,人民法院出版社 2000 年版,第 3 页。

② [美]弗兰克·伊斯特布鲁克、丹尼尔·费希尔:《公司法的经济结构》,罗培新、张建伟译,北京大学出版社 2014 年版,第 59 页。

③ 该种道德危险产生的原因在于,公司债权人是公司的外部人,通常不参加公司治理,不介入公司的经营管理。参见朱慈蕴:《公司法人格否认法理研究》,法律出版社 1998 年版,第 71 页。

限责任所致的道德风险揭示了 SIFIs 股东权限制在公司法上的普遍性原因。除此之外,限制 SIFIs 股东权还有其自身的特殊原因。因此,应当结合 SIFIs 经营活动的具体情况,深入分析 SIFIs 股东权限制的特殊原因。既然限制股东权是为了克服股东的道德风险,那么分析 SIFIs 股东权限制的特殊性原因就应当从分析 SIFIs 股东之道德风险的特殊性入手。笔者以为,这一特殊性主要表现在以下两个方面。

第一,对 SIFIs 股东而言,有限责任所致的道德风险更加明显,所造成的损害更加严重。众所周知,SIFIs 的业务规模非常大,业务复杂程度很高,一旦发生风险事件将会给地区乃至全球金融体系带来巨大的冲击。以我国学者对 13 家全球系统重要性银行的 2015 年经营情况分析为例,13 家银行的总营业收入 6845 亿美元,其中净利息收入 3510 亿美元,净手续费和佣金收入 2099 亿美元;2015 年末上述 13 家银行的总资产规模合计 24.01 万亿美元,客户存款合计为 11.92 万亿美元。[①] 显然,业务规模庞大、业务复杂多元的 SIFIs,为 SIFIs 股东带来了更多的投资回报机会,其中不乏大量的高风险投资;而且,SIFIs 作为金融机构,具有负债经营的鲜明特色,往往负有巨额债务,如上述 13 家系统重要性银行仅存款一项就负债 11.92 万亿美元。高风险的经营活动增加了 SIFIs 股东获得收益的机会,巨额负债更加强化了 SIFIs 股东将其经营活动风险成本转移给 SIFIs 债权人承担的激励。当高风险经营活动取得成功时,SIFIs 股东自然会获得高额回报;高风险经营失败时,SIFIs 股东享有有限责任的特权,仅以其出资额为限承担有限责任,高风险所致的部分损失外溢给其债权人承担。此外,由于 SIFIs 业务规模庞大,其债权人成千上万,其高风险经营活动造成的损害较之于一般公司更大。总之,有限责任所致的道德风险之于 SIFIs 股东,有被放大的无限可能,其风险的外部性尤甚,故以法律之权力限制 SIFIs 股东权,较之于一般的公司股东尤为必要。

第二,SIFIs 所具有的“大而不倒”地位,导致 SIFIs 股东产生新的道德风

---

① 这 13 家全球系统重要性银行是美国的花旗集团、美国银行、摩根大通、富国银行,英国的汇丰控股、巴克莱银行、苏格兰皇家银行,欧洲的德意志银行、法国巴黎银行、瑞银集团、桑坦德银行和日本的三菱日联、瑞穗集团等。参见金昱:《全球系统重要性银行经营动向解析》,载《中国银行业》2016 年第 6 期。

险。SIFIs 所具有的"大而不倒"地位,使其在陷入经营困境时,为了避免因为 SIFIs 破产引起金融动荡,政府不得不对其采取诸如紧急贷款、注资等救助措施,以维护金融稳定。政府救助实质上否定了市场机制对 SIFIs 股东的约束作用,SIFIs 股东不用再担心公司破产而遭受的出资损失。作为出资者的股东是理性的经济人,是其自身利益的最佳判断者。政府救助弱化乃至否定市场约束机制之于 SIFIs 的作用,必将改变 SIFIs 股东的理性预期。SIFIs 股东从基于市场约束机制的公司破产预期,到预期政府救助的转变,会大大降低其关注在 SIFIs 出资的风险的程度。在 2008 年美国次贷危机引发的全球金融危机中,美国大型金融机构的股价仍然维持在高位水平,因为对于政府施加财政援助的预期,使这些金融机构股东所持有股份的资产收益行情看涨。质言之,股东在 SIFIs 的资产并未因为 SIFIs 陷入困境而受到实质性影响。解铃还须系铃人,欲从制度上矫正 SIFIs 股东的道德风险,就应当适当限制 SIFIs 股东的权利。以银行业为例,我国已有学者指出,"银行危机处置过程中股东权利限制是危机时期社会规制的需要,规制的原因包括维护金融稳定、预防系统性风险的发生、维护存款者的市场信心和预防股东道德风险的发生"。①

(二)矫正 SIFIs 股东之道德风险的主要措施

在本次全球金融危机发生之前,银行股东尤其是大股东的道德风险问题已经引起了广泛关注。欧美国家主要从两个方面来矫正银行股东的道德风险。其一,加重银行股东的责任,实质上是在一定程度上否定股东的有限责任原则。例如,瑞士银行法规定,不顾银行财务问题而继续参与银行经营的股东,要对银行债权人的损失承担责任;又如,法国在 19 世纪之前,为了保护存款人利益,要求银行股东承担无限责任;美国在实施银行存款保险制度之前,有一些州要求银行股东承担双重责任,在银行破产时,股东对银行的责任不以其出资额为限,而是以股票市值为限承担债务清偿责任,②加利福亚洲甚至要求股东承担银行倒闭时的全部债务。银行股东的双重责任制

① 杨松、郭金良:《银行危机处置过程中的股东权利限制研究》,载《法律科学》2013 年第 5 期。

② 当股票市值低于股东出资额时,应当以出资额为限承担债务清偿责任。

度在一定程度上可以促使银行股东主动对银行清算,避免银行破产,有利于维护银行债权人利益,但是也有可能导致银行与股票市场的萧条。① 其二,在特定情况下限制股东权利。如欧盟《第二银行指令》规定,如果银行的大股东的“不适当行为”可能破坏银行的审慎、稳健经营,监管机构可以采取限制股东权利的措施。②

芬兰学者针对银行股东的道德风险问题,提出从以下几个方面建立有效的股东激励机制:一是通过所有权集中的方法,增加股东作为银行所有者对控制管理层的激励,“股东是否有动力进行有效的管理控制,取决于股东拥有的银行资产,取决于在出现流动性问题或被接管的威胁下市场机制的作用”。③ 也就是说,股东在银行的资产越多,银行破产时其所受到的损失就越大,其就越有动力关注银行的风险控制。不过,这种方法显然不适用于具有“大而不倒”地位的银行,它能够在一定程度上应对有限责任导致的股东道德风险,对于因“大而不倒”所致的银行股东之道德风险无能为力。二是执行良好的会计准则,以保障银行财务报表的真实与公平。这样才能保证官方报告资本与银行的真实资本具有一致性。④ 三是发挥银行特许权价值的激励作用。银行特许权价值主要源于银行拥有特许金融许可营业执照所获得的垄断利润,实际上是银行可获得的超过正常利润的“预期‘租金’的资本化”。⑤ 银行特许权价值之于股东的激励作用在于,银行特许权价值是股东在银行投资的重要考量因素,它意味着股东可以在银行业获得超过正常利润的垄断利润,一旦银行破产或者关闭,银行业特许经营许可就会失效,股东就必然会丧失这一特许权价值。

本次全球金融危机发生之后,SIFIs股东之道德风险成为各国及国际社

① 参见[瑞士]艾娃·胡普凯斯:《比较视野中的银行破产法律制度》,季立刚译,法律出版社2006年版,第47~49页。

② 参见[瑞士]艾娃·胡普凯斯:《比较视野中的银行破产法律制度》,季立刚译,法律出版社2006年版,第46页。

③ [芬]大卫·G.梅斯、丽莎·海尔姆、阿诺·柳克西拉:《改进银行监管》,方文、周济等译,中国人民大学出版社2006年版,第128页。

④ 参见[芬]大卫·G.梅斯、丽莎·海尔姆、阿诺·柳克西拉:《改进银行监管》,方文、周济等译,中国人民大学出版社2006年版,第128~129页。

⑤ [芬]大卫·G.梅斯、丽莎·海尔姆、阿诺·柳克西拉:《改进银行监管》,方文、周济等译,中国人民大学出版社2006年版,第132页。

会着力解决的重大现实问题,也采取了一些相应的措施。以银行业为例,为了矫正系统重要性银行股东的道德风险,《巴塞尔协议Ⅲ》进一步提高了资本监管标准,将一级资本充足率从4%提高到6%,要求系统重要性银行增加附加资本,并增加了杠杆率指标这一补充性指标。巴塞尔银行监管委员会还在2011年和2012年分别发布了《全球系统重要性银行:评估方法和额外损失吸收要求》和《国内系统重要性银行治理框架》;金融稳定理事会公布了《降低系统重要性银行的道德风险》的文件。以上文件均要求系统重要性银行提高风险吸收能力,即附加更高的资本要求。例如,《全球系统重要性银行:评估方法和额外损失吸收要求》将全球系统重要性银行分为5个类别,每个类别对应不同的最低额外损失吸收能力要求,分别要求附加资本达到风险加权资产的1%、1.5%、2%、2.5%及3.5%。[①] 2013年7月,巴塞尔银行监管委员会发布了《全球系统重要性银行:修订的评估方法与更高的损失吸收能力要求》,提出可以根据实际情况对全球系统重要性银行进行新的类型划分,并提高额外损失吸收能力要求,比如要求附加资本达到风险加权资产的4.5%。[②]《巴塞尔协议Ⅲ》对欧美国家的银行监管立法及其实践产生了重大影响。例如,美国在2013年公布了实施该协议的规定。为了保证美国银行持有足够的资本,美国作出了限制红利任意分配的措施和及时矫正制度,"资本金不足的银行和储蓄机构必须在一定时期内恢复资本金水平,并提供其控股公司所作的担保,保证其资本金恢复"。[③]

美国《多德—弗兰克法案》在第一章"金融稳定"部分针对美国联邦储备银行监管的非银行金融公司与合并资产在500亿美元以上的银行控股公司,提出了一系列审慎监管标准。例如,该法要求这些公司制定并向监管部门报告"生前遗嘱"——公司在陷入实质性财务困境或失败时的快速有效的处置计划;规定杠杆比例限制,美国联邦储备委员会要求公司负债对权益

---

① http://www.bis.org/publ/bcbs207.pdf,最后访问日期:2017年3月13日。

② http://www.bis.org/publ/bcbs255.pdf,最后访问日期:2017年3月13日。

③ 巴曙松、金玲玲等:《巴塞尔资本协议Ⅲ的实施:基于金融结构的视角》,中国人民大学出版社2014年版,第29页。

的比例不高于 15∶1。[①] 这些措施均是为了确保公司股东直到所有的债权都被完全清偿之后才能获得偿付，确保无力偿还债务的公司之股东根据其所享有的收益优先权和公司的价值承担相应的损失。[②]

三、SIFIs 债权人之道德风险的制度矫正[③]

（一）SIFIs 自救安排的相关规定与实践

SIFIs 自救安排是提高 SIFIs 的损失吸收能力，克服 SIFIs 债权人之道德风险的重要制度创新。在 2008 年全球金融危机后，巴塞尔银行监管委员会为了矫正 SIFIs 债权人的道德风险，避免救助 SIFIs 给纳税人造成的损失，提出了自救债制度。巴塞尔银行监管委员会从其一贯秉承的以资本充足率监管为核心的监管原则入手，提出在特定条件下将 SIFIs 的特定债权转为股权或者减记债权。这样既可以提高银行的资本充足率，又能够加强市场约束机制对 SIFIs 债权人的激励作用，让 SIFIs 债权人与 SIFIs 共担风险与损失，从而减少 SIFIs 债权人基于政府救助的理性预期实施逆向选择的激励，并有助于发挥债权人在 SIFIs 公司治理中的监督作用。有人认为，自救是在"太大而不能倒"的银行失败的情形下对政府注资的一种替代性制度安排，能够使银行迅速补充资本、提高银行自身的损失吸收能力，从而避免银行破产清算。[④]

与自救安排相关的一个重要概念是"应急资本"（contingent capital）。[⑤] 巴塞尔银行监管委员会在 2010 年 7 月提出了《确保不能持续经营情况下监管资本吸收损失能力的建议》，该建议并未区分应急资本与自救安排。不过，

---

① 参见《多德—弗兰克华尔街改革与消费者保护法案》，董裕平、全先银等译，中国金融出版社 2010 年版，第 36 ~ 41 页。

② 参见［美］戴维·斯基尔：《金融新政：解读〈多德—弗兰克法案〉及其影响》，丁志杰、张红地等译，中国金融出版社 2012 年版，第 123 ~ 124 页。

③ 厦门大学法学院 2016 级经济法专业硕士研究生周晓桐同学参与了本部分的欧美国家减记债的损失吸收机制与触发机制的研究。

④ 参见尹亭：《巴塞尔银行监管委员会自救债国际标准：问题和启示》，载《金融发展研究》2013 年第 8 期。

⑤ 有的翻译成"或有负债"或"应急可转换债券"。应急资本在我国实务界有"减记债"之说，所谓减记债，"是指发行时含有减记或转股的条款，在发生减记或转股的触发事件时，可以减记或转为投资股的混合投资证券"。参见赵英杰：《减记债结构性设计与案例》，载《金融市场研究》2013 年第 12 期。

我国理论界的有些研究试图区分二者。如有人认为,应急资本,“是一种以固定收益证券形式存在的新型混合资本工具,在银行危机时期和合约规定的转股条件触发时,其将转为股权资本,而在转股之前以债券形式存在”。[①]有人认为,应急资本与自救债务工具存在以下区别:应急资本是一种事前预防措施,其触发条件是由市场自动触发;自救债务工具则是处置SIFIs危机的一种事后监管措施,其触发条件由监管当局自由裁量。[②] 有人认为,应急资本与自救债务工具在操作形式、适用条件、所覆盖的银行负债范围和吸收损失的方式等方面存在重大区别:应急资本只是一种合同形式的安排,自救债务工具包括了合同式自救安排与法律式自救安排,法律式自救安排就是强制性自救安排;自救债务工具只有在SIFIs无法正常经营时才会适用,应急资本在正常经营条件和非正常经营条件下都可以适用;应急资本为次级债,自救债务工具是普通债,其清偿权优先于次级债;应急资本的吸收损失方式是转为股份,自救债务工具的吸收损失方式除了转为股份之外,还可以核销债务。[③] 有人认为,应急资本是金融机构“在无法持续经营条件下具有吸收损失能力的资本工具。如在银行陷入经营困境或无法持续经营时,自救债券可部分或全部按事先约定条款自动削债或直接转换为普通股,以减少银行的债务负担或增强资本实力,帮助其恢复正常经营”。[④] 显然,这与前文有人所言的应急资本存在两点不同:一是适用范围缩小,应急资本限于银行等金融机构无法持续经营的情形;二是扩大了吸收损失方式,既可以核销,也可以转为普通股。

尽管理论界对于自救债务工具与应急资本之间的关系众说纷纭,但是不可否认的是,二者都具有自救功能。国外学者就曾指出,引入应急资本工具

---

① 许友传、苏峻:《应急资本工具在限制银行风险承担中的作用》,载《金融研究》2015年第6期。2013年11月6日起实施的《关于商业银行发行公司债券补充资本的指导意见》第2条规定,上市或拟上市商业银行,可以发行含有减记条款的公司债券(以下简称减记债)补充公司资本;第3条规定,减记债在规定的触发条件发生时,能立即减记,投资者相应承担本金及利息损失的风险。

② 参见许友传、苏峻:《应急资本工具在限制银行风险承担中的作用》,载《金融研究》2015年第6期。

③ 参见李文泓、吴祖鸿:《自救安排及其在我国的应用》,载《中国金融》2011年第6期。

④ 杨明基主编:《经济金融词典》,中国金融出版社2015年版,第999页。

有助于促成自救目标的实现，因为“应急资本转股将增强银行资本基础，提高银行对损失的吸收能力”。[①] 应急资本的核销同样有助于提高银行的损失吸收能力，提高银行的资本充足率水平。这正是巴塞尔银行监管委员会对二者不做区分的根本原因。因此，笔者以为，自救债务工具与应急资本之间并不存在本质的区别，二者都可以统一于自救制度之中；自救债务工具凸显的是自救制度安排的目的，即增强银行等金融机构的自救能力，体现了由股东、债权人及纳税人等共同承担损失风险的治理理念；应急资本强调的是为达成自救目标所发行的债务工具的应急性，突出了为实现自救目标所采取的手段。从法律视角看，依据国家是否强制性介入 SIFIs 的营业活动，自救安排可以分为合同式自救安排与强制性自救安排。所谓合同式自救安排，就是 SIFIs 作为债务工具的发行人，在发行债务工具时就与债务工具持有人约定，在一定条件下债务工具按照一定的比例转换成股份或者核销；所谓强制性自救安排，是指在符合法律规定的条件时，监管当局可以将 SIFIs 的债务工具强制核销或转为股份。

“强制性自救债是问题银行所持有、在强制核销股权仍不能弥补其损失时被处置当局强制核销和转为股权的债务工具，其目的是实现银行自救，从而避免或减少使用纳税人的钱救助银行……自救债是强制核销尚未进入破产清算程序的银行股东的股权和债权人的债权，有侵犯私权之嫌疑。”[②]然而，巴塞尔银行监管委员会与金融稳定理事会将其作为处置问题银行的一种方法，欧美一些国家已经将其纳入立法或立法草案中。如美国《多德—弗兰克法案》第 165 条(c)项规定，联邦储备理事会可以要求其监管的非银行金融公司与银行控股公司维持最低的应急资本额，在遇到财务困境时可转变为权益；该条(d)项规定，联邦储备理事会应当要求其监管的非银行金融公司和银行控股公司向其和联邦存款保险公司报告其在陷入实质性财务困境或失

① Calomiris, Charles, W., Richard J. Herring, "Why and How to Design a Contingent Convertible Debt Requirement", Working Paper, Unversity Columbia, 2011. 转引自许友传、苏峻：《应急资本工具在限制银行风险承担中的作用》，载《金融研究》2015 年第 6 期。

② 周仲飞：《金融机构强制性自救债的法律问题》，载《现代法学》2015 年第 2 期。

败时快速有序的解决方案。① 后者又被称为金融机构的“生前遗嘱”。英国《2013 年金融服务(银行改革)法》针对问题银行,规定了“恢复和处置计划”,恢复计划的制订者是金融机构,处置计划的制订者是金融监管当局,②强制性自救债是英国金融监管当局的处置工具之一。2015 年 1 月 1 日实施的欧盟《银行复苏和清算指令》(BRRD)第 32 条规定了自救债的启动条件。

(二)欧美国家减记债的损失吸收机制

根据各国发行减记债的实践来看,减记债的损失吸收机制一般包括损失吸收条款的确定、吸收损失的方式、损失吸收的时间、吸收损失的顺序、吸收损失的目标。

1. 损失吸收条款的确定。减记债的损失吸收条款是指阐明减记债在事先确定的条件发生时以转股或债务削减的方式提前吸收发行人经营损失的条款。损失吸收条款的确定一般有法定式和合同式。法定式是指以法律法规明文规定的方式确定某些债券具有特定方式下的损失吸收能力,在符合事先确定的条件时可由监管机构直接进行转换以吸收损失;合同式是指在减记债合同中明确该债券含有特定方式下的吸收损失的转化条款。《巴塞尔协议Ⅲ》也将自救债分为法定式自救债和合同式自救债。减记债因损失吸收条款由法律规定因而在吸收损失时无须债券持有者的同意,而合同式损失吸收条款的约定需要获得减记债持有人的同意。法定损失吸收条款适用的对象是有一定范围限制的债务;而合同式损失吸收条款的适用更具有针对性,只适用于该合同标的债券。法定式减记债与合同式减记债可以同时存在。

2. 吸收损失的方式。吸收损失的方式为转股、债务削减两种。普通股因可在发行人持续经营期间随时吸收损失,因而其损失吸收能力最高。发行人的债务通过转换为随时吸收损失的普通股,或者削减发行人的负债使减记债吸收更多的损失。转股和债务削减又分为全部转股或削减和部分逐渐转股或削减。部分转股或削减转换的比例既有明确最低比例的方式,也有由监管主体根据发行人的危机状况确定转换份额的方式。欧盟《银行复苏和清算指

① 参见《多德—弗兰克华尔街改革与消费者保护法案》,董裕平、全先银等译,中国金融出版社 2010 年版,第 36 页。

② 参见曾刚、全先银:《推行金融机构生前遗嘱的中国选择》,载《财经》2014 年第 3 期。

令》包含了使监管者决定用于自救的债务的最低比例的权力。①

含有减记条款的应急资本工具更适合于因其法人结构而无法发行股份的合作互助银行。劳埃德银行于 2010 年发行了 9.86 亿美元的增强资本债券,如果劳埃德的核心一级资本比率低于 5%,增强资本债券将转为股本。2010 年 3 月荷兰合作银行的高级应急债券的说明书中表明债券的本金可以减记 75%,如果银行的普通股比例降 7% 根据普通股比例逐渐减记。含有大幅度减记条款的债券可以更大幅度地激励债券持有者对银行进行监管。②或有资本的吸收损失方式对资本等级并无影响,但转股的或有资本比减记型的或有资本便宜,因而在或有资本发行初期主要是转股的或有资本。但是随着时间的推移,减记型或有资本的发行在逐渐增长。自 2012 年年初以来,减记型或有资本的发行已占到总发行的一半以上。③

3. 损失吸收的时间。损失吸收的时间分为持续经营状况下吸收损失与非持续经营状况下吸收损失。持续经营状况下吸收损失指减记债在发行人破产前便可吸收损失,普通股也是在持续经营状态下吸收损失;非持续经营状况下吸收损失指减记债在发行人破产后才能吸收损失。持续经营状况下吸收损失属于早期危机预防措施,而非持续经营状况下吸收损失属于危机银行处置与重组措施。

4. 吸收损失的顺序。对于法定式自救债,自救应遵守破产法的平等原则。因此,损失是按照破产程序排名顺序来吸收的。在债权人遭受损失之前,股东(普通股和优先股)的股权都应当被减记。为实现这一目标,欧盟《银行复苏和清算指令》使处置机构拥有能超越股东财产权的权力。④ 在适于自救的债权人中,首先损失的承担必须先于次级债务(有可能被减记),其次是高级债务,这些债务将转为股权,达到满足监管资本要求所需的程度。

---

① See Iain MacNeil, "Bail-in protocol: when, who and how?", *Law and Financial Markets Review*, Vol. 7, Issue 4 (July 2013), pp. 183 – 185.

② See Christoph K., Henkel, Wulf A. Kaal, " Contingent Capital in European Union Bank Restructuring", 32 *Nw. J. Int' l L.* & Bus. 191, 262 (2012).

③ See Hilary J. Allen, "Cocos Can Drive Markets Cuckoo", 16 *Lewis & Clark L. Rev.* 125, 168 (2012).

④ See V. Babis, " The impact of bank crisis prevention, recovery and resolution on shareholder rights", *Law and Financial Markets Review*, Novermber 2012, pp. 387 – 398.

对于合同式自救债，作为二级资本的合同式自救债的债务削减或转股应发生在作为其他一级资本的自救债全部转股或债务削减之后。

5. 损失吸收的目标。使用法定自救债和减记债想要达到的目的一般有避免纳税人风险暴露、维护金融机构重要功能的连续性和避免风险传染。如果只是以避免纳税人风险暴露为自救措施实施的目标，则会因小失大，导致自救工具设置不当。欧盟《银行复苏和清算指令》明确自救债采用“没有债权人比清算更差”的原则。该原则确保了这种解决方案并不会比实体或者组织根据破产法的正常原则去破产和清算的结果差，即对危机银行适用自救债的结果一定要使之摆脱破产清算的结果。采取这种原则作为支撑是有必要的，因为根据债务结构和损失规模，可能有些情况下有些债权人在清算方面会做得更好。处置机构的判断在这方面也是至关重要的，因为它控制了自救过程的两个关键决定因素，即损失的估计和监管资本的要求（资本重组过程的一部分）。

在欧美国家实施转股或减记方式的损失吸收条款的实践来看，既有通过法律明确该种损失吸收方式实施的条件与程序，也有通过在证券发行条款中设定转股或减记的损失吸收条款。

（三）欧美国家减记债的触发机制

触发机制是确定减记债在何时及何种条件具备时可以使发行人按约定或规定进行减记或转股的机制设计。触发机制一般包括触发时间与触发事件标准的选择。

1. 触发时间。根据触发的时间点的不同，触发水平分为低水平触发与高水平触发。低触发水平的或有资本又称为不可持续经营情况下的自救工具，一般可作为银行的二级资本；高触发水平的或有资本又称为可持续经营情况下的自救工具，一般可作为银行的一级资本。巴塞尔委员会提出了两种不同的损失吸收时间，一种是在可持续经营情况下吸收损失，另一种是在不可持续经营情况下吸收损失。巴塞尔银行监管委员会于2011年提出了《提高监管资本质量的改革最终要素》，其主要内容是在不可持续经营条件下，如何提高银行的自救能力。① 而2013年巴塞尔银行监管委员会又发布了《全球系

---

① 参见尹亭：《巴塞尔委员会自救债国际标准：问题与启示》，载《金融发展研究》2013年第8期。

统重要性银行:最新的评估方法和更高的损失吸收能力要求》,其中规定各国可以发行早期触发的或有资本,以便银行在持续经营条件下能够吸收损失。含有低水平的触发机制的工具是一种有效的金融机构有序处置工具。在这种情况下,无法生存触发点可以避免私人涉足银行资本充足的过程。正如劳埃德银行发行低水平无法生存触发点集团所做的那样,高触发水平的应急资本用于在银行资本恶化时满足银行的资本重组需求。在重组措施变得必要前,这有助于银行的稳定。低触发水平的应急资本可以增加资本以避免银行被破产接管,确保以私人债权人资金为支持的重组,这样可以减低对政府救助资金的需求。①

触发水平的选择主要取决于监管资本资格考虑与发行成本之间的权衡。低触发水平的或有资本具有较低的损耗吸收能力。因此,它们的发行成本较高,但通常不符合一级资本的资格。然而,低触发水平的或有资本能使银行以较低成本提高其二级资本的比例。② 随着时间的推移,银行受到来自市场和监管机构的更大压力,为提高其一级资本比例,他们开始发行或有资本,触发水平在预设的最低资本比例以上,以满足持续经常资本需求。因此,自2012年年初以来,分类为一级资本的或有资本数量大幅增加。随着《巴塞尔协议Ⅲ》在各个司法管辖区的推广采用,无法生存触发器的或有资本发行份额在过去几年中大幅增加。根据《巴塞尔协议Ⅲ》,符合一级资本条件的或有资本所需的最低触发水平(以 CET1/RWA 计算)为5.125%。因此,在过去几年中,各国发行或有资本的趋势恰恰处于这个水平。具有此类触发因素的或有资本由于其符合一级资本的条件,且其发行价格较更高触发水平的或有资本低,因此对发行银行具有吸引力。监管资本的因素不仅是选择或有资本触发水平的因素,而且也是决定或有资本存续期的因素。在《巴塞尔协议Ⅲ》框架中,所有一级资本工具必须永久,这就解释了为什么迄今发行的所有或有资本的三分之一没有到期日。有到期日的一般为二级资本,他们的到期期限一般为10年。在各国的发行实践中,这两种触发时点的减记债都有出

---

① See Christoph K. Henkel, Wulf A. Kaal, "Contingent Capital in European Union Bank Restructuring", 32 *Nw. J. Int'l L. &Bus.* 191, 262 (2012).

② See Hilary J. Allen, "Cocos Can Drive Markets Cuckoo", 16 *Lewis &Clark L. Rev.* 125, 168 (2012).

现,如劳埃德银行集团于2009年发行的增强资本票据,当集团的核心一级资本充足率低于5%时,该增强资本债券将由二级资本转为一级资本。当核心一级资本充足率低于5%时,银行并未丧失持续经营的能力,因而该损失吸收的时间即为可持续经营状态下的触发时间。瑞士监管部门的应急资本提案是第一个在国家层面实施该规定。瑞士实施或有资本区分了或有资本证券(CCS)的高低触发因素,并规定了核心资本9%的预定义触发事件的或有资本证券。

触发事件的时间选择是设计或有资本债券的关键因素。如果在不真正需要股权资本注入(以及其他投票权股东)时转换过早触发,股权资本注入的影响可能已经消散,在实际需要时可能就不再是可用的了;如果转换过晚,则金融机构可能已经处于处置阶段,此时转换不会给公司带来足够的股份让公司运转。Jack Coffee倾向于在一系列步骤中增量转换,以软化早期或晚期转换可能产生的负面影响。其他人认为或有资本条款应允许"精心设计的部分或临时的合理范围内的债务减记"。①

2. 触发事件的标准。触发事件的有效设计是减记债的核心。将债务转为权益的触发事件的最佳设计并不明确。学者讨论的各种触发事件标准分为:由监管机构自由裁量标准的触发事件、客观数据标准的触发事件、单一触发事件、多重触发事件。

(1)自由裁量触发事件。该类型的触发事件是否发生的判断主体为事先确定的官方机构。其拥有一定的自由裁量权力去判断触发事件的发生。如巴塞尔协议中提及的无法生存触发事件即为监管机构自由裁量触发事件。决定触发事件的相关当局是指因监管目的而使资本获得承认的机关。监管机构自由裁量决定触发事件是否发生对投资者来说不确定性风险较大,且监管机构判断的科学性与及时性是存在疑问的,甚至监管机构的行为会触发违法的底线。但有些学者包括巴塞尔委员会偏好法定触发条款,即监管机构进行自由裁量。监管触发条件可以通过银行压力测试结果进行预测。这种触

① Coffee, John C. Jr., "Systemic Risk after Dodd-Frank: Contingent Capital and the Need for Regulatory Strategies beyond Oversight", *Columbia Law Review*, Vol. 111, Issue 4 (May 2011), pp. 795 - 847.

发事件经常发生在一个金融机构决定注销其资产的一部分,或者当监管机构确定金融机构在没有公共部门注资时在财务上是不可行的。

触发事件的自由裁量权是减记债触发机制的一个重要问题。与应急资本是以“持续经营”作为转股的触发条件不同,用于自救的合格债务以非持续经营为触发条件。监管自由裁量权被用来确定何时机构不再能持续经营,何时将债券转为股票或削减以为机构持续经营提供可靠的资本基础。在欧盟,监管自由裁量权的问题因监管机构在欧盟监管当局(欧洲委员会、欧洲中央银行和欧洲银行业监督管理局)与成员国当局之间的划分而更复杂。欧盟《银行复苏和清算指令》规定的自救措施的适用情形被广泛地推广,并确定了监管机构在其中的核心作用。为了进行重组包括自救,需满足以下条件:主管机关或者处置机关在与主管机关协商后确定机构已经破产或可能即将破产;考虑到时间和其他相关情况,没有其他可替代性的私人部门或对该机构采取的监管措施可以在合理的时间内组织机构的破产;在处置目标中所提到的公共利益前提下,处置措施是必要的。①

但是,对于什么时候会采用自救并不确定。尽管欧盟《银行复苏和清算指令》没有规定强制性自救,但合作自救机制给我们提供了一个可供借鉴的例子。资本充足率是一种监管,而不是市场的必要条件(尽管如此,但两者之间仍有联系),因此当局会根据预计的未来损失和其他表明财务危机的指标来采取自救措施,这些指标通常在市场上是明显的(如成本或可用的资金)。欧盟《银行复苏和清算指令》草案为确定机构破产的时间提供了准则:当一个机构违反持续监管的要求,其资产低于或在不久的将来可能会低于其负债时,或者已经无法偿还债务,或该机构需要特殊的公共资金的支持时,除了欧盟《银行复苏和清算指令》规定的特别情况外,此时该机构应被视为破产或可能在不久的将来破产。② 这些指导原则确认了当局决定进行自救的主观和判断性的本质。

---

① See Chris Bates, Simon Gleeson, “Legal Aspects of Bank Bail-ins”, 5 *Law & Fin. Mkt. Rev.* 264, 275 (2011).

② Claudia Pigrum, Thomas Reininger Caroline Stern. Bail-in: who invests in noncovered debt securities issued by euro area banks? (Financial Stability Report Oesterreichische Nationalbank, 2016).

(2)客观数据指标触发事件。相比自由裁量触发事件,以事先预设的数据标准作为触发事件的不确定风险相对较小。一些学者赞成将某种股票价格、指数值、CDS价差、资本比率或其他指标作为自动触发事件。按照指标的不同,触发事件又分为以行业数据为基础的触发事件、以发行人数据为基础的触发事件、以账面价值为基础和以市场价值为基础的触发事件。以行业数据为基础的触发事件是指以发行人所在行业的市场数据或财务数据为标准判断触发事件,如以银行业的某项指标、以金融业的某项指标等。以发行人数据为基础的触发事件是以发行人的财务数据或市场数据为判断标准,如发行人的资产比例、发行人股票价格等。而触发事件的客观数据标准又分为账面价值和市场价值。账面价值为发行人按照监管标准或会计准则计算的某项指标价值,市场价值不是由发行人决定的而是在市场供需影响下确定的价值。

对于哪种触发事件更优,学术界和业界并没有统一的认识。欧盟各国认为有利的触发事件应根据自己的实用偏好设计。例如,代表银行业的利益集团似乎倾向于私下协商的交易触发机制,这样具有主观和灵活性。

(3)多重触发事件。多重触发事件的转换触发事件不只一个,必须所有的触发事件都满足才能进行转换。具有一系列触发机制的或有资本可以组合多种触发设计的元素。

有些学者提出了涉及双重触发的或有资本模型。McDonald 建议一种或有资本模型,如果"公司股票价格处于或低于触发价值",以及"金融机构指数的价格也处于或低于触发价值",债务转为股本。McDonald 提供了双重触发的或有资本的例子,并将此模型与其他替代方案进行比较。McDonald 还讨论了与评估或有资本建议有关的各种问题,包括市场操纵的影响,资本错误以及依赖会计措施的问题。双重触发提案的核心优点在于它们依赖于市场价格,主要缺点是指数触发,这可能会产生操纵指数或试图强制实体破产的动机。①

① See Hilary J. Allen, " Cocos Can Drive Markets Cuckoo", 16 *Lewis & Clark L. Rev.* 125, 168 (2012).

第三节 公司治理视角下我国 SIFIs 规制的制度完善

一、我国 SIFIs 管理层薪酬制度的现状、反思与完善

(一)我国 SIFIs 管理层薪酬制度的现状分析

1. 中国银监会关于商业银行管理层薪酬的规定

2010 年 2 月 21 日中国银监会作为我国商业银行业的监督管理部门,发布了《商业银行稳健薪酬监管指引》(以下简称《监管指引》)。《监管指引》第 2 条界定了商业银行薪酬的涵义与范围,商业银行薪酬是指商业银行为获得员工提供的服务和贡献而给予的报酬及其相关支出,包括基本薪酬、绩效薪酬、中长期激励、福利性收入等项下的货币和非现金的各种权益性支出。商业银行的薪酬结构由固定薪酬、可变薪酬、福利性收入等构成。固定薪酬就是基本薪酬,旨在保障员工的基本生活需要,另外包括按照国家有关补贴、津贴政策确定的津补贴,基本薪酬一般不高于其薪酬总额的 35%,基本薪酬按月支付。可变薪酬包括绩效薪酬和中长期各种激励,绩效薪酬根据当年经营业绩考核结果确定,银行主要负责人的绩效薪酬不超过其基本薪酬的 3 倍,一定比例的绩效薪酬在分期考核后随基本薪酬一起支付,剩余部分在财务年度结束后根据年度考核结果支付,中长期激励依据协议约定的期限支付。福利性收入包括各种社会保险费用及住房公积金等,按国家有关规定纳入专户管理。

《监管指引》要求商业银行在薪酬机制上坚持以下原则:薪酬机制与银行公司治理要求相统一的原则;薪酬激励与银行竞争能力、持续能力建设兼顾的原则;薪酬水平与风险管理调整后的经营业绩相适应的原则;短期激励与长期激励相协调的原则。为防止商业银行高级管理人员的道德风险风险,《监管指引》第 16 条第 1 款专门针对高级管理人员及对银行风险有重要影响岗位的绩效薪酬延迟支付规定,规定这些人员的绩效薪酬的 40% 以上应当延迟支付,主要高级管理人员的延迟支付比例不低于 50%,鼓励达到 60%,延迟支付期限一般情况下不少于 3 年。《监管指引》第 16 条第 2 款规定了绩效薪酬延期追索与扣回规定,且适用于离职人员。

《监管指引》的第四章“薪酬管理”规定，银行董事会负责本行的薪酬管理制度和政策设计，对薪酬管理负最终责任，并要求董事会设立相对独立的薪酬管理委员会；银行应当建立科学的绩效考核指标体系，董事会每年年初确定的绩效考核指标，应当报银行业监督管理部门备案。《监管指引》的第五章“薪酬监管”规定，银行业监管部门应将银行薪酬管理纳入公司治理监管，每年要对银行薪酬管理机制的健全性与有效性评估一次，具有以下情形之一的，银行薪酬结构与水平报救助机构和银行业监管部门确定：已经实施救助措施的；面临重大声誉风险并有可能对其持续经营产生实质性影响的；濒临破产、倒闭的；被依法接管的；被关停的。

2. 中国保监会关于保险公司管理层薪酬的规定

早在2006年5月，中国保监会就制定了《关于规范国有保险公司负责人薪酬的指导意见》，主要对国有保险公司负责人的薪酬水平与职务消费等进行总体控制。比如要求负责人与职工的薪酬水平保持适当比例，公开招聘的负责人，可以根据人才市场价位，双方协商确定。该指导意见只适用于国有保险公司负责人，适用范围小，显然不能满足加强非国有保险公司管理层薪酬管理的现实需求。2012年7月19日，中国保监会发布了《保险公司薪酬管理规范指引（试行）》（以下简称《规范指引》），为全面规范保险公司的薪酬管理行为提供制度支持。《规范指引》所指“薪酬”，指向保险公司提供服务的工作人员从公司获得的货币或非货币形式的经济性报酬，包括基本薪酬、绩效薪酬、福利性收入和津补贴、中长期激励；绩效薪酬不超过基本薪酬的3倍，支付给高管人员的现金福利和津补贴不得超过其基本薪酬的10%；基本薪酬按月支付，绩效薪酬的一部分随基本薪酬按月发放，其余部分根据年度考核结果发放；董事、监事、高管及关键岗位人员的绩效薪酬延期支付，支付期限不少于3年，支付的比例不低于40%，董事长和总经理不低于50%。《规范指引》还规定了保险公司董事、监事及高管薪酬的风险类别调整制度，即依据保监会对保险公司确定的风险类别，调整以下人员的薪酬：被确定为A、B类的保险公司，可以依据监管指标评价结果自行调整相关人员的薪酬；被确定为C类的保险公司，当年平均基本薪酬加绩效薪酬不能超过上年度水平；被确定为D类的公司，当年平均基本薪酬加绩效薪酬则要以上年度水平为基础下浮，下浮幅度不低于5%。

保险公司董事会对薪酬管理负最终责任,并设立薪酬委员会,薪酬委员会对董事会的薪酬决策起辅助作用,并由独立董事担任主任委员。保险公司应当建立薪酬管理问责制度,对于违规发放的薪酬予以扣回。中国保监会不直接干预保险公司的薪酬水平,但应依法监管,重点是监管保险公司薪酬管理程序的完备性、规范性及执行情况、绩效考核指标设计与目标对公司风险及其合规管理的影响;有监管需要的,保监会可以就薪酬管理事项进行专项现场检查;公司董事会应当按照规定向保监会提交薪酬管理报告;有以下情形之一的,保险公司董事、监事和高管人员薪酬由救助机构和保监会确定:被依法接管的;申请破产或被关停的;被依法实施救助或参与风险处置的。

3. 中国证监会关于上市公司与证券公司等管理层薪酬的规定

2013 年 1 月 1 日起实施的《证券公司治理准则》规定,证券公司的董事会应当设立薪酬与提名委员会,并由独立董事担任其负责人。薪酬与提名委员会的职责之一是对董事与高管人员的考核与薪酬管理制度进行审议并提出意见。《证券公司治理准则》在"激励与约束机制"部分规定,高管人员的绩效年薪由董事会根据年度考核绩效结果决定,其中 40% 以上应当延期支付,且延期支付方式不少于 3 年;高管人员未能勤勉尽责,致使公司产生重大风险或重大违法违规行为的,公司应当停止支付全部或部分未支付的绩效年薪;高管人员根据中长期激励计划持有或控制本公司股权的,应当经股东会决议批准,并依法报中国证监会及其派出机构批准或备案。

4. 财政部关于国有金融机构高管薪酬的主要规定

财政部在 2009 年发布了《关于金融类国有和国有控股企业负责人薪酬管理有关问题的通知》(以下简称《通知》)。《通知》的制定背景是在 2008 年全球金融危机之后,国外金融机构高管的天价薪酬问题成为社会关注焦点,限制金融机构高管薪酬成为欧美社会舆论的呼声,欧美各国采取了限制金融机构高管薪酬的一些措施。与此同时,我国收入分配差距呈现扩大化趋势,金融机构尤其是国有与国有控股金融机构高管的高薪酬广为社会诟病。为了规范金融类国有和国有控股企业负责人的薪酬管理,《通知》提出了三个方面的要求:一是合理控制各级机构负责人薪酬,坚决防止脱离实际发放高薪酬;二是切实规范高级管理人员的职务消费,纠正和遏制职务消费中的奢侈浪费行为;三是暂时停止实施股权激励和员工持股计划。2010 年财政部制定了《中央金融企业负责人薪酬审核管理办法》,并依据该办法对部分中央企业负责人2009年度的薪酬管理情况开展了专项检查。

5. 国有资产监督管理委员会关于中央企业管理层薪酬的规定

国有资产监督管理委员会在2008年全球金融危机发生之前,就已经在2004年制定了《中央企业负责人薪酬管理暂行办法》(以下简称国资委《暂行办法》)。国资委《暂行办法》规定,中央企业负责人的薪酬由基薪、绩效薪金和中长期激励三部分构成;基薪按月支付,绩效薪金根据考核结果一次性提取,分期支付,其中60%在年度考核结束后当期兑现,40%延期支付;企业负责人的年度薪酬方案由国资委审核,其中企业法定代表人的年度薪酬方案由国资委批复,其他负责人的年度薪酬方案由企业确定后报国资委备案;企业主要负责人在子公司兼职领取报酬的,应当报国资委批准。

2008年国资委提出了《关于整体上市中央企业董事及高管人员薪酬管理的意见》(以下简称国资委《意见》)。国资委《意见》提出了整体上市后的中央企业董事及高管人员的薪酬管理原则:依法管理原则;管资产与管人、管事相结合的原则。前者是指依据《公司法》规定,股东大会审议决定董事报酬,董事会决定高管人员薪酬。后者则依据公司董事及高管人员产生的不同方式区别对待:由中央和国资委提名的,按照国资委中央企业负责人薪酬管理政策对待;董事会自主聘任的高管人员薪酬,由董事会参照相关规定自主确定。

2009年4月1日,国资委发布了《董事会试点中央企业高级管理人员薪酬管理指导意见》(以下简称国资委《指导意见》)。国资委《指导意见》规定了实行董事会试点的中央企业的高管薪酬由董事会决定的基本条件:外部董事人数超过董事会全体成员半数;董事会制度健全,运作规范;全部由外部董事组成的薪酬委员会。不符合上述条件的,高管薪酬由国资委管理。国资委《指导意见》还规定了董事会与国资委的沟通协调机制,有下列情形之一的,薪酬委员会必须与国资委沟通一致后,再提交董事会审议:与上年实际薪酬相比,增幅拟超过10%的;上年实际薪酬水平居于国内同行业或同行业央企首位的,薪酬增幅拟超过5%的;董事会的审议事项与国资委《指导意见》不一致的。

6. 人力资源和社会保障部关于中央企业负责人薪酬管理的指导意见

2009 年 9 月 10 日，人力资源和社会保障部发布了《关于进一步规范中央企业负责人薪酬管理的指导意见》（以下简称人社部《指导意见》）。人社部《指导意见》与上述部委规定相比，有以下几个不同之处：一是规定央企负责人基本年薪的基数，主要负责人的基本年薪以上年度央企在岗职工平均工资的 5 倍为基数，结合企业负责人的薪酬调节系数确定，薪酬调节系数最高不超过 1.5 倍，企业其他负责人的基本年薪按照主要负责人基本年薪的 0.6 ~ 0.9 倍确定，基本年薪的增长以企业经济效益实际增长为前提；二是企业负责人绩效年薪的增长以当年企业职工平均工资为前提；三是符合条件的企业可以按照审慎原则探索试行中长期激励。

（二）我国 SIFIs 管理层薪酬制度的几点反思

通过以上对我国现行有关管理层薪酬制度的梳理，我们可以发现以下几个方面的问题。

其一，碎片化的我国现行管理层薪酬制度繁杂不一，存在诸多重复之处。一方面，政出多门的管理层薪酬规定会让 SIFIs 在制定具体的管理层薪酬方案时无所适从，众多的薪酬管理制度意味着 SIFIs 的管理层薪酬方案必须要符合众多的要求。这些薪酬管理制度既存在诸多重复之处，有的地方又存在差异。例如，在管理层的薪酬结构上，以上几个部门的规定就存在一定的差别，尤其是在绩效薪酬和中长期激励的制度安排上存在较大差别。这意味着 SIFIs 在制定管理层薪酬方案时要通盘考虑以上所有的规定。另一方面，按照以上 6 个部门的规定，SIFIs 每年都应当向其报告管理层薪酬方案及其执行情况，特殊情况下管理层的薪酬还应当由有关部门批准，还应对以上部门对薪酬事项的检查。显然，这会加重企业的运行成本。

其二，现行管理层薪酬制度依据两个不同的标准确定适用对象。首先，在以上 6 个部门制定的管理层薪酬制度中，国资委《暂行办法》的适用对象是中央企业管理层，财政部《通知》的适用对象是金融类国有和国有控股企业负责人，人社部《指导意见》的适用对象是中央企业负责人。显然，这些薪酬管理制度是以所有制成分作为确定适用对象的标准。国有企业尤其是中央企业反映了国有经济在我国经济结构中的主导性地位，在经济与社会发展中具有举足轻重的地位。而且，国有企业尤其是中央企业负责人及其管理层的薪酬既涉及国有资产的保值增值,又对整个国民经济收入分配具有重大的导向性影响。因此,加强对这些企业管理层的薪酬管理是十分必要的,但是,必须要有一个统一和明确的规定,不能让国资委、财政部及人社部等各行其是。其次,中国银监会的《监管指引》、中国保监会的《规范指引》、中国证监会的《证券公司治理准则》等都统一适用于所有的市场主体,而不管其所有制成分如何。这体现了在市场经济条件下,行业监管部门平等对待所有市场主体的原则,无疑是十分正确的。然而,由于这些制度的普遍适用性,自然会与国有企业管理层薪酬制度相冲突。如何处理二者之间的关系呢?笔者以为,普遍适用的企业管理层薪酬制度应当是最低的控制标准,国有企业管理层薪酬的控制标准应当高于普遍性的标准。

其三,以上管理层薪酬制度在法律性质上有的属于部门规章,立法层次较低,有的是部门规范性文件。例如,财政部的《通知》和人社部的《指导意见》就是部门规范性文件。法律渊源有实质渊源与形式渊源之分,所谓实质渊源是指法律产生与发展所处的特定物质生活条件;所谓形式渊源是指法的创制方式和表现形式。① 依据我国《立法法》的规定,我国的法律渊源主要包括宪法、法律、行政法规、地方性法规、自治条例和单行条例、规章。规章有部门规章和地方政府规章之分。部门规章是由国务院各部、委员会、中国人民银行、审计署和具有行政管理职能的直属机构,根据法律和国务院的行政法规、决定、命令,在本部门的权限范围制定的,规定的事项属于执行法律和国务院的行政法规、决定、命令的事项。国务院直属的中国银监会、中国证监会、中国保监会制定有关管理层薪酬的规定,就是执行《公司法》《证券法》《商业银行法》《保险法》等相关法律,在法律渊源上属于部门规章。部门规章的立法层次较低,效力层次低于法律和行政法规,②部门规范性文件之效力更次于部门规章。由部门规章和部门规范性文件为主所构成的我国管理层薪酬制度的稳定性、权威性均亟须提升。

其四,我国没有针对 SIFIs 管理层薪酬的专项制度,这说明我国监管部门

---

① 参见沈宗灵主编:《法理学》,北京大学出版社 2000 年版,第 397 页。

② 例如,我国《行政诉讼法》第 63 条第 1 款规定:"人民法院审理行政案件,以法律和行政法规、地方性法规为依据。地方性法规适用于本行政区域内发生的行政案件。"该条第 3 款规定:"人民法院审理行政案件,参照规章。"可见,规章的效力层次低于法律和行政法规。

及立法机构是将 SIFIs 管理层薪酬与其他不具有系统重要性的金融机构同等对待，尚未认识到 SIFIs 管理层薪酬问题的特殊性。此点从中国银监会关于商业银行薪酬的《监管指引》、中国保监会关于国有保险公司负责人薪酬的《规范指引》、财政部关于金融机构高管薪酬的《通知》中都可以得到证实。这些管理层薪酬制度对于我国 SIFIs 管理层当然具有约束力，也能够在一定程度上规范和约束 SIFIs 管理层的薪酬水平，抑制 SIFIs 管理层追求高额薪酬所产生的道德风险。但是，这些制度毕竟只是针对普通企业管理层所设计的，没有顾及 SIFIs 管理层薪酬所内含的道德风险的特殊性。

其五，我国管理层薪酬管理以董事会为中心，尚未将公司高管薪酬事项列入股东会表决范围。上述 6 个部委制定的管理层薪酬规定，将薪酬管理事项交由公司董事会负责，董事会设立薪酬委员会制定公司薪酬方案，向股东会提交董事薪酬方案，批准公司高管人员的薪酬。只有在特殊情形下，监管部门或处置部门等才会介入管理层薪酬事项。以董事会为中心的管理层薪酬管理制度设计符合公司法原理，有利于促进和提高公司治理水平。但是，本次全球金融危机的发生已经非常清晰地凸显了 SIFIs 高管人员为追求个人高额薪酬置公司风险于不顾的道德风险。为了抑制这种道德风险，美国《多德—弗兰克法案》将 SIFIs 高管薪酬纳入股东会投票表决的范围，即让股东通过股东会投票决定其 SIFIs 高管的薪酬。反观我国现行管理层薪酬管理制度，以中央企业为例，要么由符合条件的董事会决定，要么由国资委管理。这种制度设计的前提基础是以中央企业采取国有独资公司的组织形式，这是因为国有独资公司只有一个股东，不设股东会，由国有资产监督管理机构行使股东会职权。随着国有企业混合所有制改革的推进，参与混合所有制改革的中央企业将从国有独资公司转变成为由多种所有制出资者设立的公司，股权结构会发生重大变化。显然，实施混合所有制改革之后的中央企业应当建立现代公司治理机制，应当发挥股东会在公司治理中的重要作用，其中就包括发挥股东会在管理层薪酬控制方面的重要作用。

（三）我国 SIFIs 管理层薪酬制度的完善建议

为了克服我国 SIFIs 管理层的道德风险，应当借鉴本次全球金融危机后欧美各国的立法经验，结合我国实际情况，着力完善 SIFIs 管理层薪酬制度。具体而言，可以从以下几个方面着手。

第一，以共享发展理念为指导，建立我国体系化的管理层薪酬制度，为SIFIs薪酬控制提供制度基础。如前文所述，繁杂不一的管理层薪酬制度势必会加重我国企业运行的成本，影响制度的实施绩效。通过建立体系化的管理层薪酬制度，可以克服上述缺陷。首先，从法理念的角度看，体系化的管理层薪酬制度必须要有一个共同的指导思想，这就是共享发展理念。“共享发展是人人享有、各得其所，不是少数人共享、一部分人共享。”①企业管理层是企业的内部人，对于企业的经营业绩、发展成果具有“近水楼台先得月”的先天性优势。然而，企业的发展成果应当由企业投资者、经营者、劳动者等相关利益主体共享，而不是由少数人共享。因此，管理层不应当凭借或利用其内部人优势不合理地分享企业的发展成果，更不能够只享有企业发展成果，不承担给企业造成的损失，或者将给企业造成的损失转移给其他利益主体承担。其次，从法技术的角度看，实现管理层薪酬制度体系化的路径在于，依据普通法与特别法之关系的原理，构建由普遍适用的管理层薪酬规定与适用于特定对象的管理层薪酬特别规定组成的制度体系。鉴于《公司法》在规范公司治理中的基础性作用，应当由《公司法》规定普遍适用的管理层薪酬制度。至于适用于特定对象的管理层薪酬规定，主要涉及金融机构管理层与国有企业特别是中央企业管理层。金融机构管理层薪酬是本次全球金融危机凸显的全球性问题，中央企业管理层薪酬是我国国有企业运行和改革探索过程中出现的问题，由于我国许多大型金融机构是国有控股，故这两个问题在我国又相互交叉。为此，可以由金融监管部门与国有资产监管部门联合制定国有企业管理层薪酬管理制度，非国有性质的金融机构管理层薪酬管理可以参照适用。

第二，制定体现SIFIs管理层之道德风险特殊性的SIFIs管理层薪酬制度。在体系化的管理层薪酬制度中，还应当有体现SIFIs管理层道德风险特殊性的相关规则。如前文所述，SIFIs管理层之道德风险的特殊性主要表现为：其源于“大而不倒”的系统重要性地位；其所造成的危害较之于一般企业管理层道德风险造成的损害更加严重；其给SIFIs管理层带来的收益率较之于一般企业更高。可见，抑制SIFIs管理层之道德风险的难度很大。为此，需要对SIFIs管理层薪酬施加更为严格的控制。就此而言，我国应当借鉴后危

---

① 《习近平总书记系列重要讲话读本》，学习出版社、人民出版社2016年版，第136页。

机时代欧美国家有关大型金融机构管理层薪酬管理的经验，一方面，要进一步完善 SIFIs 管理层薪酬的私法规则，如加强 SIFIs 董事会薪酬委员会的建设，薪酬委员会全部由独立董事组成，同时加强和完善独立董事的权利、义务及责任制度，以确保薪酬委员会的独立性；引入高管薪酬股东会投票规则，由 SIFIs 股东会对高管薪酬予以表决。另一方面，要突破公法与私法划分的对立观念，将 SIFIs 管理层薪酬事项纳入金融监管范畴，加强 SIFIs 管理层薪酬的信息披露。通过公司治理与金融监管的融合与互动，以发挥公私法合作规制 SIFIs 管理层道德风险的优势。

第三，提升立法层次，增强 SIFIs 管理层薪酬制度的稳定性与权威性。"制度是广为人知的、由人创立的规则，它们的用途是抑制人类可能的机会主义行为。它们总是带有针对违规行为的惩罚措施。制度要有效率，就应该简单、确切、抽象、开放和适度稳定。"①尼尔·麦考密克指出，从哲学意义上看，一项合同的存在或者一项法令的通过都是一个制度事实。② 拉兹认为，制度特性是检验法律体系确认与存在的三个基本要素之一，法律的制度化特征表明，"在某一个特定社会中，法律是拥有最高权威的指引系统和审判系统，在它具有功效的地方，它拥有有效权威"。③ 以上论述表明，法律是一种制度，然而，并非所有的制度都是法律。"如果一种规范体系没有设立审批机关来负责调整在适用该法律体系的规则时产生的争议，那么它就不能堪称为法律体系。"④可见，以国家强制力保障实施的法律是最具权威性的制度。就此而言，尽管我国有关管理层薪酬管理的部门规范性文件与部门规章均具有抑制管理层道德风险行为的用途，都是广为人知的规则，但是部门规范性文件不是法律，它缺乏法律的稳定性与权威性，法院难以依据这些部门规范性文件审判管理层薪酬纠纷案件。至于部门规章，在我国所有的法律渊源中，其效力层次低于法律、行政法规，甚至在行政诉讼案件中只具有参照适用的法律

---

① [德]柯武刚、史漫飞：《制度经济学：社会秩序与公共政策》，韩朝华译，商务印书馆 2008 年版，第 116 页。

② 参见[英]尼尔·麦考密克、奥塔·魏因贝格尔：《制度法论》，周叶谦译，中国政法大学出版社 2004 年版，第 62 ~ 63 页。

③ [英]约瑟夫·拉兹：《法律的权威》，朱峰译，法律出版社 2005 年版，第 39 页。

④ [英]约瑟夫·拉兹：《法律的权威》，朱峰译，法律出版社 2005 年版，第 38 页。

效力。因此,加强和完善管理层薪酬立法,应当提升其立法层次,制定关于管理层薪酬的行政法规或者法律,才能增强 SIFIs 管理层薪酬制度的稳定性与权威性,从而为克服 SIFIs 管理层的道德风险提供强有力的法律支持和有效的制度支撑。

二、我国 SIFIs 股东权限制的法律制度现状、反思与完善

(一)我国 SIFIs 股东权限制的法律制度现状

1. 我国规制金融机构股东道德风险的公司治理现状

我国《公司法》第 21 条规定了股东滥用权利的法律责任,该条第 2 款规定的公司法人格否认制度,实质上是对股东所享有的"有限责任特权"的限制,是为了抑制有限责任诱致的股东道德风险。又如,我国《公司法》第 166 条规定,公司在弥补亏损和提取法定公积金之前,不得向股东分配利润。该条规定体现了资本维持原则,同样具有防范和抑制有限责任所致的股东道德风险行为的功能。我国《公司法》第 141 条限制股份有限公司的特殊股东——发起人转让股权,发起人持有的本公司股份自公司成立之日起一年内不得转让,以"防止发起人借发起公司而损害未来公司行为的发生"。①

我国《企业破产法》第 77 条对处于重整期间的公司的股东权限制如下:一是限制股东的收益分配请求权,股东在公司重整期间不得请求投资收益分配;二是非经法院同意,公司的董事、监事及高管人员不得向第三人转让其所持有的公司股权。"重整是指困境企业依法定程序,保护其继续营业,实现债务调整和企业整理,使之摆脱困境,走向复兴的拯救型债务清理制度。"②可见,处于重整期间的公司已经陷入经营困境,其经营状况和财产状况是否能够好转尚不明确,有破产之可能。在重整期间向股东分配投资收益,一方面,会使得公司财产减少,这显然不利于公司债权人;另一方面,如果重整终止进入破产清算程序,那就意味着股东先于公司债权人获得了公司财产分配,这有悖于股东权作为公司剩余财产分配请求权的本质。

总之,在金融机构公司治理治理层面上,我国主要是通过《公司法》《破

---

① 张民安:《公司法上的利益平衡》,北京大学出版社 2003 年版,第 11 页。

② 朱羿锟:《商法学——原理·图解·实例》,北京大学出版社 2012 年版,第 370 页。

产法》等一般性法律平衡股东与其他相关主体之间的利益冲突，抑制金融机构股东由于有限责任所产生的道德风险。此种路径仍然是在私法框架内对股东权进行限制，限制的方式是私法自治中的国家强制——私法中的强制性规范。私法中的强制规范，“就其功能而言，则在大多数情形下，只是从另一个角度去支撑私法自治而已。强制规范并不‘管制’人民的私法行为，而毋宁是提供一套自治的游戏规则”。①

2. 我国规制金融机构股东道德风险的金融监管法制现状

我国《银行业监督管理法》第 38 条与《商业银行法》第 64 条等规定，当银行已经或者可能发生信用危机，严重影响存款人或其他客户合法权益时，国务院银行业监督管理机构可以对其实行接管。被接管银行的经营管理权，由接管组行使，被接管银行股东选择管理者的权利受到了限制。2013 年 1 月 1 日实施的《商业银行资本管理办法（试行）》对我国商业银行资本充足率监管提出了全面要求，包括最低资本要求、储备资本和逆周期资本要求、系统重要性银行附加资本要求以及第二支柱资本要求；根据资本充足情况，将商业银行分为 4 类，进行分类监管。例如，对于第三类和第四类商业银行，②银监会可以限制银行分配红利和其他收入，限制银行进行股权投资和回购资本。这些规定表明，我国已经将原本属于公司治理范围的银行资本纳入了银行监管这一公法规制的领域。由于银行业经营的特殊性，银行资本成为公司治理与金融监管互动的主要场域。

通过金融监管法规定限制银行股东权，其限制的正当性除了抑制有限责任引发的道德风险之外，更加注重防范和化解金融风险，维护金融安全与金融稳定。尽管该路径在法律规范上也表现为强制性规范，但是已经突破传统的私法框架，转而通过公法规制限制股东权。显然，公法中的强制性规范的强制性比私法中的强制性规范的强制性更强，其适用的条件更为严格，违反该规范所致的法律后果更为严重。以对股东分红的限制为例，《公司法》规定

① 苏永钦：《私法自治中的国家强制——从功能法的角度看民事规范的类型与立法释法方向》，载《中外法学》2001 年第 1 期。

② 《商业银行资本管理办法（试行）》第 153 条规定，第三类商业银行：资本充足率、一级资本充足率和核心一级资本充足率均不低于最低资本要求，但未达到其他各级资本要求；第四类商业银行：资本充足率、一级资本充足率和核心一级资本充足率任意一项未达到最低资本要求。

在弥补亏损和依法提取公积金之前不能向股东分配税后利润,这是一个对所有公司都适用的强制性规范,违反该强制性规范的法律后果是股东应当将所分得的收益退还给公司;《银行业监督管理法》第37条规定,银行违反审慎经营规则,“逾期未改正的,或者其行为严重危及该银行业金融机构的稳健运行、损害存款人和其他客户合法权益的”,经过批准才能采取限制分配红利和其他收入、责令控股股东转让股权或者限制有关股东的权利等措施。不能稳健运行的银行业金融机构,也就是问题银行业金融机构。一个银行业金融机构是否能够稳健运行,需要经过银行业监管部门的综合审查,而且采取该措施会对银行的声誉造成负面影响,会影响存款人和其他客户对银行的信心,即使对一个稳健运行的银行采取该措施,也会给该银行带来严重的负面影响,进而影响金融市场的稳定与安全。因此,只有经过国务院银行业监督管理部门或者其授权的省级派出机构批准,才能采取该措施。

我国《银行业监督管理法》《商业银行法》《保险法》规定了接管制度。依据《商业银行法》第64条和《银行业监督管理法》第38条规定,当银行已经或者可能发生信用危机,严重影响存款人或其他客户合法权益时,可以对其实行接管。《保险法》第144条规定可以对保险公司实行接管的情形是:公司偿付能力严重不足;违反法律规定,损害社会公共利益,可能严重危及或者已经严重危及公司的偿付能力的。我国2016年修订的《证券公司风险处置条例》对于存在重大风险隐患的证券公司,规定了停业整顿、托管、接管和行政重组等处置方式。由上述规定可见,接管是我国防范和化解金融风险的一项重要制度。对于被接管的金融机构,尽管《商业银行法》《保险法》等没有明确规定限制被接管的银行或保险公司的股东的权利,但是在实践中,这些股东的权利会受到一定的限制。《证券公司风险处置条例》第11条规定,被接管证券公司的股东会或股东大会停止履行职责;《证券公司风险处置条例》第54条规定,被处置证券公司的股东,应当配合证券公司风险处置工作。可见,被接管证券公司的股东不仅不能通过股东会或股东大会行使股东权,而且被赋予了新的义务。

3. 我国《反垄断法》对SIFIs股东权的限制

就行业而言,我国《反垄断法》只在第56条对“农业生产者及农村经济组织在农产品生产、加工、销售、运输、储存等经营活动中实施的联合或者协同行为”予以豁免，金融业不是我国《反垄断法》豁免的行业。因此，我国《反垄断法》关于经营者集中的规定适用于中国银行、中国工商银行等我国 SIFIs 实施的经营者集中。我国 SIFIs 参与实施经营者集中，达到《金融业经营者集中申报营业额计算办法》与《国务院关于经营者集中申报标准的规定》等规定的申报标准的，应当向国务院反垄断执法机构申报。若国务院反垄断执法机构经审查认为，该集中具有或者可能具有排斥、限制竞争效果的，应当作出禁止经营者集中的决定，这意味着此前签订的合并协议或股权协议不能实施；若违法实施集中的，由国务院反垄断执法机构责令停止实施集中，限期处分股份或资产，以恢复到集中前的状态。这些决定实质上构成对参与集中的 SIFIs 股东的权利限制。

在我国反垄断实践中，金融业经营者集中申报的案件较为少见，SIFIs 参与的经营者集中案件更为少见。① 在商务部反垄断局网站上，可以查阅到一些金融业经营者集中的案件，如中国人寿保险股份有限公司收购广发银行股份有限公司股权案、株式会社日本政策投资银行收购鬼怒川橡胶工业株式会社股权案。商务部反垄断局依据《关于经营者集中简易案件适用标准的规定》将这两个案件均列为简易案件。第一个案件的适用理由是：“存在上下游关系的参与集中的经营者，在上下游市场所占的市场份额均小于 25%。”② 第二个案件的适用理由是：“不在同一相关市场、也不存在上下游关系的参与集中的经营者，在与交易有关的每个市场所占的份额均小于 25%。”③这两个案件的审查结果均是无条件允许集中。

(二)对我国 SIFIs 股东权限制法律制度的反思

从公司治理与金融监管互动的视角，对比欧美国家银行股东道德风险规

① 下文第一个案件中的收购方中国人寿保险股份有限公司在 2016 年 5 月被中国保险监督管理委员会初步列为国内 16 家系统重要性保险机构之一。参见袁圆：《保监会开评系统重要性机构 16 险企入围数据报送名单》，载 http://finance.huanqiu.com/roll/2016-05/8980104.html，最后访问日期：2017 年 3 月 17 日。

② 商务部反垄断局：《中国人寿保险股份有限公司收购广发银行股份有限公司股权案经营者集中简易案件公示表》，载 http://fldj.mofcom.gov.cn/article/jyzjzjyajgs/201606/20160601331127.shtml，最后访问日期：2017 年 10 月 13 日。

③ 商务部反垄断局：《株式会社日本政策投资银行收购鬼怒川橡胶工业株式会社股权案经营者集中简易案件公示表》，载 http://fldj.mofcom.gov.cn/article/jyzjzjyajgs/201604/20160401292642.shtml，最后访问日期：2017 年 10 月 13 日。

制的法律制度及其实践，可以发现我国规制 SIFIs 股东道德风险的法律制度存在以下几个方面的不足。①

1. 对存款保险所致的银行股东道德风险规制不足

2015 年 5 月 1 日我国《存款保险条例》实施，这对于健全我国金融市场约束机制，保护存款人合法权益及维护金融稳定具有重要意义。然而，存款保险与其他任何保险一样，都存在道德风险问题。“存款保险制度的道德风险问题是指商业银行在存款保险制度的保护下有动机承担过度风险、追求超额利润，从而可能导致银行业危机的问题。”②国际存款保险人协会与巴塞尔委员会颁布的《有效存款保险制度核心原则》认为，避免道德风险是存款保险制度的重要政策目标之一。随着存款保险制度的实施，其道德风险已经客观存在，尤其是对于我国大量存在的中小银行及其股东更是如此。中国人民银行金融稳定局发布的报告显示，我国共有吸收存款的银行业金融机构 3824 家，形成了比较稳定的大中小银行的存款格局，这些银行已经全部办理了存款保险的投保手续，截至 2016 年 12 月 31 日，存款保险基金专户余额为 238.10 亿元，尚未支用。③ 这说明我国存款保险制度尚处于初创阶段，存款保险制度的道德风险问题尚未显现。我国存款保险制度的运行环境与《有效存款保险制度核心原则》的要求相去甚远，如社会公众对存款保险的益处认识有余，对其局限性认识不足；被《存款保险条例》赋予参与金融监管协调机制和建议银监会采取监管措施之权力的存款保险基金管理机构至今尚未设立，实际负责存款保险制度具体运行的是中国人民银行金融稳定局，后者的独立性与权威性不足；银行处置与破产机制阙如。我国现行的存款保险制度设计与运行环境不利于防范存款保险制度的道德风险，对存款保险所致的银行股东道德风险规制存在不足。

---

① 由于银行业在我国金融体系中处于中心枢纽地位，而且被列入了全球系统重要性金融机构的 5 家金融机构银行就占了 4 家，因此，下文以银行股东道德风险为例探讨 SIFIs 股东道德风险的规制问题。

② 尹杞月：《国外银行存款保险制度的道德风险问题研究》，载《保险研究》2012 年第 2 期。

③ 参见中国人民银行金融稳定局：《存款保险制度实施平稳有序》，载 http://www.pbc.gov.cn/jinrongwendingju/146766/2165207/3273150/index.html，最后访问日期：2017 年 7 月 31 日。

2. 对有限责任与金融创新所致的银行股东道德风险规制不足

在金融全球化趋势下，金融创新成为我国银行业金融机构提高核心竞争力，追求利润的重要手段。在金融产品创新方面，我国银行业金融机构事实上已经大大突破了现行《商业银行法》的分业经营限制，综合经营趋势明显，创新型金融产品层出不穷。以金融衍生品市场为例，银行业金融机构是我国场外衍生金融市场的主要参与者。在金融组织形式创新方面，金融控股公司已经成为我国许多金融机构突破分业经营限制，开展综合经营的现实选择。中信集团、光大集团、平安集团及安邦集团等就是从事多种金融业务的金融控股公司。由于金融控股公司在金融市场上担任融资者、投资者与信息提供者等多种角色，金融控股公司在金融业务决策时面临着集团公司的内部利益冲突与外部利益冲突。① "因集团整体经营之考量，集团内成员非无法追求个别之最大利益，甚或产生彼此竞争之情事亦非无可能。"②质言之，金融控股公司对其子公司之经营决策具有事实上的控制能力。这种控制能力与集团公司的内部利益冲突会导致金融控股公司的道德风险。这正是要求金融控股公司承担加重责任的现实原因。尽管金融控股公司这一金融组织形式在我国金融业中得到了广泛的应用，但是关于金融控股公司的制度只有财政部在 2009 年 9 月颁布的《金融控股公司财务管理若干规定》，而且该规定所指的金融控股公司仅限于"中国中信集团公司、中国光大（集团）总公司、中国光大集团有限公司"，其适用范围非常有限，其他法律中也没有专门涉及金融控股公司责任方面的制度。为了克服股东有限制度的缺陷，虽然可以依据《公司法》有关法人格否认的规定，要求金融控股公司对子公司债务承担连带责任，但是法人格否认制度的适用条件甚为严格，我国司法实践也未见有金融控股公司对其子公司之债务承担连带责任的公司法人格否认案例。在制度功能上，法人格否认制度无法完全替代加重责任制度。金融控股公司的资本维持承诺原则要求其对子公司"做出开放式的财务承诺，公司收购者必须同意维持监管所规定的储蓄子公司的最低资本水平"；③力量之源原则要

---

① 参见雷兴虎：《论我国金融控股公司的风险防范法律机制》，载《中国法学》2009 年第 5 期。

② 王文宇：《控股公司与金融控股公司法》，中国政法大学出版社 2003 年版，第 233 页。

③ 姜立文：《美国金融控股公司加重责任制度研究》，载《环球法律评论》2006 年第 6 期。

求“银行控股公司负有持续的责任维持控股公司的财务资源，并且在银行子公司财务困难时提供这些财务资源”。[1] 可见，金融控股公司加重责任制度是对有限责任所致的股东道德风险的事先防范机制，公司法人格否认制度则是对股东有限责任的制度缺陷的一种事后救济。

有限责任所致的银行股东道德风险，在民营银行设立这一问题上已经凸显出来。为了防范有限责任所致的民营银行股东道德风险，中国银监会《关于促进民营银行发展的指导意见》要求民间资本发起设立银行时，必须要有“承担剩余风险的制度安排”。这些制度安排在我国法律上尚处于空白状态。从民营银行设立的实践看，目前是通过银行发起人协议或银行公司章程的形式来实现。有学者将其称为“民营银行股东自担风险”，并主张“用商业银行股东加重义务来进行法学概括和表达”，因为Jackson教授提出金融控股加重责任（enhanced obligation），“本意应是表达金融控股公司对其附属子公司承担的，重于传统股东的法律义务，而非作为不承担法律义务后果的法律责任”。[2] 笔者以为，“民营银行股东自担风险”这一提法不甚准确。一方面，自担风险原则是投资者自负责任的基本原则，无须重复强调；另一方面，该提法未能准确反映监管部门要求民营银行股东承担民营银行不能清偿债务的“剩余风险”，以防范有限责任所致的股东道德风险的真实意图。

3. 对“大而不倒”所致的系统重要性银行股东道德风险规制不足

除《商业银行资本管理办法（试行）》对系统重要性银行的资本监管要求及监管措施之外，我国现行股东权限制法律制度没有顾及系统重要性银行特殊的道德风险——由于“大而不倒”所致的道德风险。该种道德风险是不同于有限责任所致的道德风险，它是由政府救助系统重要性银行而引发。如果说有限责任制度对于系统重要性银行股东尚存在一定的市场约束，毕竟它的破产会导致其股东的投资损失，那么政府救助使其免于破产则在根本上否定了市场机制对其股东的约束与激励。对于系统重要性银行股东而言，“大而不倒”所致的道德风险才是决定性因素。因此，我国以抑制有限责任所致的

---

① 姜立文：《美国金融控股公司加重责任制度研究》，载《环球法律评论》2006年第6期。

② 杨松、宋怡林：《民营银行股东自担风险立法模式借鉴与选择》，载《法律科学》2016年第6期。

道德风险为主要目标的现行股东权限制法律制度无助于解决系统重要性银行股东的道德风险问题。我国法律制度对于系统重要性银行由于“大而不倒”所致道德风险的忽视,主要原因是在《存款保险条例》实施之前,国家对所有的银行事实上承担着隐性保险的责任,无论是大小银行,均不受金融市场机制约束。尽管《商业银行法》第2条确立了银行是依据《公司法》设立的企业法人,但是《企业破产法》第134条第2款授权国务院制定的金融机构破产实施办法至今尚未出台。《商业银行法》自1995年实施的20余年来,也只有海南发展银行一家银行被监管部门关闭和清算。《存款保险条例》的实施,有助于我国金融市场约束机制的建立与完善,但是也会凸显系统重要性银行的“大而不倒”的道德风险。即使我国建立了完善的存款保险制度,这些银行事实上也难以破产。从股权结构上看,这些银行是国有控股银行,除了国有控股股东之外,还引入了机构投资者,上市之后又有不少非机构投资者加入。国有控股会使政府更加倾向于救助处于困境中的这些银行,救助也会使得金融市场机制对这些银行的非国有股东丧失约束力。非国有股东无须担心这些银行破产而使其投资受损,反而可以从政府救助中获得收益。

4. 银行监管制度中的股东权限制规定法律位阶低且过于原则

尽管我国建立了以银行资本充足率为核心的银行监管制度,授权监管机构在特定情形下限制银行股东权,但是《商业银行法》与《银行业监督管理法》中的银行资本监管制度与限制银行股东权的规定过于原则。银行资本监管制度主要是监管机构制定的部门规章,法律位阶低,限制银行股东权的规定在监管实践中也未能得到细化。我国银行业监管机构的实务人士指出,《银行业监督管理法》第37条第4项“责令控股股东转让股权或者限制有关股东的权利”之措施在实践中存在以下难点:一是银行股东与监管措施之间的因果关系缺位,因为该条规定的违规行为主体是银行,惩戒对象是银行股东,行为主体与责任主体不一致;二是仅限于责令控股股东转让股权,范围过于狭窄,在存在股权代持的隐名股东或私下协议安排时,无法责令关联方或一致行动人的相关方转让股权。① 笔者以为,银行股东与监管措施之间的因

① 参见王吴庆:《从立法角度谈加强规范银行股东违规行为》,载《中国银行业》2017年第5期。

果关系并非缺位,只是立法者未能明确,立法者的潜在意图是,银行股东尤其是控股股东使得银行违反审慎经营规则,故要承担相应责任;将责令转让股权限于控股股东,确实难以应对金融创新趋势下股份投票权与收益权分离对银行公司治理的挑战,难以有效抑制金融创新所致的银行股东道德风险。

(三)我国 SIFIs 股东权限制法律制度的完善

本次全球金融危机,进一步凸显了金融机构的道德风险问题。如 Kevin Dowd 所言,道德风险在金融体系与经济生活中普遍存在,合理控制道德风险是制度设计的主要任务之一,各种类型的合同、企业与市场的各种组织方式等都在不同程度上回应着道德风险问题;道德风险在金融危机发生原因方面扮演着中心角色,金融监管改革的制度设计与预防金融危机均需要认真关注之。① 从实践层面看,银行尤其是系统重要性银行的道德风险成为巴塞尔委员会与金融稳定理事会等国际金融组织关注的问题,②也是后危机时代欧美各国完善银行公司治理与金融监管改革的重点所在。

"防范化解金融风险,特别是防止发生系统性金融风险,是金融工作的根本性任务,也是金融工作的永恒主题……既要防'黑天鹅',也要防'灰犀牛'。"③银行在我国金融体系中处于中心枢纽地位,银行业风险防控是我国金融风险防控的重中之重。我国当前存在的灰犀牛风险隐患,如房地产泡沫、地方债务及国有企业高杠杆等问题,无不与银行道德风险具有莫大的联系。加强和完善银行道德风险的法律规制,对于防控我国银行业的金融风险,维护我国金融稳定,无疑具有十分重大的现实意义。

公司契约理论表明,公司是"一系列合约的连接","有股东、经营管理人员、雇员、债权人、原材料供应商、客户等多个参与方,他们存在明显的利益异

---

① 该学者认为,"道德风险是指在一方为他人利益负责的场合,优先考虑自己利益的动机"。Kevin Dowd, "Moral Hazard and the Financial Crisis", *Cato Journal*, Vol. 29, No. 1 (Winter 2009):141 – 166.

② 前者发布了《国内系统重要性银行治理框架》,后者公布了《降低系统重要性银行的道德风险》。

③ 本报评论员:《有效防范金融风险——二论做好当前金融工作》,载《人民日报》2017 年 7 月 17 日,第 1 版。

质性”。[①] 银行作为一个公司,是银行股东、银行管理层及银行债权人等多方参与者之间的系列合约的连接,故其道德风险的范围应包括银行股东、银行管理层以及银行债权人等有关主体的道德风险。事实上,危机后欧美各国对银行道德风险的规制,也主要是从这三个方面着手。

银行股东道德风险是银行公司治理与监管制度对其产生的负面激励,股东有限责任、存款保险、对问题银行的救助以及规避金融监管的金融创新是其重要诱因。矫正银行股东道德风险的制度演变,呈现出公司治理与金融监管互动融合的趋势。该趋势是公私法合作规制理念的体现,旨在实现金融效率与金融安全之平衡。导致银行股东道德风险的上述因素在我国不同程度地存在着,我国尚未建立完善的金融市场约束机制,银行公司治理缺乏有效的私法制度支持,也缺乏体现银行公司治理特殊性要求的制度安排;银行资本监管制度与限制银行股东权的规定均有待完善。因此,我国应当以公司治理与金融监管互动为中心,完善对银行股东道德风险的法律规制。

首先,建立健全金融市场约束机制,完善存款保险制度,着力防范和化解存款保险所致的银行股东道德风险。这就需要落实我国《企业破产法》第134 条第 2 款有关金融机构破产的规定,早日出台银行业金融机构破产法规,建立和完善银行破产法律制度,真正发挥市场机制对于银行的约束功能。让经营失败的银行有序地退出市场,还可以发挥银行特许权价值对于银行股东的激励作用。银行特许权价值主要源于银行拥有特许金融许可营业执照所获得的垄断利润,实际上是银行可获得的超过正常利润的“预期‘租金’的资本化”。[②] 银行特许权价值之于股东的激励作用在于,它是股东在银行投资的重要考量因素,意味着股东可以在银行业获得超过正常利润的垄断利润,一旦银行破产或者关闭,银行业特许经营许可就会失效,股东就必然会丧失这一特许权价值。同时,要依据《有效存款保险制度核心原则》全面完善存款保险制度,培育社会公众的存款保险意识;建立独立、权威的存款保险管理机构,明确其与中国人民银行、中国银监会以及即将设立的金融稳定发展委

① 罗培新、张建伟:《公司法的科斯定理》,载[美]弗兰克·伊斯特布鲁克、丹尼尔·费希尔:《公司法的经济结构》(代译序),北京大学出版社 2014 年版,第 10 页。

② [英]菲利普·莫利纽克斯、尼达尔·沙姆洛克:《金融创新》,冯健、杨娟、张玉仁等译,中国人民大学出版社 2003 年版,第 132 页。

员会等金融监管部门之间的职责分工与协调机制;完善存款保险差异化费率制度,重点防范中小型银行及其股东的道德风险;完善存款保险基金的投资制度,以实现存款保险基金的保值增值,确保存款保险管理机构的偿付能力。

其次,借鉴美国金融控股公司加重责任制度,加重我国商业银行控股股东的义务,完善金融监管机构限制银行股东权的相关立法,防范和化解有限责任与金融创新所致的银行股东道德风险。“承担剩余风险的制度安排”不能仅限于民营银行股东,因为对于所有银行股东都同样存在有限责任所致的道德风险。因此,应当借鉴美国金融控股公司加重责任制度,在修改《商业银行法》时明确商业银行控股股东的加重义务,以及不履行该义务所应承担的法律责任。同时,加强公司法人格否认制度在金融控股公司中的适用,以加强对金融控股公司道德风险的事后规制。此外,修改《银行业监管法》,将银行股东权限制性规定适用于所有股东,而非仅限于控股股东,明确银行股东与实际控制人的法律义务,明确监管机构限制银行股东权的具体条件、程序及应当采取的具体措施,以依法约束和控制银行业监管机构的自由裁量权。

再次,以抑制“大而不倒”所致的道德风险为中心,完善系统重要性银行股东权限制法律规定。这是系统重要性银行股东权限制法律制度完善的重点所在。应当全面落实《巴塞尔协议Ⅲ》的资本制度要求,修改《商业银行法》,将《商业银行资本管理办法(试行)》的相关规定提升为法律层面的规范,以法律形式规定系统重要性银行的附加资本要求;借鉴美国立法,要求我国系统重要性银行制定并向监管部门报告“生前遗嘱”,“生前遗嘱”中应当包括股东红利回拨与限制分红等限制股东权的规定。这样有助于提高系统重要性银行的损失吸收能力,以便我国系统重要性银行在陷入困境时能够得到快速有效的处置,维护我国金融稳定;规定杠杆比例限制,规定系统重要性银行负债对权益的最高比例,以防止其因为负债过高陷入经营困境。

最后,还应当注意发挥反垄断法在防范和抑制SIFIs“大而不倒”之道德风险方面的作用,加强对SIFIs参与的经营者集中的审查,借鉴美国《多德—

弗兰克法案》对 SIFIs 实施规模限制的立法,[①]规定当我国金融业经营者集中所达到的规模超过整个金融服务行业资产或负债的一定比例时,反垄断法将禁止实施该集中,但是 SIFIs 收购一个破产或有破产风险的金融机构时例外。

三、我国 SIFIs 债权人限制的法律制度现状、反思与完善

(一)我国 SIFIs 债权人限制的法律制度现状

1.限制公司债权人的一般性法律规定。《公司法》与《企业破产法》限制公司债权人的一般性规定对于 SIFIs 债权人具有法律效力。如《公司法》规定,在公司合并时,债权人自接到公司通知书之日起 30 日内,未接到通知书的自公告之日起 45 日内,可以要求公司清偿债务或提供担保。超过法律规定的期限,公司债权人对公司合并的异议权就归于消灭。同理,《公司法》规定在公司减少注册资本时,公司债权人自接到通知书之日起 30 日内,未接到通知书的自公告之日起 45 日内,有权要求公司清偿债务或提供担保。在公司解散进入清算程序后,债权人应当在法律规定期限内申报债权,在债权申报期间,清算组不得对债权人进行清偿。《企业破产法》对于债权人的限制总是与对债权人的保护相伴而行,因为它既要保障债权得到公平清偿,还负有挽救有维持价值和再生希望的企业的功能。为了实现该功能,《企业破产法》专章规定了重整制度,规定经法院裁定批准的重整计划,对于全体债权人均有约束力,当然包括对重整计划持有异议的债权人;没有依法申报债权的债权人,在重整计划执行期间不得行使权利;按照重整计划减免的债务,自重整计划执行完毕时起,债务人不再承担清偿责任;换言之,就是债权人对于在重整计划中减免的债务,不再享有相应的债权。

2.限制金融机构债权人的特别性规定。2013 年 1 月 1 日实施的《商业银行银行资本充足率管理办法(试行)》第 44 条第 1 款规定:“商业银行 2010 年 9 月 12 日至 2013 年 1 月 1 日之间发行的二级资本工具,若不含有减记或转

---

① 美国《多德—弗兰克法案》规定,并购企业的规模超过整个金融服务行业负债的 10% 以上的,此项并购不得进行。显然,这会限制 SIFIs 的发展,使其失去通过并购实现扩张的能力。不过,当 SIFIs 收购破产或有破产风险的金融机构时,该项禁止性规定不予适用。参见[美]戴维·斯基尔:《金融新政:解读〈多德—弗兰克法案〉及其影响》,丁志杰、张红地等译,中国金融出版社 2012 年版,第 81 页。

股条款，但满足本办法附件 1 规定的其他合格标准，2013 年 1 月 1 日之前可计入监管资本，2013 年 1 月 1 日起按年递减 10%，2022 年 1 月 1 日起不得计入监管资本。”含有减记或转股条款的二级资本工具就是契约式自救债，也就是要求商业银行在发行二级资本工具时事先与债权人约定在特定情形下减记债权或者将债权转为股权，以提高银行的损失吸收能力。该办法第 157 条规定，对于第四类银行，[①]中国银监会可以采取以下监管措施：强制要求商业银行对二级资本工具进行减记或转为普通股。

中国证监会、中国银监会在 2013 年 10 月 30 日联合公布了《关于商业银行发行公司债券补充资本的指导意见》（以下简称《指导意见》）。《指导意见》主要规定了减记债发行的相关事项。所谓减记债，是指包含减记条款的公司债券，在《商业银行资本管理办法（试行）》规定的触发事件发生时，能立即减记，投资者承担相应的本金及利息损失的风险。依据《指导意见》的规定，减记债的发行人为在上海、深圳证券交易所上市的商业银行，或发行境外上市外资股的境内商业银行，或申请在境内首次公开发行股票的在审商业银行。减记债的公开发行实行核准制，发行人制定发行方案后，报中国银监会确认资本属性，并由中国银监会出具监管意见；发行人在取得中国银监会的监管意见后，制作发行申请文件，报中国证监会核准发行。如果是非公开发行减记债的，按照证券交易所业务规则备案即可。《指导意见》还规定了减记债的信息披露制度及投资者适当性管理制度。发行人应当在募集说明书中充分披露减记债的特殊属性和风险事项，并在显著位置对减记条款及其触发事件予以特别提示，并对是否补偿条款及其对投资者权益的影响等风险事项进行充分说明；在发行了减记债之后，发行人应当依据自身经营状况及监管要求及时披露触事件发生的风险。

中国证监会 2015 年 1 月 15 日公布的《公司债券发行与交易管理办法》规定，商业银行等金融机构可以按照有关规定发行附减记条款的公司债券。

上海证券交易所在 2014 年发布了《关于商业银行发行公司债券补充资本及其上市交易、转让相关事项的通知》。该通知规定了在上海证券交易所非公

---

① 《资本充足率管理办法（试行）》依据资本充足状况将银行分为四类，第四类银行是指资本充足率、一级资本充足率和核心一级资本充足率任意一项未达到最低资本要求。

开发行减记债的备案材料、信息披露要求及投资者适当性管理要求等。公开发行减记债的投资者应当是符合《上海证券交易所债券市场投资者适当性管理暂行办法》规定的专业投资者;非公开发行减记债的合格投资者,包括金融监管部门批准设立的金融机构、注册资本实缴总额不低于500万元人民币的企业法人;实缴出资总额不低于500万元人民币的合伙企业;合格境外机构投资者、人民币合格境外机构投资者;名下各类证券账户、资金账户、资产管理账户的资产总额不低于500万元人民币的个人投资者。2015年的《上海证券交易所非公开发行公司债券业务管理暂行办法》规定,商业银行等金融机构发行附有减记条款的债券,发行文件应当披露资本充足率、资本工具发行情况、减记债的特殊属性及风险事项、减记条款及其触发事件的特别提示等;当触发事件发生时,发行人应当及时披露临时报告。

中国证券业协会在2014年制定的《证券公司资本补充指引》中,在关于证券公司资本补充触发机制的条件时规定了减记债,即已经发行减记债的证券公司在发生减记或转股触发事件时,就要依照约定或监管规定减记债权或转股以补充证券公司资本。

(二)合同式自救:金融创新中的私法自治之限度及其效力分析

1.合同式自救安排的法律性质:金融创新视域中的非典型合同

合同式自救安排秉承了私法自治理念。何谓私法自治?“法律制度赋予并且确保每个人都具有在一定的范围内,通过法律行为特别是合同来调整相互之间关系的可能性。人们把这种可能性称作‘私法自治’。”①私法自治原则表现为所有权自由、遗嘱自由与契约自由等,其中契约自由在法律交易上最为重要,包括是否缔结契约的自由、选择缔约相对人的自由、决定契约内容的自由、变更或终止契约的自由、选择缔约方式的自由等。私法自治的精义是个人自主决定,并对其行为自我负责。② 作为高悬在民法典这一中古城堡城墙上的一面大旗,“私法自治始终还是支撑现代民法的基础,它的经济意义可以上溯亚当·斯密的国富论,伦理内涵则又源于康德理性哲学中的自由意

---

① [德]卡尔·拉伦茨:《德国民法通论》(上册),王晓晔、邵建东等译,法律出版社2003年版,第54页。

② 参见王泽鉴:《民法概要》,中国政法大学出版社2003年版,第78~79页。

志。私法自治使私人成为法律关系的主要形成者”。[①]

合同式自救安排就是通过SIFIs与债权人的意思自治所达成的协议,约定在一定条件下债权人对SIFIs的债权自动转为股权或核销,实质上是债权人替SIFIs承担了一定的损失,从而增强了SIFIs的损失吸收能力。从金融投资视角看,在合同式自救安排中的债权人持有的是高风险的混合型金融创新产品。高风险意味着高收益,故作为债务人的SIFIs需要向投资者支付较高的风险溢价。这是双方能够达成一致协议的经济原因,充分体现了斯密所言的市场这只无形之手促进资源优化配置的作用,本质上源于双方作为理性经济人的自由意志。从法律行为视角看,合同式自救安排与我国近年来广受理论界和实务界关注的对赌协议颇为类似,都是作为投融资手段创新在金融领域出现的非典型合同。“非典型合同,又称无名合同,是指法律尚未特别规定,亦未赋予一定名称的合同。”[②]“投资方与融资方在签订对赌协议时,由于企业未来的业绩存在不确定性,即使融资方主观上作出了积极的努力,仍然不一定能达到双方约定的业绩标准。”[③]对赌当事人无法确定对赌行为的法律效果,双方约定的事项具有不确定性。同样,发行合同式自救债务工具的银行与债务工具持有人约定的转股或核销债务条件——银行陷入非正常经营,也具有不确定性。由此可见,合同式自救安排与对赌协议都是基于约定事项之发生与否确定合同的法律效果,属于射幸合同。[④] 也有人认为,对赌协议是非典型合同,但不是射幸合同,因为将法律效果的不确定性作为射幸合同的特征并未揭示问题的实质。[⑤] 不同之处在于,对赌协议是私募股权的投资者为了防范投资风险与融资方达成的估值调整协议;合同式自救则是债权投资者在特定条件下通过将债权转为股权或核销的方式替融资方承担损

---

① 苏永钦:《私法自治中的国家强制——从功能法的角度看民事规范的类型与立法释法的方向》,载《中外法学》2001年第1期。

② 崔建远:《合同法》(第2版),北京大学出版社2013年版,第22页。

③ 谢海霞:《对赌协议的法律性质探析》,载《法学杂志》2010年第1期。

④ 依据合同的效果在缔约时是否确定为标准,可分为实定合同与射幸合同。实定合同的法律效果在缔约时已经确定,射幸合同的法律效果在缔约时尚未确定。买卖合同是典型的实定合同,保险合同是典型的射幸合同。参见崔建远:《合同法》(第2版),北京大学出版社2013年版,第32~33页。

⑤ 参见潘林:《金融创新与司法裁判:以我国“对赌协议”的案例、学说、实践为样本》,载《南京师大学报》(社会科学版)2013年第3期。

失,增强融资方的损失吸收能力,是一种反向的风险承担,可以说是一种反向对赌。

2. 金融创新中的私法自治及其限度:基于"对赌协议第一案"的分析

鉴于合同式自救安排与对赌协议之金融创新的同质性,在此不妨先探讨近年来广受我国各界关注的对赌协议的法律效力问题。无疑,这对于探讨同样作为金融创新产品的合同式自救安排的法律效力等具有重要的借鉴意义。

笔者以为,欲评价对赌协议这种复杂的金融创新产品的合法性,需要剖析金融创新的目的或动因。在金融学上,关于金融创新的理论分析有"约束引致假说""监管的辩证法"等观点。西尔伯是"约束引致假说"的主要贡献者。他认为,金融创新的根本动机是追求利润最大化,这又受制于资产负债表的诸多约束,这些约束既来自于企业内部,也来自于企业外部,如政府管制,创造新型金融工具能够放松企业所受的金融约束,降低交易成本,规避过时的管制。① 例如,美国 1933 年银行法禁止银行对支票账户支付利息,美国联邦储备委员会 Q 条例规定了存款利率的上限,在金融脱媒趋势下,原本降低银行成本的 Q 条例反而妨碍了银行争取更多的存款,为了规避 Q 条例的管制,银行开发出"存款证"这一创新金融工具。凯恩关于金融创新的"监管辩证法"观点是一个斗争模型,模型中的斗争双方是作为政治力量的监管者与敌对经济力量的被监管者,斗争的形式表现为被监管者采取创新措施,将受到严格监管的产品替换为不受监管或监管较少的产品而获益,因为监管调整总是滞后于金融创新。正是在这种意义上,凯恩将金融创新假设为银行对现存管制项目的替代品。米勒认为,除了监管,税收也是推动金融创新的主要因素之一。霍兰将创新分为规避性的创新与先验性的创新,指出规避性创新是人们的一种自由市场反映,其目的在于避免受管制或货币控制的影响。②

无论是"约束引致假说",还是"监管的辩证法",抑或规避性的创新,都指出了金融创新背后所潜藏的制度因素。正是由于金融创新在相当大程度

---

① 参见[芬]菲利普·莫利纽克斯、尼达尔·沙姆洛克:《金融创新》,冯健、杨娟等译,中国人民大学出版社 2003 年版,第 51 ~ 53 页。

② 参见[芬]菲利普·莫利纽克斯、尼达尔·沙姆洛克:《金融创新》,冯健、杨娟等译,中国人民大学出版社 2003 年版,第 53 ~ 56 页。

上是规避金融管制的结果,如何判断各种具体的金融创新行为的合法性才会成为一个令人困惑的法律难题。我国法学理论界关于“对赌协议第一案”的争议就是这一困惑的现实反映。“解铃还须系铃人”,正确判断金融创新行为的合法性,必须要抓住其规避管制或监管的本质。这种本质决定了金融创新行为是一种脱法行为。

何谓脱法行为?罗马法谚云:“从事法律所禁止者,系违反法律;虽不违反法律之文字,但迂回法律趣旨者,乃脱法行为。”①换言之,脱法行为的当事人是利用契约自由实现法律所不允许的目的。脱法行为并不因为脱法而一定无效,其效力应依“解释法律行为上的构成要件及涵盖此项构成要件的规范而定。如吾人干涉法官的解释自由,而在法律上予以指示,将使若干法所容许的法律行为有被宣告为无效之虞”。② 德国学者 Flume 指出:“脱法行为的问题,实际上就是法律解释的问题。就民法而言,一个独立脱法行为的理论根本不能存在。”③

为什么需要进行法律解释?其一,法律解释是法律适用的前提。“法律经常利用的日常语言与数理逻辑及科学性语言不同,它并不是外延明确的概念,毋宁是多少具有弹性的表达方式,后者可能一样在一定的波段宽度之间摇摆不定,端视该当的情况、指涉的事务、言说的脉络,在句中的位置以及用语的强调,而可能有不同的意涵。即使是较为明确的概念,仍然经常包含一些本身欠缺明确界限的要素。”④也有学者基于法律以语言作为载体的行为规范概括为法律的不周延性与模糊性。⑤ 其二,法律解释的创造性有助于处理社会生活变化带来的法律变革问题。法律需要保持相对的稳定性,但是,“社会的需要和社会的意见常常是或多或少地走在法律的前面”,⑥“法律的

① 转引自王泽鉴:《民法总则》,中国政法大学出版社 2001 年版,第 284 页。

② 转引自王泽鉴:《民法总则》,中国政法大学出版社 2001 年版,第 284 ~ 285 页。

③ 转引自王泽鉴:《民法总则》,中国政法大学出版社 2001 年版,第 288 页。

④ [德]卡尔·拉伦茨:《法学方法论》,陈爱娥译,商务印书馆 2003 年版,第 193 页。

⑤ 所谓不周延性,是指法律不可能涵盖一切社会关系,因为立法者的认识能力是非至上的。尽管从人类历史的长河看,人类的理性是无限的,但是对于处在特定历史时刻的立法者而言,其理性是有限的;所谓模糊性,是指由于法律之载体的语言的模糊性损害了法律的明确性。参见徐国栋:《民法基本原则解释——成文法局限性之克服》(增订本),中国政法大学出版社 2001 年版,第 178 ~ 181 页。

⑥ [英]亨利·梅因:《古代法》,沈景一译,商务印书馆 1959 年版,第 15 页。

确定性并非追求的唯一价值；实现它可能会付出过高的代价；法律永远静止不动与永远不断变动一样危险；妥协是法律成长的原则中很重要的一条。”[①]具有造法作用的法律解释就是达成妥协的重要途径。[②]

在众多的金融创新纠纷案件中，争议的焦点往往集中到对相关法律规定的解释。毕竟，金融创新对于传统的金融私法提出了诸多挑战。如金融创新创设了诸多新型的权利客体，会极大地扩展金融私法的内容，而以平等性为基础的传统私法难以满足金融创新的法律需求。[③] 以“对赌协议第一案”为例，[④]就涉及我国《公司法》第 20 条第 1 款、《合同法》第 52 条第（5）项与《中外合资经营企业法》第 2 条、第 3 条的解释与适用。审理该案的三级法院之裁判意见不尽相同。

该案一审法院兰州市中级人民法院认为，世恒公司 2008 年实际净利润完不成 3000 万元，海富公司有权要求世恒公司补偿的约定，不符合《中外合资经营企业法》第 8 条关于企业利润根据合营各方注册资本的比例进行分配的规定，也不符合《公司法》第 20 条第 1 款的规定，进而依据《合同法》第 52 条第（5）项“违反法律、行政法规的强制性规定”认定该约定无效。[⑤]

二审法院甘肃省高级人民法院认为，世恒公司 2008 年实际净利润完不成 3000 万元，海富公司有权要求世恒公司及迪亚公司以一定方式予以补偿的约定，违反投资风险共同的原则，使海富公司可以取得约定收益，而无须承担投资风险，并参照最高人民法院《关于审理联营纠纷若干问题的解答》第 4 条第（2）项的规定，[⑥]认为该约定属于“明为联营，实为借贷”，并依据关于民

---

① ［美］本杰明・N. 卡多佐：《法律的成长：法律科学的悖论》，董炯、彭冰译，中国法制出版社 2002 年版，第 12 页。

② 日本学者尾高潮雄认为，法律解释并非单纯的法的理解活动，而是立法的延长，具有造法的作用。参见梁慧星：《民法解释学》，中国政法大学出版社 2000 年版，第 191 页。

③ 参见陆泽峰：《金融创新与法律变革》，法律出版社 2000 年版，第 344～351 页。

④ 苏州海富公司与甘肃世恒公司的对赌纠纷案件被誉为我国“对赌协议第一案”。

⑤ 参见罗东川、杨兴业：《“对赌协议”纠纷的法律规制及裁判规则》，载《人民司法》2014 年第 10 期。

⑥ 该项规定：企业法人、事业法人作为联营一方向联营体投资，但不参加共同经营，也不承担联营的风险责任，不论盈亏均按期收回本息，或者按期收取固定利润的，是明为联营，实为借贷，违反了有关金融法规，应当确认合同无效。

间借贷的相关规定认定该约定属于企业之间的民间借贷而无效。①

最高人民法院的裁判认为:海富公司投资可以取相对固定的收益的约定,脱离了世恒公司的经营业绩,损害了世恒公司利益和公司债权人利益,该约定违反《公司法》第 20 条和《中外合资经营企业法》第 8 条的规定而无效;②迪亚公司对于海富公司的补偿承诺并不损害公司及公司债权人的利益,不违反法律法规的禁止性规定,是当事人的真实意思表示,是有效的。③该裁判被理论界概括为"与公司对赌无效,与公司股东对赌有效"。

该案引起了我国理论界的广泛争议。有人认为,对赌协议符合公平自由原则,体现了各方利益诉求,不构成保本收益,没有违反法律法规的强制性规定,因此是合法有效的。④ 有人认为,无效的真正原因是海富公司与世恒公司之间的对赌是股东与公司之间的对赌,"使得股东有机会非法抽回出资,违背了公司法上的资本维持原则,侵犯公司债权人利益。"⑤言下之意是赞同最高人民法院的裁判意见。有人认为,三级法院的裁判均遵循如下路径:以公司法规范管制或干预契约自由,对赌协议由于违反法律规范尤其是公司法中的债权人保护规范而无效。然而,依据民法原理,合同无效需要返还财产,恢复原状,这将会导致更多的资金流出公司,与认定该对赌协议有效相比,反而会使公司损失更多的财产,建议克服管制的裁判惯性对交易的障碍,给予商

---

① 甘肃省高级人民法院依据的是 1991 年最高人民法院 8 月 13 日下发的《关于人民法院审理民间借贷案件的若干意见》,该意见规定:"公民之间的借贷纠纷、公民与法人之间的借贷纠纷以及公民与其他组织之间的借贷纠纷,应作为借贷案件受理。"该意见没有赋予企业与企业之间借贷的合法性。2015 年 9 月 1 日起实施《最高人民法院关于审理民间借贷案件适用法律若干问题的规定》第 1 条规定:"本规定所称的民间借贷,是指自然人、法人、其他组织之间及其相互之间进行资金融通的行为。"该规定赋予了企业之间借贷的合法性。

② 《公司法》第 20 条第 1 款规定,公司股东不得滥用股东权利损害公司或者其他股东的利益,不得滥用公司法人独立地位和股东有限责任损害公司债权人的利益。《中外合资经营企业法》第 8 条第 1 款规定,合营企业的净利润,根据合营各方注册资本的比例进行分配。

③ 《海富投资与甘肃世恒最高人民法院再审判决书》,最高人民法院民事判决书(2012)民提字 11 号。

④ 参见刘禹:《私募股权投资中对赌协议的效力研究——以海富投资诉甘肃世恒等案为视角》,载《赤峰学院学报》(汉文哲学社会科学版)2016 年第 1 期。

⑤ 朱涛、李博雅:《"对赌协议第一案"中被遗忘的资本维持原则》,载《法人》2013 年第 10 期。

事主体的金融创新释放更多的自治空间。[①] 此种观点虽未明言，却实质上倾向于承认对赌协议的合法性。

三级法院的裁判及理论界的各种意见，都以《合同法》第 52 条第 5 项之规定的解释与适用为核心。该项规定被理论界称为“转介条款”或“引致条款”，对于评判合同之效力具有实质影响。理论界和实务界对于该项规定的理解与适用曾经存在较大的分歧。2009 年最高人民法院《关于适用〈中华人民共和国合同法〉若干问题的解释（二）》（以下简称《合同法》司法解释二）第 14 条规定：“合同法第五十二条第（五）项规定的‘强制性规定’，是指效力性强制性规定。”与效力性强制性规定相对应的是管理性强制性规定。由此一来，在评判合同效力时就需要判断该合同违反的法律、行政法规的强制性规定是效力性强制性规定，还是管理性强制性规定。显然，这又是一个法律解释问题。以“对赌协议第一案”为例，兰州市中级人民法院的裁判与最高人民法院的裁判是将《公司法》第 20 条与《中外合资经营企业》第 8 条作为效力性强制性规定，进而得出海富公司与世恒公司之对赌协议无效的结论。甘肃省高级人民法院没有援引上述两个法律条文据以裁判，而是另辟蹊径从民间借贷视角认定该协议“明为联营，实为借贷”而无效，表明其所依据的国家相关规定是强制性规定。[②]

卡尔·拉伦茨指出，《德国民法典》的规范可以分为强制性规定与任意性规定。所谓任意性规定，是指当事人“可以通过约定予以排除或变更的规范”。[③] 所谓强制性规范，是指其“适用不以当事人的意志为转移的”[④]规范，包括：“①规定私法自治以及私法自治行使的要件的规范，即如行为能力、意思表示生效的要件以及合法的行为类型（限于对行为类型有强制规定的情

① 参见潘林：《“对赌协议第一案”的法律经济学分析》，载《法制与社会发展》2014 年第 4 期。

② 2015 年 9 月 1 日实施的最高人民法院《关于审理民间借贷案件适用法律若干问题的规定》第 1 条第 1 款规定，“民间借贷是指自然人、法人和其他组织之间以及相互之间进行资金融通的行为。”该规定已经赋予了企业之间借贷的合法性。

③ ［德］卡尔·拉伦茨：《德国民法通论》（上册），王晓晔、邵建东等译，法律出版社 2003 年版，第 42 页。

④ ［德］卡尔·拉伦茨：《德国民法通论》（上册），王晓晔、邵建东等译，法律出版社 2003 年版，第 42 页。

况);②保障交易稳定、保护第三人之信赖的规范;③为避免产生严重的不公平后果或为满足社会要求而对私法自治予以限制的规范。”[①]从上下文可知,拉伦茨教授主要是从私法角度分析强制性规定,其所指出的前两个方面的强制性规定都属于私法范畴,第三个方面为满足社会需求限制私法自治的规范应归于公法范畴。这些论述清楚地表明,“国家在私法关系的形成到消灭过程中,从来就不是一个旁观者”,[②]“从民法典到外于民法典的民事规范,国家的强制处处可见,只是强制的性格、目的不尽相同而已”。[③]

强制性规定的实质是以国家强制限制私法自治。以契约领域的国家强制为例,以是否违反法律、行政法规的强制性规定作为评判合同效力的标准,表明契约法从契约自由走向了契约正义。在崇尚契约自由的19世纪,“契约法唯一的职责是履行建立在自愿基础上的契约,而不是将这些规则强加给那些不能自我选择的人们”。[④]“这与法律应该支持自由市场的观点几乎不谋而合。”[⑤]然而,自格兰特·吉尔摩宣布“契约的死亡”以来,契约法逐渐向“缓和”或“父爱主义”方向演变,20世纪中期的法院不再强制履行不公正的契约。[⑥]20世纪末的契约法更加富有弹性,并成为庞大经济体的稳定基础。不过,对契约领域私法自治的限制并未导致契约像格兰特·吉尔摩宣称的那样死去,消亡的只是19世纪契约的印象及其不切实际的假设,市场经济体制在全球的盛行使得契约制度不但得以存活,而且老当益壮。[⑦]在金融领域,秉

---

① [德]卡尔·拉伦茨:《德国民法通论》(上册),王晓晔、邵建东等译,法律出版社2003年版,第42页。

② North, D. C., “Institutions, Institutional Change and Economic Performance”, *Cambridge*, 1990. 转引自苏永钦:《私法自治中的国家强制:从功能法的角度看民事规范的类型与立法释法方向》,载《中外法学》2001年第1期。

③ 苏永钦:《私法自治中的国家强制:从功能法的角度看民事规范的类型与立法释法方向》,载《中外法学》2001年第1期。

④ [美]劳伦斯·弗里德曼:《二十世纪美国法律史》,周大伟等译,北京大学出版社2016年版,第470页。

⑤ [美]劳伦斯·弗里德曼:《二十世纪美国法律史》,周大伟等译,北京大学出版社2016年版,第470页。

⑥ 参见[美]劳伦斯·弗里德曼:《二十世纪美国法律史》,周大伟等译,北京大学出版社2016年版,第471页。

⑦ 参见[美]劳伦斯·弗里德曼:《二十世纪美国法律史》,周大伟等译,北京大学出版社2016年版,第473页。

承金融自由化理念的金融创新几乎将契约自由发挥到极致。众多的金融创新工具不仅为投融资者带来了丰富的机会,有利于促进金融资源的优化配置,也给公司治理尤其是大型金融机构的公司治理带来了诸多挑战,使公司治理中相关主体之间的利益关系更加复杂化;金融创新工具的风险及其外部性甚至会影响到整体的金融与社会稳定。因此,伴随着金融创新对金融领域私法自治与交易自由的促进,限制金融创新的呼声从未停止过。从法律视角看,限制的路径无非两条:一是私法自治中的国家强制,即以强制性规定限制金融创新行为的法律效力;二是公法对金融创新的管制,如加强对金融创新工具风险监管,以防范和化解风险,维护金融稳定。就此而言,我国理论界关于"对赌协议第一案"争议之本质,在于是否应当以强制性规定限制对赌协议这种金融创新的法律效力。

3. 合同式自救安排的法律效力:金融创新司法审查的路径与重点

如前文所述,合同式自救安排是为矫正 SIFIs 债权人的道德风险所进行的金融创新,既是金融领域的产品创新,又是危机后银行等金融机构的公司治理变革重大措施。该措施在法律上具有何种效力状态,成为理论界和实务界必须要面对的现实问题。前文对"对赌协议第一案"的分析,已经阐明了金融创新行为的法律性质是一种脱法行为,其司法审查的核心问题是具体的金融创新行为是否违反法律、行政法规的强制性规定,其本质是以国家强制限制金融领域的私法自治。鉴于合同式自救安排的金融创新本质,金融创新司法审查的上述路径对于合同式自救安排同样适用。

不过,合同式自救安排与对赌协议存在明显的不同之处,对赌协议是公司股东为规避投资风险与公司、公司其他股东达成的协议,具有规避公司资本管制的意图,是典型的规避管制型的金融创新;合同式自救安排则是为了提高大型银行等金融机构的自救能力,是为了帮助银行等金融机构达到资本充足率的监管要求。因此,评判合同式自救安排的法律效力,与对赌协议之司法审查侧重于从公司资本管制与债权人保护等具有不同,合同式自救安排之司法审查的重点应当是其是否违反公司法上有关股东权保护的强制性规定。因为合同式自救安排中的债权自动转为股权,会增加公司的股份总数,而公司的实际资产并未因此增加,这样会稀释以前公司股东的股份。为保护公司股东权益,作为合同式自救工具的债券的发行除了符合公司债券发行的条件之外,还应当遵守公司法上的新股发行规定,由股东大会决定。依据公司法原理,新股发行的内容或程序有瑕疵,并危及股东现有的比例性利益乃至公司利益时,构成新股的不公正发行,股东享有新股发行停止请求权。[①]合同式自救债的发行未能遵守新股发行的相关规定,有损于股东的比例性利益时,股东在合同式自救债触发条件成就时能否行使新股发行停止请求权?此问题殊值探讨。此外,合同式自救债的信息披露具有特殊要求。如我国证监会、银监会联合发布的《关于商业银行发行公司债券补充资本的指导意见》第6条规定:发行人除了遵守公司债券信息披露的一般规定之外,还应当在募集说明书中充分披露减记债作为资本工具的特殊属性和风险事项,在募集说明书的显著位置对减记条款及其触发事件进行特别提示,并对是否约定补偿条款及其对投资者权益的影响等风险事项作出充分说明。

需要指出的是,合同式自救债转为股权不一定能够有效抑制债权人的道德风险,因为SIFIs具有的"大而不倒"地位同样会引发其股东的道德风险。而且,正如日本著名民法学者我妻荣先生所言,尽管股东权在法律上是与债权具有不同性质的权利,但是,"股份公司制度的发展,使得股东地位逐渐近似于单纯金钱债权人的地位"。[②] 因为,日渐发达和成熟的资本市场使得股东具有回收资本和获得投资收益的另一通道,而不完全依赖于公司的永久性存续和长期经营业绩的良好前景。此点与公司债券这一生息资本本质上是相同的,即公司股东与公司债券持有人本质上都是公司的金钱债权人。[③] 由此看来,将银行的自救债转为股份并未改变投资者的金钱债权人本质,因此难以从根本上纠正投资者的道德风险。

(三)强制性自救:公司治理与金融监管互动融合中的国家强制

强制性自救债既有侵犯私权之嫌疑,为何又能得到国际金融组织和欧美国家立法的推崇呢?笔者以为,强制性自救债本质上是融公司治理与金融监

① 参见刘俊海:《股份有限公司股东权的保护》,法律出版社1997年版,第198页。

② [日]我妻荣:《债权在近代民法中的优越地位》,王书江、张雷译,谢怀栻校,中国大百科全书出版社1999年版,第193页。

③ 我妻荣基于经济学界的金融资本统制现象提出并论证了"金钱债权的优越性"观点。所谓金融资本统制,是指金融资本要统制社会的全部经济组织的倾向。参见[日]我妻荣:《债权在近代民法中的优越地位》,王书江、张雷译,谢怀栻校,中国大百科全书出版社1999年版,第190~195页。

管于一体的国家强制。从金融监管视角看，强制性自救债是为了防范和化解问题银行的金融风险，增强银行的自救能力，防止银行等金融机构的破产，维护金融稳定，减少纳税人救助问题银行的负担；从公司治理视角看，强制性自救债是为了克服陷入困境的银行债权人的道德风险，完善银行公司治理激励机制。从法律视角观之，强制性自救债突破了传统私法的理念，具有鲜明的经济法特征。“市民法是规定在一般抽象的平等关系下的市民的权利义务，它仅限于有关私人的自治，并不具有政策性的特征。而经济法，则是在一定的意图（政策目的）下，对市民法的平等关系或对建立这种关系的条件（前提），进行修改甚至破坏。”①强制性自救债的制度安排就基于维护金融稳定的主要目的减损了债的效力。债者，“特定之人（债权人），本诸法律上之强制力，使他特定人（债务人）为给付之一种人的关系也。”“因债之关系之成立，债务人应负担作为或不作为之给付。”②依据债法原理，强制性自救债的债权人，有向发行债券的银行请求支付约定的本金与利息之权利，发行债券的银行作为债务人负有支付约定本息的义务。金融监管当局本非债的当事人，为何可以强制性将债务核销或者转为股权？因为此种债的债务人是具有“大而不倒”地位的特殊债务人，其在陷于经营困境时政府为维护金融稳定不得不对其予以救助，救助使得债权人实际上免受债务人破产的损失，债权人正是基于政府救助的理性预期产生了不关心或不监督债务人之业绩的道德风险。任由债权人的此种道德风险蔓延，无疑不利于从根本上消除引发金融危机的因素，也会增加政府救助的成本，损害社会公共利益。金融市场主体的道德风险是诱发金融市场失灵的重要原因之一，金融监管作为一种公共产品，是降低或消除市场失灵、维护社会公共利益的重要手段。金融监管当局强制性地将债务核销或转为股权，正是为了纠正债权人的道德风险行为，克服金融市场失灵，维护社会公共利益。强制性自救债的制度安排表明，“立法者不再满足于从公平调停经济参与纠纷的角度考虑和处理经济关系，而侧重于从经济的共同利益，经济生产率，即从经济方面的观察角度调整经济关

① ［日］金泽良雄：《经济法概论》，满达人译，中国法制出版社 2005 年版，第 51 页。

② 梅仲协：《民法要义》，中国政法大学出版社 1998 年版，第 167～168 页。

系”。[1] 此时,公法与私法之间的界限被打破,契约与法律之间不再泾渭分明,公法与私法相互渗透融合。秉承经济法理念的强制性自救安排,促成了公司治理与金融监管的相互融合,实现了从私法自治到国家强制的法律演变。

（四）我国 SIFIs 债权人限制制度的反思与完善

通过对我国公司债权人限制的制度现状梳理,可以发现我国至今尚无专门限制 SIFIs 债权人利益的制度。诚然,适用于一般企业的《公司法》《企业破产法》中限制债权人利益的规定,以及适用于一般金融机构的减记债制度,均可以作为限制 SIFIs 债权人利益的制度依据,因而也可以在一定程度上抑制 SIFIs 债权人的道德风险。此外,我国也引入了《巴塞尔协议Ⅲ》力推的减记债,以让 SIFIs 债权人承担 SIFIs 的部分损失,提高 SIFIs 的损失吸收能力。这一方面有助于抑制政府救助 SIFIs 而引发的 SIFIs 债权人道德风险,提高债权人关注 SIFIs 经营管理状况的积极性;另一方面也在一定程度上分担了金融监管部门处置问题金融机构的成本,有利于维护金融稳定。

减记债或者应急资本这一创新型资本工具的产生背景,是大型金融机构的财务困境或者经营失败严重危及一国乃至全球金融体系的稳定,例如,美国雷曼兄弟公司的破产就引发了美国次贷危机,而政府对 SIFIs 的救助实质上救助了 SIFIs 的债权人。本次全球金融危机之后被巴塞尔银行监管委员会及各国金融监管机构推崇的减记债,主要目的是通过提高金融机构的损失吸收能力来维护金融稳定,SIFIs 无疑对于金融稳定具有至关重要的影响。因此,减记债制度的主要适用对象应当是 SIFIs。正因如此,美国才会在《多德—弗兰克法案》第一章“金融稳定”规定该制度。该法案第 165 条(a)项明确规定该制度的目的是,“为阻止或减轻大型、相互关联的金融机构的实质性财务困境或失败或是进行中的活动所引起的影响美国金融稳定的风险”,[2] 其对象是合并总资产在 500 亿美元及以上的银行控股公司和美国联邦储备委员会监管的非银行金融公司。

---

① [德]拉德布鲁赫:《法学导论》,米健、朱林译,中国大百科全书出版社 1997 年版,第 77 页。

② 《多德—弗兰克华尔街改革与消费者保护法案》,董裕平、全先银等译,中国金融出版社 2010 年版,第 34 页。

然而,我国在引入减记债制度时将其适用对象扩展到所有的金融机构,不仅大型金融机构,而且中小金融机构也可以发行减记债。以银行业为例,笔者于 2017 年 3 月 21 日在北大法宝法律数据库以“减记”作为关键词,选定“中央法规司法解释”匹配“模糊”“全文”等进行搜索,搜索结果显示“部门规章”有 79 篇,其中涉及银行业监管部门有关减记债发行的批复统计如下表所示。

我国银行业监管部门批准发行减记债情况统计表

(依据北大法宝法律数据库搜索结果整理)

序号	发行主体	最高发行金额(亿元)	批复时间	银行规模
1	光大银行	400	2017.1.19	全国性股份制银行
2		162	2013.8.27	
3	国家开发银行	300	2016.11.2	全球最大开放性金融机构
4		120	2014.4.4	
5	平安银行	100	2014.7.18	全国性股份制银行,其控股股东中国平安保险(集团)股份有限公司为首批系统重要性保险机构,也是 G-SIFIs
6	广发银行	100	2014.7.9	全国性股份制银行
7	交通银行	280	2014.7.4	全国性股份制银行
8	中信银行	370	2014.6.11	全国性股份制银行
9	华夏银行	100	2014.5.23	全国性股份制银行
10	兴业银行	200	2014.5.22	全国性股份制银行
11	邮政储蓄银行	350	2013.12.10	全国性股份制银行
12	民生银行	200	2013.11.6	全国性股份制银行
13	招商银行	113	2013.10.29	全国性股份制银行
14	恒丰银行	80	2014.9.30	全国性股份制银行
15	成都农村商业银行	60	2014.10.21	最大的农村商业银行之一,注册资本 100 亿元
16	阜新银行	15	2014.7.18	城市商业银行
17	河北银行	20	2014.7.9	城市商业银行

续表

序号	发行主体	最高发行金额(亿元)	批复时间	银行规模
18	浙江民泰商业银行	5	2014.6.29	城市商业银行
19	浙江稠州商业银行	15	2014.6.17	城市商业银行
20	广州农村商业银行	41	2014.4.17	区域性农村商业银行 2015年中国企业500强
21	无锡农村商业银行	15	2014.3.9	区域性农村商业银行
22	山西尧都农村商业银行	7	2014.3.13	区域性农村商业银行
23	安徽马鞍山农村商业银行	5	2014.1.26	区域性农村商业银行
24	宁波鄞州农村合作银行	13.5	2013.11.22	区域性农村商业银行
25	盛京银行	22	2013.11.12	城市商业银行
26	杭州银行	40	2013.11.12	城市商业银行
27	天津农村商业银行	36	2013.11.12	区域性农村商业银行
28	厦门国际银行	30	2013.10.8	作为G-SIFIs的中国工商银行股份有限公司是其第二大股东
29	厦门农村商业银行	6	2013.9.27	区域性农村商业银行
30	江苏江南农村商业银行	10	2013.9.26	区域性农村商业银行
31	浙江泰隆商业银行	7	2013.8.23	城市商业银行
32	辽阳银行	5	2013.8.23	城市商业银行
33	锦州银行	15	2013.7.30	城市商业银行

中国银监会批复的主要内容是:所发行债券按照规定计入二级资本;在募集说明书中载明本期二级资本债券的减记条款,且不包含赎回激励条款;并承诺本期二级资本债券在存续期间遵循监管部门相关监管政策调整的各项要求。

在以上发行减记债的银行中,前 14 家都属于全国性股份制银行,其经营规模大,对于我国金融稳定具有重要影响。这些银行发行减记债的规模均比较大,除了恒丰银行之外,均在 100 亿元人民币之上,其中光大银行与国家开发银行还两次发行减记债,光大银行两次共发行 562 亿元,国家开发银行两次共发行 420 亿元。其他发行减记债的银行均是区域性的股份制银行,它们发行减记债的规模比较小,最低的只有 5 亿元,最高的为 60 亿元。这些区域性银行对于其所在区域的金融稳定具有重大的影响。如果说监管部门批准全国性大型银行发行减记债是为了守住全国金融市场不发生系统性风险的底线,那么允许区域性商业银行发行减记债,则是要守住不发生区域性金融风险的底线。这说明减记债在我国所处的金融环境与其在欧美国家产生时的社会背景存在较大的不同之处,我国金融监管部门更为重视防范和化解金融风险,不仅着力于系统性金融风险,对于区域性金融风险也相当重视。这是保障我国金融安全和维护金融稳定的现实选择。

与限制 SIFIs 股东权的制度现状一样,我国现行减记债制度由金融监管部门制定的部门规章、规范性文件及证券交易所制定的自律性规范构成。然而,尽管减记债制度有利于提高发行人吸收损失的能力,有利于维护金融稳定,但是以牺牲债权人利益为代价。契约性减记债是发行人与债权人之间的协议,通过事先约定的减记条款,债权人在触发事件成就时承担债权减损的合同责任。不过,需要注意的是,减记条款事实上是一种格式条款,减记债协议是附合合同,发行人可能利用格式条款限制债权人权益或者免除自己的责任。当 SIFIs 作为减记债发行人,此种情况发生的可能性更大。因此,为了有效平衡减记债发行人与债权人之间的利益,应当着力完善减记债发行中的投资者适当性制度。鉴于我国减记债的发行人主要是银行,应当在修改《商业银行法》与《证券法》时,将现行部门规章中的减记债发行核准、信息披露及投资者适当性等方面的规定纳入其中。

最后,我国现行减记债制度以契约性减记债为主,对于强制性减记债,只是在《商业银行银行资本充足率管理办法(试行)》第 157 条规定,当商业银行属于第四类银行时,中国银监会可以强制要求商业银行对二级资本工具进行减记或转为普通股。从法理上分析,作为一项旨在维护金融稳定的金融监管措施,强制性减记债本质上是金融公权对金融私权的限制乃至剥夺,其正当性是维护金融稳定这一社会公共利益。而且,依据《立法法》第 8 条的规定,对非国有财产的征收、征用,只能制定法律;《物权法》第 42 条规定,为了公共利益的需要,依照法律规定的权限和程序可以征收集体所有的土地和单位、个人的房屋及其他不动产。这些规定都是为了防止国家公权力对私人财产权的侵害。尽管强制性减记债限制或剥夺的对象是债权而非所有权,但是如日本著名民法学者我妻荣所言,债权在近代法律中具有优越地位,因为债权具有自身完全的财产价值乃至经济价值,债权贯穿于整个社会财产权中,财产债权化了。① 债权的优越性与财产的债权化直至今日不见改变,反而随着资产证券化等金融创新工具的广泛运用呈现日渐扩大趋势。因此,对于债权的保护应当秉承法律保护财产所有权的相同理念,要像法律严格限制征收、征用的条件与程序一样,从法律层面严格规定强制性减记债实施的条件和程序。就此而言,我国以《商业银行资本充足率管理办法(试行)》这一部门规章规定强制性减记债,显然有悖于法理。依据该条规定,当商业银行的资本充足率、一级资本充足率和核心一级资本充足率任意一项未达到最低资本要求时,银监会均可以采取强制性减记债的金融监管措施,可见其实施条件过于宽泛;而且,“二级资本工具”的范围过大;没有程序性规定,例如,没有规定采取该措施应当经过何种级别的监管机构负责人批准;缺乏救济性规定,被强制减记债权或转为股权的债权人持有异议的,可以采取哪些救济手段?其损失如何赔偿?诸如此类问题均未见有规定。总之,强制性减记债应当是在《商业银行法》修改时,对强制性减记债的上述问题作出回应,力争有相应的具体制度落地。

本章小结

首先,本章探讨了 SIFIs 公司治理与本次金融危机之间的内在关联,以银行公司治理为例,分析了金融机构公司治理的特殊性,以“太大而不能倒”为

---

① 参见[日]我妻荣:《债权在近代法中的优越地位》,王书江、张雷译,谢怀栻校,中国大百科全书出版社 1999 年版,第 20 页以下。

中心分析了 SIFIs 公司治理的特殊性——“太大而不能倒”加剧了 SIFIs 管理层的道德风险；诱发 SIFIs 股东及其债权人的道德风险；论证了 SIFIs 公司治理失衡是危机产生的重要原因之一。其次，本章从 SIFIs 管理层之道德风险的制度矫正、SIFIs 股东之道德风险的制度矫正、SIFIs 债权人之道德风险的制度矫正三个方面，考察了欧美国家在危机之后的制度变革。其中，欧美国家在 SIFIs 管理层之道德风险的制度矫正方面，以管理层薪酬控制为重点；在股东道德风险的制度矫正方面，以限制股东权为重点；在债权人道德风险的制度矫正方面，以创新性资本工具如减记债或应急资本为重点。这些制度变革呈现出公司治理与金融监管互动融合的趋势，因为这些道德风险是公司治理与监管制度对 SIFIs 产生的负面激励。例如，股东有限责任、存款保险、对问题银行的救助以及规避金融监管的金融创新是系统重要性银行股东道德风险的重要诱因。该趋势是公私法合作规制理念的体现，旨在实现金融效率与金融安全之平衡。最后，本章分析了我国规制 SIFIs 管理层、股东及其债权人之道德风险的制度现状，反思了现行制度存在的主要不足之处，立足我国实际情况，借鉴欧美国家的立法，提出了完善的制度建议。如在 SIFIs 管理层道德风险的规制方面，应当以共享发展理念为指导，制定体现 SIFIs 管理层之道德风险特殊性的体系化的 SIFIs 管理层薪酬制度；提升立法层次，增强我国 SIFIs 管理层薪酬制度的权威性与稳定性。在 SIFIs 股东道德风险的规制方面，以银行业为例，导致银行股东道德风险的上述因素在我国不同程度地存在，我国金融市场约束机制不完善，金融机构公司治理缺乏有效的私法制度支持，也缺乏体现银行公司治理特殊性要求的制度安排；银行资本监管制度与限制银行股东权的规定均有待完善。因此，我国应当以公司治理与金融监管互动为中心，完善对股东道德风险的法律规制。在 SIFIs 债权人道德风险的规制方面，鉴于我国减记债的发行人主要是银行，应当在修改《商业银行法》与《证券法》时，将现行部门规章中的减记债发行核准、信息披露及投资者适当性等方面的规定纳入其中。

第五章 全球金融治理视角下的 G-SIFIs 规制

第一节 金融全球化趋势下 G-SIFIs 的兴起及其风险特征

一、金融全球化与 G-SIFIs 的兴起

(一)全球化的迷思与悖论

何谓全球化？这是一个谜思。斯蒂格利茨指出，“全球化所涵盖的内容十分广泛，包括：理念和知识的国际间流动、文化的全球共享、全球化公民社会以及全球环境运动等等”。[①] 不过，人们在谈论全球化时，大多是指经济全球化，“即通过提高商品、劳务、资本甚至劳动力的流动，使全世界国与国之间的经济结合得更加紧密”。[②] 丹尼·莱普泽格也认为，“全球化作为一种经济现象一直是经济一体化和几十年来全球经济增长的主

① [美]约瑟夫·E. 斯蒂格利茨：《让全球化造福全球》，雷达、朱丹、李有根译，中国人民大学出版社 2013 年版，第 2 页。

② [美]约瑟夫·E. 斯蒂格利茨：《让全球化造福全球》，雷达、朱丹、李有根译，中国人民大学出版社 2013 年版，第 2 页。

要驱动力的主导力量"。① 经济全球化的历史进程,德国学者汉斯·海因果希·诺尔特认为可以追溯到13世纪。② 丹尼·罗德里克在对全球化的考察则从17世纪重商主义时代的特许贸易开始。不过,在罗德里克看来,重商主义时代的全球化不是真正的全球化,真正的全球化始于19世纪,也就是1914年之前的100年的全球化。引发这一波全球化的原因主要有三个方面:一是19世纪初的汽船、铁路及电报等新科技大大降低了国际运输和通讯的成本,从而极大降低了国际贸易成本;二是斯密与李嘉图等自由市场经济学思想促使主要国家的政府放松贸易限制,降低关税;三是金本位制的确立及运行促进资本在各国间自由流动,且为国际贸易创造了一个较为稳定的国际环境。③ 然而,著名社会学家卡斯特认为:"只有到了20世纪末,以信息与通讯科技提供的新基础设施为根基,以及在政府和国际机构所执行的解除管制与专业化政策的协助下,世界经济才真正变为全球性。"其言下之意,真正的经济全球化应当从20世纪末算起。

我国学者认为,生产活动全球化、资源配置全球化、市场经济体制全球化及风险全球化等是经济全球化的主要表现;经济全球化的主要成因是科学技术的迅猛发展、国际贸易自由化、跨国公司的参与和推动、"苏东"巨变。④ 显然,我国学者所言的经济全球化是指20世纪末的全球化。

我国法律学者在探讨"法律全球化"这一问题时对全球化的理解不尽一致。例如,邓正来先生就从"问题化进路"认识全球化,在其看来,"全球化并不只是也绝不可能只是单一的经济全球化进程或一种纯粹的孤立的经济活动,而毋宁是一个范围极其广泛且在多维度上展开的社会变迁进程,亦即一个高度分化的体现在经济、政治、法律、文化、社会、军事等诸多领域中

---

① [美]迈克尔·斯彭斯、丹尼·莱普泽格:《全球化与增长:后危机时代的含义》,刘学梅译,中国人民大学出版社2016年版,第1页。

② 参见王列、杨雪冬编译:《全球化与世界》,中央编译出版社1998年版,第154页。

③ 参见[美]丹尼·罗德里克:《全球化的悖论》,廖丽华译,中国人民大学出版社2011年版,第21~22页。

④ "苏东"巨变指1990年苏联的解体以及随后的东欧社会主义国家的演变。参见王全兴:《经济法基础理论专题研究》,中国检察出版社2002年版,第301~304页。

的社会变迁进程”。[①] 这种“问题化进路”的全球化涵义之探索，正是源于全球化进程中令世人深感困惑的以下诸多问题：全球化的动力或原因是什么？谁在主导或推动全球化？所有国家尤其是发展中国家是否有必要参与全球化？全球化与主权国家之间关系如何？全球化能否真正造福全球？以汤普森、赫斯特为代表的怀疑论者就认为全球化是一个神话，它掩盖不了国家政府依然强大的现实。[②] 基于市场与政府之间的互补性，罗德里克认为，“全球化问题的根本在于：没有政府不行，有了政府也不行”。“全球市场面临着双重问题，它不像本国市场那样，有国内上层建筑的支持，只能在各国社会制度的夹缝中生存。就算各国对跨国贸易和国际金融没有直接限制，这种双重魔咒也使得全球化非常脆弱，交易成本高昂。追求完善的全球化一定会徒劳无功。”[③]

全球化能否造福全球？支持者以为，每个人都能从全球化中获得经济利益。在托马斯·L. 弗里德曼看来，“全球化和科技发展已经将世界改变成扁平状了，它创造出了一个公平的竞技场，发达国家和发展中国家可以在这个竞技场中以平等的方式一争长短”。[④] 全球化的鼓吹者与反对者一直相伴而行，全球化社会层面世界委员会在2004年发布的一份报告中指出：“目前的全球化过程正在国与国之间以及国家内部制造出不平衡，虽然财富在增加，但是有太多的国家和人民没有享受到这些财富所带来的福利……他们中的许多人生活在一种非正规经济的状态中，没有根基，没有正式的权利，还有很多人生活在贫困国家，这些国家在全球经济的边缘濒于挣扎；即使是那些经济上获得成功的国家，一些工人和组织也受到了全球化的不利影响。”[⑤]实际上，反对全球化的人不会也不可能拒绝进入全球市场的

---

① 邓正来：《认识全球化的“问题化”进路——对中国法学“全球化”论辩中理论问题的追究与开放》，载《河北法学》2008年第2期。

② 参见薛晓源、周战超：《全球化与风险社会》(序：薛晓源：“全球化时代，我们何为”)，社会科学文献出版社2005年版，第2页。

③ [美]丹尼·罗德里克：《全球化的悖论》，廖丽华译，中国人民大学出版社2011年版，第17页。

④ [美]约瑟夫·E. 斯蒂格利茨：《让全球化造福全球》，雷达、朱丹、李有根译，中国人民大学出版社2013年版，第49页。

⑤ [美]约瑟夫·E. 斯蒂格利茨：《让全球化造福全球》，雷达、朱丹、李有根译，中国人民大学出版社2013年版，第5页。

机会。全球化成了一个悖论。

(二)金融全球化趋势下 SIFIs 的兴起

金融领域是经济全球化的“核心”与“前沿阵地”,在经济全球化进程中,金融全球化无疑是其核心所在。在全球范围开展的商品交换与服务贸易,必然伴随着资金的跨国融通。金融机构为各国制造业或服务业在全球范围内筹集资金,提供诸如信用证、国际汇兑、保险、国际保理等各种形式的金融服务。贸易的全球化,需要金融的全球化。正是在这种意义上,“全球制造业和服务业生产的格局,塑造了全球的贸易格局和投资格局,在本源的意义上,它也塑造了全球的金融格局”。① “‘金融全球化’是指各国货币体系与金融市场之间日益紧密的联系。这种联系是金融自由化与非规章化的结果。”②金融全球化总是与金融自由化密切关联。20 世纪 70 年代以来,许多发展中国家实行了以改变原来金融抑制制度为目标的金融深化改革,发达国家在金融领域也放松管制。这些改革使资金赖以跨国流动的国际金融环境发生了变化,使金融全球化获得了新的发展环境——金融自由化,在全球金融自由化的新环境下,跨国金融活动与国内金融市场活动已经无法割裂,二者之间界限日趋模糊,要遵守相同的“游戏规则”,采用相同的金融工具,在全球范围内作出投融资决策。③

既有的研究表明,跨国公司是参与和推动经济全球化的重要力量,跨国公司通过在全球范围内配置资源,在全球市场进行专业化分工的生产与销售活动,也是经济全球化收益的主要获得者之一。在这些跨国公司中,就有不少是金融领域的大型金融机构,用 2008 年全球金融危机之后的话语表述,就是 G-SIFIs。它们拥有超级规模的金融资产,在世界主要的金融中心设立了分支机构,拥有由行业精英组成的专业化人才资源。因此,它们较之于非金融企业,具有更强的市场渗透力,既是促进经济全球化的最重要力

---

① 李扬、黄金老:《金融全球化研究》,上海远东出版社 1999 年版,第 1 页。

② 李其庆:《金融全球化的特点、起源和发展》,载《国外理论动态》1999 年第 8 期。李其庆依据法国学者弗朗索瓦·沙奈主编的《金融全球化》编写。

③ 参见李扬、黄金老:《金融全球化研究》,上海远东出版社 1999 年版,第 135 ~ 136 页。

量，又是金融全球化的最重要内容。① 自20世纪90年代以来，金融业领域掀起了一股并购浪潮，“仅1995年至1998年三年间就发生了1500多起金融并购案，而且并购规模不断扩大，并购速度也不断加快”。② 例如，1996年东京银行与三菱银行合并为“东京三菱银行”，合并后的银行资产高达72万亿日元（约合8080亿美元）；③1996年美国的大通曼哈顿银行与化学银行合并，合并后存续的大通银行成为当时美国的第一大银行，2000年大通银行又与JP摩根银行合并，合并后成立的摩根大通银行是当时美国的第三大银行；1998年4月美国花旗银行与旅行者集团合并，合并后成立的花旗集团是当时全球最大的金融服务企业，其经营理念是以“金融超市”形式提供“一站式零售金融服务”。1997年的亚洲金融危机与2008年全球金融危机，尽管使全球化尤其是金融全球化再次遭到了世人的质疑，但是从长期趋势来看，金融全球化的进程不会因此停止。2016年9月5日通过的《二十国集团领导人杭州峰会公报》在序言中重申扩大开放：“将继续努力建设开放型世界经济，反对保护主义，促进全球贸易和投资，加强多边贸易体制，确保全球化背景下的经济增长提供惠及更多人的机遇、得到公众普遍支持。”④

二、G-SIFIs风险特征的经济学与社会学分析

（一）G-SIFIs具有全球系统性风险

在经济学与金融学上，系统性风险是备受关注的热点问题。然而，理论界对于“系统性风险”的概念可谓莫衷一是。有人基于金融风险的传染性认为现代金融风险都是系统性风险，并将系统性风险界定为“一个触发事件比如经济的冲击或金融企业倒闭所造成的一连串糟糕的经济后果，有时

---

① 以跨国银行为例，依据《巴塞尔协议》，跨国银行的一级资本在10亿美元以上。跨国银行的产生与发展经历了以下4个阶段：国内银行；国际银行；国际全功能银行；全球全功能银行。参见李扬、黄金老：《金融全球化研究》，上海远东出版社1999年版，第53～58页。

② 翟捷、王春峰、罗见春：《全球金融业并购的影响分析》，载《国际金融研究》2001年第8期。

③ 参见牧野：《日本三菱东京银行合并始末》，载《日本问题研究》1996年第3期。

④ 《二十国集团领导人杭州峰会公报》，载新华网：http://news.xinhuanet.com/world/2016－09/06/c_1119515149.htm，最后访问日期：2017年10月15日。

称作多米诺骨牌效应”。[①] 诺贝尔经济学奖获得者威廉·夏普将资产组合中的总风险分为系统性风险与非系统性风险,“资产组合中风险无法消除的组成部分被称为‘系统性风险’,而与资产组合收益无关的部分被称为‘非系统性风险’,即非系统性风险是可以通过资产组合被消散的风险部分”。[②] 国际清算银行在 2009 年发布的研究报告认为,“系统性风险是指金融系统部分或整体受到损害,导致大范围的金融服务中断,并给实体经济造成严重损害的风险”。[③] 有人认为,系统性风险不同于系统风险,但是二者之间又相互重叠,难以分辨,系统性风险包括系统内生的风险以及系统外生的风险。[④] 我国学者主编的《经济金融词典》对“系统风险”(systemic risk)解释如下:“亦称‘市场风险’,或称‘不可分散风险’、‘系统性风险’。由于不可控制因素的影响和变化,导致股票市场中所有股票价格的下跌,从而给股票持有人带来损失的可能性。”[⑤]该解释将“系统性风险”等同于“系统风险”,强调无法通过分散投资消除系统性风险。

笔者以为,一方面,将所有金融风险都认为是系统性风险的观点,实际上是将金融风险的传染性等同于系统性,在很大程度上夸大了金融风险的传染性对于整个金融体系的影响,忽视了一些金融风险并不会对整个金融体系之稳定产生实质性影响;另一方面,系统性风险与系统风险难以分辨的事实确实给系统性风险的度量带来了很大的困难。然而,在 2008 年全球金融危机之后,以系统性风险为主要监管对象的宏观审慎金融监管成为金融监管改革的重点所在,G-SIFIs 概念的提出体现了金融稳定理事会对全球系统性风险的高度重视,之所以将 G-SIFIs 作为全球系统性风险的监管重点,是吸取了美国雷曼兄弟破产引发全球金融海啸的教训。这也反证了相比于

---

① Steven L. Schwarcz, “Systemic Risk”, *Georgetown Law Journal*, 2008(97): 199. 转引自陈醇:《金融系统性风险的合同之源》,载《法律科学》(西北政法大学学报)2015 年第 6 期。

② 张立华、张顺顺:《系统性风险与系统风险》,载《中国金融》2017 年第 8 期。

③ BIS, FSB, IMF. Guidance to Assess the Systemic Important of Financial Institutions, Markets and Instruments: Initial Considerations, BIS Meeting, 2009. 转引自陈尾虹、唐振鹏:《金融机构系统性风险研究述评——基于机制、测度与监管视角》,载《当代财经》2016 年第 5 期。

④ Zigrand J. P., “Systems and Systemic Risk in Finance and Economics”, *London School of Economics and Political Science*, *LSE Library*, 2014. 转引自陈尾虹、唐振鹏:《金融机构系统性风险研究述评——基于机制、测度与监管视角》,载《当代财经》2016 年第 5 期。

⑤ 杨明基主编:《经济金融词典》,中国金融出版社 2015 年版,第 895 页。

一般的金融机构,G-SIFIs最显著的特征是其金融风险具有系统性,而且是一种全球系统性。这也说明,系统性风险可以从微观和宏观两个层面进行度量,微观层面的系统性风险就是指单个金融机构的系统性风险,也就是单个金融机构的系统性风险贡献;宏观层面的系统性风险度量的是金融系统的总体风险水平。① 将G-SIFIs作为宏观审慎监管的重点,就是因为单个G-SIFIs对于一国国内金融体系,乃至全球金融体系的系统性风险贡献甚大。

(二)G-SIFIs的风险具有国际负外部性

"只要一个人和一个企业的行为影响了另一个人或另一个企业,而后者没有为此付费或收费,外部性就会出现。"②外部性有正外部性与负外部性之分。"交换的收益可能不仅仅被参与交换的双方所获得,有可能还会溢出给其他经济主体。更重要的是,交换的成本也可能溢出到其他经济主体。"③收益的溢出产生正外部性,成本的溢出产生负外部性。"存在负外部性的产品会过度生产,存在正外部性的产品会供给不足。"④因为负外部性产品的经营者所承担的私人成本少于其所造成的社会成本,正外部性产品的经营者获得的收益少于其所产生的社会收益。以银行为例,"巨大的负外部性与银行风险管理有关。一个银行由于减少风险而获得的部分利益将被其他银行共享(因为一个大型机构的失败将波及其他机构),并且这也意味着如果由银行自己来做决定,它们会选择高于社会最优水平的风险"。⑤就G-SIFIs而言,其在全球范围提供金融产品与服务,金融产品与服务总是与金融风险相随。G-SIFIs的系统性风险一旦爆发,往往会引发全球金融市场动荡,损害全球经济稳定与发展。按照市场交换原则,G-SIFIs应当承担其所提供的金融产品与服务的金融风险所致的全部损失。但是,由于

---

① Allen L.,Bali T. G. and Tang,Y.,"Does Systemic Risk in the Financial Sector Predict Future Economic Downturns?",*Review of Fi-nancial Studies*, Vol.25, No.10, 2012.

② [美]约瑟夫·E.斯蒂格利茨:《公共部门经济学》(上),郭庆旺、杨志勇等译,中国人民大学出版社2012年版,第182页。

③ [美]罗伯特·D.考特、托马斯·S.尤伦:《法和经济学》,施少华、姜建强等译,上海财经大学出版社2002年版,第35页。

④ [美]约瑟夫·E.斯蒂格利茨:《公共部门经济学》(上),郭庆旺、杨志勇等译,中国人民大学出版社2012年版,第182页。

⑤ [美]迈克尔·斯彭斯、丹尼·莱普泽格:《全球化与增长:后危机时代的含义》,刘学梅译,中国人民大学出版社2016年版,第48页。

G-SIFIs之金融风险的系统性与负外部性,G-SIFIs 事实上无法承担其对全球金融稳定所造成的损失。为了维护全球金融稳定,国际金融组织和各国金融监管部门不得不对陷入了困境的 G-SIFIs 进行救助,救助使本应由G-SIFIs承担的私人成本外部化给整个社会承担了。“金融全球化也是金融风险的全球化,作为推动参与金融全球化之主力军的 SIFIs,在促进各国金融服务业发展的同时,也将一国境内的金融风险传递到其他国家,使风险输入地国家非自愿地承受了风险来源地国家的金融风险。”①这也是G-SIFIs系统性风险的国际负外部性表现之一。

(三)G-SIFIs 的风险具有自反性

从风险社会理论视角观之,G-SIFIs 的风险是一种后工业社会的风险,具有自反性。G-SIFIs 所处的社会既不是前工业社会,也不是传统的工业社会,而是后工业社会,德国著名社会学家贝克称为“风险社会”或“世界风险社会”。风险社会颠覆了工业社会的财富生产统治着风险生产的逻辑,人类面临的主要风险是人类社会自己制造的风险。此即风险的自反性。“‘世界风险社会’这一概念把注意力引向对风险——我们为自己制造的风险——的有限控制力上。主要的问题是,在人为不确定的状况下如何做出决定。这种人为的不确定状况不只是知识基础不完全的结果,而且更多更好的知识往往意味着更多的不确定性。”②G-SIFIs 风险的自反性,是指G-SIFIs的风险是人类社会自己制造的风险,或者说主要是由 G-SIFIs 的经营行为及金融监管部门的监管行为所导致的风险。例如,G-SIFIs 在资产证券化、金融衍生品工具等方面的过度金融创新行为虽然在一定程度上可以分散或缓解金融风险,但是也带来新的金融风险。美国联邦储备委员会在2008 年全球金融危机前对对冲基金等金融衍生品工具持放任态度,这些金融衍生工具累积的风险是引发和加剧这次危机的重要原因。这些风险本质上是一种人为的不确定性,从事这些高风险行为的金融专业人士拥有良好的金融专业知识。但是,正如贝克所言,更多更好的知识反而会导致更多的

---

① 阳建勋:《大而不倒、利益冲突与权义平衡——系统重要性金融机构监管制度的法理构造》,载《现代法学》2014 年第 3 期。

② [德]乌尔里希·贝克:《世界风险社会》,吴英姿、孙淑敏译,南京大学出版社 2004 年版,第 8 页。

不确定性,金融专业人士利用更多更好的金融专业知识创造出来的创新型金融产品,带给了金融市场更多的不确定性。风险的自反性体现了工业社会以来的现代性困境,是对现代性的反思。吉登斯说:“现代性是一种双重现象。同任何一种前现代体系相比较,现代社会制度的发展以及它们在全球范围内的扩张,为人类创造了数不胜数的享受安全和有成就的生活的机会。但是现代性也有其阴暗面,这在本世纪变得尤为明显。”①现代社会频繁发生的金融危机正是这种阴暗面的集中反映,且在21世纪有愈演愈烈之势。

(四)G-SIFIs风险分配的平等性与不平等性

G-SIFIs既是风险的制造者,也是风险的分配者。一方面,G-SIFIs在全球范围内从事的金融行为,尤其是高风险的金融投机行为,给全球金融市场制造了新的大量风险。从这种意义上看,它是风险的制造者。另一方面,在金融全球化趋势下,G-SIFIs能够通过向全球提供创新性金融产品将其所面临的金融风险在全球范围内分散和转移。从这一点看,它又是风险的分配者。“如在美国次贷危机引发的本次全球金融危机中,美国就是凭借其全球金融主导地位,通过资产证券化将其国内次级按揭贷款的信用风险转移到其他国家或地区,危机的爆发使得这些国家或地区替美国分担了不少损失。”②美国的G-SIFIs是其在全球分散和转移金融风险的主要通道,这恰恰是美国雷曼兄弟破产引发全球金融海啸的深层次原因。

如前文所述,G-SIFIs所处的社会是风险社会。因此,G-SIFIs的风险分配具有风险社会之风险分配的共同特征:既具有平等性又具有不平等性。所谓风险分配的不平等性,是指“作为命运的风险地位”,总是与社会阶层或阶级地位密切关联,甚至在很大范围内相互重叠。“风险分配的历史表明,像财富一样,风险是附着在阶级模式上的,只不过是以颠倒的方式:财富在上层聚集,而风险在下层聚集。”③在全球化的助力之下,在风险分配方面会产生新的国际不平等。例如,发达国家将大量的重污染产业向发展中

---

① [英]安东尼·吉登斯:《现代性的后果》,田禾译,译林出版社2000年版,第3页。

② 阳建勋:《大而不倒、利益冲突与权义平衡——系统重要性金融机构监管制度的法理构造》,载《现代法学》2014年第3期。

③ [德]乌尔里希·贝克:《风险社会》,何博闻译,译林出版社2004年版,第36页。

国家转移,发展中国家为了克服物质的贫困,不得不"忽视"这些风险并接受这些危险的产业。就 SIFIs 而言,其风险分配的不平等性主要表现在三个方面:一是 SIFIs 与非 SIFIs 之间风险分配的不平等,"非 SIFIs 的经营在很大程度上要受制于 SIFIs 所支配的整个金融市场环境,如某个系统重要性银行的流动性危机可能会引发对中小银行的挤兑效应。"①此时,非 SIFIs 成为 SIFIs 风险的被动承受者。此外,政府救助 SIFIs 相当于替其承担了相应的风险,非 SIFIs 陷入经营困境时政府更倾向于让其自担风险。显然,厚此薄彼式的政府救助造成了 SIFIs 与非 SIFIs 二者风险地位的不平等。二是 SIFIs 与金融消费者之间风险地位的不平等。"对消费者来说,风险的不可预见性几乎不可能使他们做出任何决定。它们是和其他东西一起吸入和吞下的附带产品。它们是正常消费的夹带物。"②金融消费者在接受 SIFIs 提供的金融产品或服务时,就不得不接受这些产品附带的风险。三是 SIFIs 所属的母国与其跨国经营所在地的东道国之间风险分配的不平等。由于大多数 G-SIFIs 属于发达国家,发展中国家的金融业普遍不发达,缺乏参与国际金融竞争的实力,在金融全球化进程中处于被动和弱势地位。因此,这种风险分配的不平等成为国际金融领域发达国家与发展中国家之间不平等的重要内容。斯蒂格利茨就曾指出,公平合理的全球金融体系应当使得资金从富裕国家流向贫穷国家,风险应当由贫穷国家流向富裕国家,但是现实恰好相反:"全球金融体系运作得并不理想,尤其是对发展中国家而言,资金从贫穷国家倒流到富裕国。美国这个世界上最富有的国家似乎不能量入为出,每天从比自己贫穷的国家借 20 亿美元。"③

风险分配的平等性,是指"风险在其范围内以及它所影响的那些人中间,表现为平等的影响",④风险扩散的"飞去来器效应"使得"那些生产风

---

① 阳建勋:《大而不倒、利益冲突与权义平衡——系统重要性金融机构监管制度的法理构造》,载《现代法学》2014 年第 3 期。

② [德]乌尔里希·贝克:《风险社会》,何博闻译,译林出版社 2004 年版,第 38 页。

③ [美]约瑟夫·E. 斯蒂格利茨:《让全球化造福全球》,雷达、朱丹、李有根译,中国人民大学出版社 2013 年版,第 221 页。

④ [德]乌尔里希·贝克:《风险社会》,何博闻译,译林出版社 2004 年版,第 38 页。

险或从中得益的人迟早会受到风险的报应”,①而且,“‘被影响’的‘阶级’并没有面对一个不受影响的‘阶级’。它至多面对一个还没有被影响到的人组成的‘阶级’。”②“覆巢之下,焉有完卵。”在世界风险社会,没有哪一个阶层能够免于受到风险的影响。“在信息革命的帮助下,全球市场风险能够允许近乎瞬间的基金流动来决定谁(如果有的话)将成功,谁将遭受损失……没有哪一个组成部分大到足以改变全部的流通;没有人能控制全球市场风险。”③贝克还以亚洲金融危机为例论述了全球金融风险的影响:“正如全球生态风险一样,全球金融风险不可能‘保持站在一边’,而是泛滥开来并把自己变成社会和政治风险,即对中产阶级、穷人或政治精英的风险。”就 G-SIFIs 而言,尽管其作为风险的制造者与分配者,可以利用其在全球金融市场中的优势地位分散或转移风险,但是在世界风险社会,其不可能完全控制全球金融市场风险,不可能在全球金融风险爆发时独善其身,“飞去来器效应”会使得 G-SIFIs 转移风险的目的落空。G-SIFIs 的金融风险一旦爆发引起全球金融危机,没有哪一个社会阶层能够幸免。2008 年全球金融危机的广度和深度已经非常有力地证明此点。

第二节　G-SIFIs 规制与全球金融治理体系变革

一、危机前的全球金融治理体系概述

(一)“治理”与“全球治理”的含义

全球金融治理是全球治理的重要内容之一,因此,在探讨全球金融治理体系之前,有必要简要阐述“治理”与“全球治理”这两个重要概念的含义。1995 年,联合国全球治理委员会的报告阐述了“治理”的含义:“治理是各

---

① ［德］乌尔里希·贝克:《风险社会》,何博闻译,译林出版社 2004 年版,第 39 页。飞来器是一种投出后又飞回原处的飞镖。“飞去来器效应”是指人的行为反而使其自身遭受损害的效应。

② ［德］乌尔里希·贝克:《风险社会》,何博闻译,译林出版社 2004 年版,第 43 页。

③ ［德］乌尔里希·贝克:《世界风险社会》,吴英姿、孙淑敏译,南京大学出版社 2004 年版,第 8 页。

种各样的个人、团体——公共的或个人的——处理其共同事务的总和。这是一个持续的过程,通过这一过程,各种互相冲突和不同的利益可望得到调和,并采取合作行动。这个过程包括授予公认的团体或权力机关强制执行的权力,以及达成人民或团体同意或者认为符合他们的利益的协议。"①联合国开发计划署将"治理"界定为"一套价值、政策和制度的系统,在这套系统中,一个社会通过国家、市民社会和私人部门之间,或者各个主体内部的互动来管理其经济、政治和社会事务"。西方全球治理理论的主要代表性学者是 R. 罗茨。R. 罗茨认为,治理是一种新的统治过程,因为实现有序统治的条件不同于以前,需要以新的方法来统治社会;詹姆斯·罗西瑙指出:"全球治理不是一种,而是多种。"②在詹姆斯·罗西瑙看来,治理是一系列活动领域中的管理机制,包括政府机制,也包括非政府机制,就此而言,治理的内涵比政府统治更加丰富。这两位学者指出了"治理"与"统治"之间的关联性。我国学者以为,"治理"与"统治"的共同目的都是为了维护正常的社会秩序,都需要权威或权力保障实现,但是又存在 4 个基本区别:其一,实施权威或权力的主体不同,统治的权威是政府,是一定社会的公共机构,治理需要权威,但是其主体可以是公共机构、私人机构抑或公私合作;其二,权力运行的向度不同,统治的权力运行是自上而下,治理的权力向度是多元的、互动的;其三,二者管理的范围不同,统治的范围不能超越主权的领土范围,治理则可以超越国家领土界限达到国际领域,这是有"全球治理"而无"全球统治"之说的重要原因;其四,权威的基础与性质不同,统治的权威以国家或政府的法律法规为依据,具有国家强制性,治理的权威源于社会成员的认同和共识,以自愿为主。③ 就其第三个区别而言,该学者似乎将治理等同于全球治理了。这也说明,"全球治理是治理在国际层面的拓展与运用,虽然两者仍有不少区别,但在基本精神和核心内涵上显然是相同

---

① [瑞典]英瓦尔·卡尔松、[圭亚那]什里达特·兰法尔:《天涯若比邻——全球治理委员会的报告》,赵仲强译,中国对外翻译出版公司 1995 年版,第 2 页。

② James N. Rosenau, "Introduction: Global Governance or Global Governances", in Jim Whitman (ed.), *Palgrave Advances in Global Governance*, NY: Palgrave Macmillan, 2009. 转引自杨雪冬、王浩:《全球治理》,中央编译出版社 2015 年版,第 3 页。

③ 俞可平:《全球治理引论》,载《马克思主义与现实》2002 年第 1 期。

或相通的”。[①] 这些基本精神和核心内容表现在：治理主体从政府转向非政府，政府对公共事务管理的垄断被打破；大量的国际非政府组织、跨国公司等参与公共事务管理；公共权力从国家转向社会；领土政治被突破，非领土政治凸显；对公共事务的管理方式从强制性、等级性管理向平等性、协商性、自愿性和网络化管理转变。[②]

以上论述已经比较全面地阐述了“治理”与“全球治理”的含义，对于理解和把握全球金融治理体系具有十分重要的意义。在此，笔者无意于对这两个概念进行新的界定或描述，只想再次强调一下“全球治理”这一概念的提出及其发展成为国际社会广为关注的焦点的现实背景——全球化。在全球化时代，全球社会出现许多新的社会问题，如全球环境问题、恐怖主义问题、全球金融危机问题，等等。德国著名社会学家贝克将其归为世界风险社会的风险问题。传统的国家或政府统治在应对和解决这些全球问题方面存在先天性缺陷——政治的全球化滞后于经济的全球化，不存在一个全球性的政府，而且依靠强制性管理的政府统治并不能有效应对和解决全球风险，以至于出现“有组织地不负责任”。“治理”在应对社会问题方面的平等性、协商性等优势因应了全球化时代世界风险社会的需求，有助于解决新的社会问题。全球治理遂成为国际社会为解决全球化所致的全球问题的路径选择。

（二）危机前全球金融治理体系的建立与演变

2008 年全球金融危机之前的全球金融治理体系，源于第二次世界大战以后建立的布雷顿森林体系。国际货币基金组织（International Monetary Fund，IMF）与世界银行两大国际金融机构在该体系中居于核心地位，在全球金融治理中发挥着主导性作用。“IMF 的任务是维护全球货币体系稳定，其具体职能包括：促进国际货币合作和解决国际货币问题，推动全球贸易的稳定增长，促进汇率稳定以及给暂时遇到困难的成员国提供资金帮助等。”[③]如在亚洲金融危机和欧洲主权债务危机爆发之后，IMF 就曾对危机

① 蔡拓：《全球治理的中国视角与实践》，载《中国社会科学》2004 年第 1 期。
② 参见蔡拓：《全球治理的中国视角与实践》，载《中国社会科学》2004 年第 1 期。
③ 肖钢主编：《聚焦新秩序：国际金融热点精述》，中信出版社 2013 年版，第 55 页。

发生国进行援助。世界银行由是 5 个机构组成的一个集团：国际复兴开发银行；国际开发协会；国际金融公司；多边投资担保机构和国际投资争端解决中心。世界银行的两个主要目标是：以可持续的方式消除极端贫困和促进共享繁荣。此外，巴塞尔银行监管委员会、国际证监会组织（International Organization of Securities Commissions, IOSCO）、国际保险监管联合会（International Association of Supervisors, IAIS）是国际社会为加强银行业、证券业及保险业等金融监管而建立的国际组织。例如，巴塞尔银行监管委员会所制定的关于商业银行资本监管的《巴塞尔协议》对于全球银行业具有重大影响。

世界贸易组织（World Trade Organization, WTO）是国际社会继 IMF、世界银行之后的又一个非常重要的国际组织。秉承贸易自由化理念的 WTO 通过将金融服务纳入《服务贸易总协定》，以促进 WTO 成员方开放金融服务业，事实上对全球金融治理产生了重要影响。WTO《服务贸易总协定》规定："金融服务指由一成员方金融服务提供者所提供的任何有关在资金融通方面的服务，金融服务提供者是一成员方希望提供或正在提供金融服务的任何自然人和法人，但成员方政府、中央银行、货币发行机构以及由政府所有、控制的主要执行政府的或为政府的意图而活动的其他机构则不包括在内。"[①]WTO《金融服务协议》由三个层次的协议或规定组成：WTO 主体协议文本；《服务贸易总协定》《金融服务承诺谅解协议》。成员方应当依据《金融服务承诺谅解协议》就金融服务开放的国民待遇与市场准入等作出特定承诺，提交具体承诺，即特定承诺表。《服务贸易总协定》的"金融服务附则"有两个附录：《金融服务附录》主要规定事项包括金融服务的范围和定义、国内金融法规及其认可、金融服务贸易的争端解决，要求金融服务贸易的争端应当依据 WTO 争端解决程序，组成专家组处理，"关于审慎措施和其他金融事项争端的专家组应具备与争议中的具体金融服务有关的必要的专门知识"。[②]《金融服务附录二》对各成员方的承诺时间规定："成员方

---

① 陈伟利、陈坚、凌婕：《WTO 金融服务协议：规范与承诺》，黄山书社 2000 年版，第 3～4 页。

② WTO 秘书处编：《WTO 争端解决程序》，索必成译，法律出版社 2003 年版，第 57 页。

可以在WTO协定生效4个月后的60日内(1995年5月1日~6月30日),在原有关金融服务具体承诺中追加与最惠国待遇不一致的金融服务措施,或变更、修改、撤销原来的具体承诺。"①

二、危机前的全球金融治理体系对G-SIFIs风险规制的主要不足

(一)未将G-SIFIs的系统性风险纳入全球金融治理体系

众所周知,IMF的援助对象是发生了危机的一国政府,世界银行的援助也是通过各国政府层面加以实施。巴塞尔银行监管委员会、国际证监会组织、国际保险监管联合会等是由各国银行、证券、保险等金融业监管机构参与组成的国际组织。在2008年全球金融危机之前,这些国际金融监管机构主要关注金融机构的微观审慎风险,没有将大型金融机构如G-SIFIs的系统性风险纳入监管范围。WTO尽管将金融服务纳入了规制范围,但是其宗旨或目标是要推进金融服务自由化,促进其成员方开放金融服务市场。对于金融服务业而言,WTO的争端解决机制解决的是各成员方之间在金融服务开放的国民待遇与市场准入等方面发生的金融服务纠纷。如在"美国诉中国银联垄断案"中,中美就"银行卡清算是否属于承诺开放领域"存在分歧。可见,秉承贸易自由化理念的WTO,对于全球金融市场的风险基本上是"视而不见"。当然,WTO成员方在金融服务开放方面的特定承诺表,客观上具有防止因金融服务市场过快开放给成员方带来金融风险的效果。

总体而言,危机前的全球金融治理体系是以主权国家的总体金融风险规制为中心,尚未认识到大型金融机构的风险对全球金融市场具有重大的系统性影响,因而未将G-SIFIs的系统性风险纳入全球金融治理体系。

(二)"大而不倒"与风险的负外部性加剧了全球金融治理体系的脆弱性

全球金融治理体系的脆弱性源于全球金融市场的双重性以及在国际层面民主政治制度的阙如。全球市场"不像本国市场那样,有国内上层建筑的支持,只能在各国社会制度的夹缝中生存。就算各国对跨国贸易和国际

① 陈伟利、陈坚、凌婕:《WTO金融服务协议:规范与承诺》,黄山书社2000年版,第74页。

金融没有直接限制,这双重魔咒也使得全球化非常脆弱”。① “市场不是自我创造出来的,它不能自我监管,不能自我稳定,也不能自我合法化。一个市场经济要顺利运作就要把政府与国际市场,把自由放任政策和政府干预结合起来。”②全球金融市场尤其如此,而且金融市场对于上层建筑提出了更高的要求。然而,如斯蒂格利茨所言,由于在国际层面尚未形成民主政治制度,民主赤字阻碍了对全球化的管理,全球化的无度性未能得到有效控制。③ 尽管有国际法与作为国际软法的国际金融监管标准在全球金融治理中发挥作用,但是一切国际间协议或相互义务都可能被个别国家随意解除,国际社会并不存在超越于国家主权之上的“主权者”,④国际法的责任制度的“硬”性因素与国内法相距甚远。因此,全球层面民主政治制度的阙如意味着,全球金融市场更大程度上有赖于缺乏“硬性”法律制度保障的全球金融市场机制的自我调节。从这个意义上看,以国际条约、国际惯例为主要保障的全球金融治理体系具有脆弱性。

市场约束机制是经济全球化时代全球金融体系有效运行的前提,是维护全球金融稳定的基础。然而,有时候“市场确实不能发挥其产生经济效率的作用”,⑤此即市场失灵。市场失灵的原因甚多,市场势力、不完全信息、外部性及公共物品等均可能造成市场失灵。“大而不倒”与风险的国际负外部性使得全球金融市场机制难以约束 G-SIFIs,导致全球金融市场失灵。就金融市场而言,金融危机是市场失灵的最突出表现。全球金融市场失灵是市场机制在金融资源配置中的负面性在全球范围内的自然延伸,全球金融危机是全球金融市场失灵的最集中表现。以 2008 年全球金融危机为例,美国雷曼兄弟的破产被认为引发了全球金融海啸。但是,为了防止再

---

① [美]丹尼·罗德里克:《全球化的悖论》,廖丽华译,中国人民大学出版社 2011 年版,第 17 页。

② [美]丹尼·罗德里克:《全球化的悖论》,廖丽华译,中国人民大学出版社 2011 年版,第 17 页。

③ 参见[美]约瑟夫·E. 斯蒂格利茨:《让全球化造福全球》,雷达、朱丹、李有根译,中国人民大学出版社 2013 年版,第 248 ~249 页。

④ 参见王铁崖:《国际法》,法律出版社 1995 年版,第 6 页。

⑤ [美]斯蒂格利茨:《经济学》(上册),梁小民、黄险峰译,中国人民大学出版社 2000 年版,第 137 页。

次发生类似雷曼兄弟的大型金机构破产，维护金融稳定，美国、欧盟及日本等国家的中央银行及金融监管机构在危机处置时不得不对具有“大而不倒”地位的大型金融机构进行救助，如美国联邦储备委员会和欧洲中央银行曾宣布向市场注入“无限量”流动性，美国对华尔街实施了大规模救助。一方面，救助必然会弱化全球金融市场机制对 G-SIFIs 的约束作用，损害全球金融治理体系有效运行的前提和基础，加剧全球金融治理体系的脆弱性；另一方面，各国在救助 G-SIFIs 时为了本国利益的最大化会不惜突破国际法约束，这反过来会动摇全球金融治理体系的制度基础，自然会加剧全球金融治理体系的脆弱性。

（三）G-SIFIs 风险的自反性、不平等性与全球金融治理体系的解构

“当今世界的国际格局在很大程度上是建立在第二次世界大战的经验基础上的。今天大多数机构的格局和重心是为了面对 19 世纪和 20 世纪早期的挑战。”①危机前的全球金融治理体系同样如此，它始于第二次世界大战之后建立的布雷顿森林体系，布雷顿森林体系的格局和重心是确立当时作为战胜国的美国在全球金融体系中的霸权地位。布雷顿森林体系崩溃后，国际金融治理体系进一步分散化、碎片化，七国集团（G7）以及后来的八国集团（G8）、二十国集团（G20）等相继成立。它们扮演着协调国际金融政策和制定国际金融规则的角色，承担着维护全球金融稳定的职能。标志布雷顿森林体系崩溃的《牙买加协议》彻底否定了布雷顿森林体系的一大支柱——固定汇率制度，使浮动汇率合法化，并扩大 IMF 对发展中国家的资金融通，布雷顿森林体系的另一大支柱——资本管制，被 1995 年 1 月 1 日成立的 WTO 秉承的贸易自由化理念摧毁。WTO 被称为“经济联合国”，是发达国家与广大发展中国家经过长久谈判妥协的结果。发达国家金融服务业的发达程度远胜于发展中国家，与其说 WTO 将金融服务贸易纳入进来，是为了促进统一、开放的全球金融市场体系的形成，不如说是金融服务业高度发达的发达国家借 WTO 推行金融服务贸易自由化之名突破发展中国家的金融管制，以进入发展中国家的金融服务市场。不过，经过了 70 余年演

① 潘家华：《人类风险与全球治理》，载［瑞典］拉斯洛·松鲍法维：《人类风险与全球治理：我们时代面临的最大挑战可能的解决方案》（中文版序），中央统计出版社 2012 年版。

变的全球金融治理体系,尽管支撑布雷顿森林体系的两大支柱已经土崩瓦解,但是布雷顿森林遗产仍然深深地掣肘着全球金融治理体系。“美元仍是主要的国际储备货币,发达国家仍在国际金融机构治理结构中处于支配地位,经济格局与金融权力之间形成明显的错配,造成国际金融体系的不稳定和不平等。原本以解决收支问题和确保金融稳定为目的的国际金融体系,却在历次危机中无能为力,甚至为持续性全球失衡深埋隐患。”①美元的世界储备货币地位、美国的世界金融霸权以及发达国家在全球金融治理体系中的主导地位等并没有根本改变。

然而,全球金融治理体系的上述变革本身就蕴藏着极大的金融风险。例如,在浮动汇率合法化之后,汇率风险成为影响国际贸易和国际投融资的重要因素。在全球市场范围内经营的 G-SIFIs 必须要面对变幻莫测的汇率风险,并要进行相应的金融创新转移、分散汇率风险。外汇远期合约、外汇期货、货币期权及货币互换等外汇金融衍生产品就是 G-SIFIs 应对汇率风险的金融创新。这些金融创新产品不仅使 G-SIFIs 可以转移、分散金融风险,而且成为 G-SIFIs 追逐高额利润的新工具,进而诱发出新的金融风险。又如,在 WTO 的金融服务贸易自由化框架下,发达国家的 G-SIFIs 获得了进入发展中国家金融服务市场追求高额利润的众多机会。不过,如同硬币的两面性一样,金融服务贸易自由化的另一面是金融服务业欠发达的发展中国家的金融风险进入了全球金融市场体系,同时,发达国家的金融风险向发展中国家分散和转移。这无疑加剧了金融风险在发达国家与发展中国家之间的相互渗透、相互传染,总体上增加了全球金融市场体系的风险。由此可见,无论是以 IMF 为中心的国际货币体制变革,还是 WTO 力推的金融服务贸易自由化,都会带来新的自反性风险。G-SIFIs 作为金融全球化进程的重要参与者与推动者,其自反性风险更为突出。从风险社会视角看,G-SIFIs的自反性风险,构成了对全球金融治理体系的重大冲击,是风险社会解构全球金融治理体系的具体表现。日趋分散化、碎片化的全球金融治理体系,在自反性金融风险集中爆发演变成金融危机时,缺乏足够的应对能

① 高海红:《布雷顿森林体系遗产与国际金融体系重建》,载《世界经济与政治》2015 年第 3 期。

力。“IMF 没能好好履行其保证全球金融稳定的重要使命,20 世纪 90 年代末的全球金融危机中,每个遵循 IMF 建议的新兴市场国家都遭到重创,IMF 的失败表露无遗。当 IMF 制定应对危机的政策时,它更多是从救助西方国家的贷款人出发,而不是帮助那些危机中的国家及其人民。IMF 有足够的钱来拯救西方银行,却不肯掏钱给那些生活饥寒交迫的国家提供最低食品补贴。”①这些西方银行许多是 G-SIFIs,它们对于 IMF 的金融危机救助具有重要的影响。

不平衡的全球金融治理秩序既是全球金融风险分配不平衡的诱因,也无力针对 G-SIFIs 风险分配的不平等采取有效的应对措施。“很多国家选择让国际资本市场主宰其命运,一浪接一浪的金融危机对这些国家造成不可估量的损失。我们不得不承认金融全球化辜负了我们的期望:将国门向外资敞开的国家面临更大的风险,但是又得不到更高的经济增长回报。”②对于这些国家来说,在金融全球化进程中,他们承担的风险远远超过所获得的收益。从风险社会视角看,这实质上是一种风险分配的不平等。其中,G-SIFIs 风险分配的不平等性是重要体现。G-SIFIs 风险分配的平等性与不平等性,使 G-SIFIs 的母国与东道国之间、发达国家与发展中国家之间既高度相互依赖,又呈现出激烈的利益冲突。例如,“在 SIFIs 陷入破产困境时,母国与东道国在对其救助或者处理破产问题上会产生明显的利益冲突……各国在跨境破产问题上存在合作的必要,但是各国难以放弃依据本国法律管辖境内债权债务的优先权;在 SIFIs 濒临破产时,母国与东道国是否予以救助,则取决于各国基于自身利益最大化的衡量。”③又如,在 G-SIFIs 国际监管方面,存在发达国家与发展中国家、发达国家之间等各方对国际金融治理主导权的争夺。

---

① [美]约瑟夫·E. 斯蒂格利茨:《让全球化造福全球》,雷达、朱丹、李有根译,中国人民大学出版社 2013 年版,第 15 页。

② [美]丹尼·罗德里克:《全球化的悖论》,廖丽华译,中国人民大学出版社 2011 年版,第 73 页。

③ 阳建勋:《大而不倒、利益冲突与权义平衡——系统重要性金融机构监管制度的法理构造》,载《现代法学》2014 年第 3 期。

（四）G-SIFIs 风险责任制度缺失与全球金融治理体系的“有组织地不负责任”

在风险社会之前，法律责任观是一种基于理性主义和个人主义的责任本质观——“责任的本质在于它意味着行为人具有自由意志。根据这一论点，责任是行为人和自由意志的一个功能或一个方面。”①但是，风险社会的来临使得行为人的自由意志功能受到极大的限制，风险的全球性、不可计算性、可建构性、自反性、制度化性和传染性，②意味着社会公众乃至专家都不具备识别和控制风险的理性。在风险社会，人们难以对因果关系进行严格验证，科学的理性断裂了，公共风险意识成了二手的非经验。“因果证明的自由化将会如崩溃的水坝，并且这意味着那些需要被认识的风险和破坏的洪流将通过其广泛的影响而动摇整个社会的和政治的结构。”③此点在金融领域尤甚。以 G-SIFIs 为例，其所从事的众多金融创新活动就给传统的法律责任制度带来了极大挑战。传统法律责任制度是一种“行为——损害——责任”模式。依据该模式，“风险在法律的语境中是一个客观存在的现象，被视为不可抗力原因或事件，而非个体的行为结果，因此，风险不能作为认定承担法律责任的事实基础，虽然扩大市场风险的行为必然导致损害，但因不属于法律上‘损害’或‘危害’的范畴，也不必承担法律责任。”④然而，法律责任具有风险分配与控制功能，在风险社会中，法律责任的风险分配与控制功能日趋凸显。从国内法视角看，规制 G-SIFIs 金融创新风险的法律责任制度缺失被认为是美国次贷危机这一新型金融危机发生的重要原因。“法律没有对金融机构及其管理层在经营金融创新产品的过程中带来风险的行为规定任何实质性的责任。尤其在金融创新产品带来高风险和高收益的情况下，法律提供了创新的自由，但没有为了金融乃至社会的安全

---

① ［澳］皮特·凯恩：《法律与道德中的责任》，罗杰华译，商务印书馆 2008 年版，第 8 页。

② 参见蔡从燕：《风险社会与国际争端解决机制的解构与重构》，载《法律科学》（西北大学学报）2008 年第 1 期。

③ ［德］乌尔里希·贝克：《风险社会》，何博闻译，译林出版社 2004 年版，第 74 页。

④ 岳彩申、楚建会：《论金融创新法律责任制度的改革与完善——美国次级贷款危机的教训与启示》，载《法学论坛》2009 年第 3 期。

规定风险制造者们所应当承担的责任。”①从国际法视角看,危机前的全球金融治理体系也缺乏防范和控制 G-SIFIs 风险的责任制度安排。它主要是依靠作为国际软法的国际金融监管标准防范和控制 SIFIs 的风险,这些标准只有转化为国内法才能在监管实践中具有强制力,这是危机前全球金融治理体系的内在缺陷。② 因此,尽管社会各界均普遍认识到,“风险总是牵涉到责任问题……‘责任全球化’需要成为一个全世界公共的和政治的问题”,③但是面对屡次发生的国际金融危机,在全球金融治理体系中,似乎没有一个机构明确地负责,实际上是一种“有组织地不负责任”的现实状态。

三、危机后加强 SIFIs 规制的全球金融治理体系变革

(一)治理理念的变革:从新自由主义到内嵌自由主义的回归

2008 年全球金融危机的发生,引发了理论界对全球经济治理理念的反思。理论界不少专家学者以为,这次危机宣告了新自由主义的失败。中国社会科学院“国际金融危机与经济学理论反思课题组”认为,新自由主义有广义和狭义之分,广义新自由主义是 20 世纪 70 年代以来兴起的奥地利学派、芝加哥学派、理性预期学派、公共选择理论、新制度经济学等新兴经济学流派的理论观点与政策主张的总和。狭义新自由主义主要包括奥地利学派和芝加哥学派的经济学理论,以哈耶克和弗里德曼为代表,具有非常明显的市场原教旨主义,其产生的社会背景是 20 世纪 70 年代西方资本主义国家的“滞胀”,其政策主张的全面总结是“华盛顿共识”“撒切尔新政”与“里根革命”等是将新自由主义思潮付诸政策实践的典型代表。④ 随着新自由主义上升为资本主义国家的主流意识形态,在全球经济治理体系中占主导地位的欧美资本主义国家自然以新自由主义作为全球经济治理的指引,“全球经济治理的三大核心机构开始依照‘华盛顿共识’来调整自身的目标

① 岳彩申、楚建会:《论金融创新法律责任制度的改革与完善——美国次级贷款危机的教训与启示》,载《法学论坛》2009 年第 3 期。

② 参见周仲飞:《全球金融法的诞生》,载《法学研究》2013 年第 5 期。

③ [德]乌尔里希·贝克:《世界风险社会》,吴英姿、孙淑敏译,南京大学出版社 2004 年版,第 10 页。

④ 国际金融危机与经济学理论反思课题组(执笔:刘迎秋):《国际金融危机与新自由主义的理论反思》,载《经济研究》2009 年第 11 期。

和运作模式,这意味着内嵌的自由主义终于被新自由主义取而代之”。[①] 自布雷顿森林体系创建之后直到 20 世纪 80 年代中期,在全球经济治理中占主导地位内嵌的自由主义,将“自由主义的机制内嵌入合理的社会目标之中”,“本质是市场利益和社会价值之间达成的一个妥协”,以让社会各群体“共同承担自由化和全球化带来的负面效应。”[②]然而,以新自由主义为表现的卷土重来的自由资本主义精神,不断侵蚀着内嵌的自由主义主导下的全球经济治理机制,多边主义与国内稳定的两大目标让位于贸易自由、资本流动和跨国公司进入全球市场的自由等自由化目标。[③] 与发达国家在国内推行的以放松管制和减少国家干预为中心的自由化改革相适应,新自由主义主导下的国际经济立法以促进和保护资本的全球流动为核心,“不充分考虑各国的实际国情以及南北方国家之间的实力差距,盲目要求加快自由化步伐。在要求各国市场向资本开放的同时,却未能为它们由于市场开放过快伴随而来的经济安全与金融稳定问题提供足够的制度保障,从而导致‘国家资本’之间的权责失衡”。[④]

G-SIFIs 是以资本权益为核心的全球化的重要推动者和参与者。新自由主义主导下的全球金融治理体系,力助 G-SIFIs 参与和推动金融全球化、自由化,忽视了对 G-SIFIs 风险的规制。这本质上是市场原教旨主义在全球金融市场中的延伸。市场原教旨主义相信“市场万能”,“否定‘市场缺陷’及其‘失灵’的可能性与现实性,片面夸大市场的自修正和自复衡功能,否认政府干预对于弥补市场缺陷、克服市场失灵的积极作用”。[⑤] 秉承市场原教旨主义的全球金融治理体系,夸大了全球金融市场机制的自我调节作用,否认了全球金融市场失灵的可能性,否认了作为政府干预措施的金融监

① 孙伊然:《全球经济治理的观念变迁:重建内嵌的自由主义?》,载《外交评论》2011 年第 3 期。

② 宋伟:《试论约翰 · 拉格“内嵌的自由主义”》,载《世界经济与政治》2006 年第 2 期。

③ 参见孙伊然:《全球经济治理的观念变迁:重建内嵌的自由主义?》,载《外交评论》2011 年第 3 期。

④ 刘志云:《后危机时代的全球治理与国际经济法的转型》,法律出版社 2015 年版,第 47 页。

⑤ 国际金融危机与经济学理论反思课题组(执笔:刘迎秋):《国际金融危机与新自由主义的理论反思》,载《经济研究》2009 年第 11 期。

管的积极作用,以至于在全球金融监管领域,“出现了反监管思潮,其逻辑后果便是市场与政府(监管)出现双重失灵,金融危机爆发并蔓延”。[①] 金融危机使新自由主义丧失了在全球金融治理中的主导地位,内嵌的自由主义的价值与意义被重新发现。内嵌的自由主义是一种具有国家干预性质的自由主义,“国家干预以确保国内经济稳定和社会安全的理念内嵌其中,从而使多边机制保持市场自由国家干预之间的平衡,并努力实现资本与社会之间的权责平衡”。[②] 可见,内嵌的自由主义与新自由主义在对待市场调节与国家干预之间的关系上存在重大区别,内嵌的自由主义承认市场调节的局限性,进而认同国家干预的必要性与正当性。2008 年全球金融危机充分暴露了经济全球化进程的各种风险,尤其是以 G-SIFIs 为代表的系统性风险和道德风险严重危及全球经济的稳定与发展。如同新自由主义的兴盛源于 20 世纪 70 年代资本主义国家的“滞胀”危机一样,2008 年全球金融危机后加强 G-SIFIs 风险规制的现实需求,也为具有国家干预性质的内嵌自由主义的回归提供了社会基础。不过,也有学者指出,由于各主要国家就“合理的社会目标”重新达成一致存在诸多障碍,内嵌自由主义能否重新主导全球经济治理体系,尚有待观察。毕竟,在欧美发达国家内部,金融资本的社会根基根深蒂固,其强势地位很难被撼动;危机还增加了发展中国家协调内部利益的难度;在全球经济治理体系中,发展中国家地位尽管有所提高,但是发达国家仍然主导着全球规则的制定。[③] 因此,无论是在国内层面,还是在国际层面,各国仍然难以达成国际经济自由化所需要的社会契约。

（二）治理目标的变革:从金融自由到全球金融稳定

始于美国次贷危机的这场全球金融危机已经证明,金融全球化既为全

① 杨松、张永亮:《新自由主义、金融危机与金融监管体制之变革》,载《法学杂志》2012 年第 1 期。

② 刘志云:《后危机时代的全球治理与国际经济法的转型》,法律出版社 2015 年版,第 48 页。

③ 参见孙伊然:《全球经济治理的观念变迁:重建内嵌的自由主义?》,载《外交评论》2011 年第 3 期。

球经济发展做出了巨大贡献,也给全球金融市场体系带来了系统性风险。①G-SIFIs 就是全球金融市场中系统性风险的主要载体。在后危机时代,加强对 G-SIFIs 的风险规制,表明全球金融治理体系的治理目标发生了变革,全球金融稳定成为全球金融治理的重要目标之一。这场全球金融危机也印证了 SIFIs 风险的系统性、国际负外部性、自反性、风险分配的平等性以及飞去来器效应。金融危机的残酷现实使得各国认识到维护全球金融稳定是全球社会的共同利益,金融自由化也应当有其必要的限度。这一限度就是全球金融稳定。因此,危机后的全球金融治理体系变革应当实现金融自由与全球金融稳定之间的动态平衡。

为了维护全球金融稳定,二十国集团(G20)在 2009 年 4 月初举行的伦敦金融峰会决定成立金融稳定理事会(Financial Stability Board,FSB)取代以前的金融稳定论坛。被誉为"全球央行"的金融稳定理事会以加强系统性风险监管、维护全球金融稳定为主要目标,其具体职责包括:评估、识别和审查全球金融体系的脆弱性;促进负责金融稳定的监管机构之间的合作与信息交换;对市场发展和监管政策提出建议并进行监督;提出满足监管标准的最佳实践建议并进行监督;对国际标准制定机构进行联合战略审查,协调国际标准制定机构的工作,以确保标准制定能够及时、协调、关注重点和填补空缺;为建立和支持监管制定指南;支持跨境危机管理的应急计划,尤其是对具有系统重要性的公司;与 IMF 合作进行早期预警演习;通过实施监督、同行评审和信息披露,促进成员方执行同意的承诺、标准和政策建议。②

G-SIFIs 的系统性风险与道德风险是影响全球金融稳定的重要因素,成为后危机时代全球金融治理体系变革关注的焦点。在 2009 年 G20 匹兹堡峰会上,G20 领导人要求金融稳定理事会提出解决 SIFIs 系统性风险和道德风险的措施。在 2010 年 G20 首尔峰会上,G20 领导人批准了金融稳定理事会提出的《降低 SIFIs 道德风险的框架措施》。该框架企图通过降低 SIFIs

① See UK HM Treasury,"Embracing Financial Globalization",May 2008,para 4.10. 转引自周仲飞:《全球金融法的诞生》,载《法学研究》2013 年第 5 期。

② About the FSB,载 http://www.fsb.org/about/,最后访问日期:2017 年 6 月 13 日。

经营失败的可能性与影响来解决“大而不倒”引发的道德风险。该框架包括以下几个方面的要求:评估金融机构的系统重要性,金融稳定理事会已经发布了全球系统重要性银行(G-SIBs)和全球系统重要性保险机构(G-SIIs)的名单,制定了有关G-SIBs与G-SIIs的评估方法;额外的损失吸收能力,如关于G-SIBs的新资本制度要求提高额外的损失吸收能力,一些G-SIBs正在积极筹集额外资本;强化监管力度;建立更加有效的金融机构处置机制;更强的金融基础设施。① 可见,金融稳定理事会将解决G-SIFIs的系统性风险与道德风险作为维护全球金融稳定的重点所在。此外,巴塞尔银行监管委员会在2011年11月正式发布了《全球系统重要性银行:评估方法以及额外的损失吸收要求的暂行规定》,界定了“系统重要性”的涵义、G-SIFIs的识别标准、系统重要性风险的评估方法、G-SIBs的额外资本要求及其有效处置机制等。这些规定的终极目的仍是防范和化解G-SIBs的系统性风险,维护全球金融稳定。

(三)治理主体的变革:作为全球经济金融治理主要平台的G20

G20成立于1999年,“成立的目的是通过建立更大范围的非正式对话机制,加强全球主要经济体在经济金融政策上的协调,促进合作,防范和应对危机,以实现稳定、可持续的全球经济增长。”②在2008年全球金融危机之后,G20的运行机制从以前的G20财长和央行行长会议升格为领导人峰会,G20成为全球经济金融治理的主要平台,在全球事务尤其经济金融事务中发挥着越来越重要的作用。每年的G20峰会成为国际社会各界关注的焦点。G20主要从全球金融危机救助、IMF和世界银行等国际机构的治理变革、强化全球金融监管等几个方面推动全球治理体系变革。G20在巴塞尔银行监管委员会的扩容,以及金融稳定理事会中的建立和改革进程中,均发挥了决定性作用;在华盛顿、纽约和匹兹堡召开的峰会上,“不仅逐渐确立了G20取代G8成为永久性的国际经济合作首要论坛的地位,极大地提升了发展中国家的话语权,更将金融危机后国际金融监管体系的改革推向

① FSB. Progress and Next Steps Towards Ending “Too-Big-To-Fail” (TBTF),载 http://www.fsb.org/wp-content/uploads/r_130902.pdf,最后访问日期:2017年10月13日。

② 肖钢主编:《聚焦新秩序:国际金融热点精述》,中信出版社2013年版,第60~61页。

了深化”。[①] 加强对SIFIs风险监管的国际协调,协调SIFIs国际监管中母国与东道国之间的利益冲突、发达国家与发展中国家之间的利益冲突等,是深化国际金融监管体系改革的重点,也是G20在危机后的全球金融治理中关注的重点。如前文所述,G20早在2009年的匹兹堡峰会上就要求金融稳定理事会提出措施,以解决或减少SIFIs的道德风险。《巴塞尔协议Ⅲ》在制定过程中曾经困难重重,最后在G20首尔峰会上才得以批准。

G20成为全球金融治理体系的主要平台并非偶然。因为危机前全球金融治理体系中的“IMF、世界银行、七国集团和二十国集团财长和中央银行行长会议都没有能力协调应对这场全球性的危机。严峻的现实需要二十国集团首脑所具有的权威和能力来协调解决金融危机,促进全球金融稳定”。[②] 从这场危机的始作俑者——G-SIFIs的视角看,危机前的全球金融治理体系既忽视了也无力应对具有系统性、国际负外部性、自反性、分配兼具平等性与不平等性的G-SIFIs风险。由于G-SIFIs风险的系统性与国际负外部性,由发达国家组成的七国集团和由发达国家主导的IMF、世界银行等要有效规制G-SIFIs风险,离不开在全球金融分配中处于被动性和不平等地位的发展中国家的协调与配合。毕竟,全球治理中的“民主赤字”使有关G-SIFIs的国际金融监管标准缺乏强制效力,其在性质上属于“国际软法”,要通过转化为国内法才能起到现实作用。然而,由于危机前的全球金融治理体系事实上是发达国家主导,发展中国家的发言权与影响力较小,有关G-SIFIs监管的“国际软法”是在发达国家的主导下制定的。因此,发展中国家是否会将其转化为国内法加以实施存在较大的不确定性。不仅如此,作为发达国家相互之间妥协结果的国际金融软法,如《巴塞尔协议》在欧美国家的实施进程中也存在不少障碍。G20首脑峰会的权威性在一定程度上有助于克服上述缺陷。对于通过G20首脑峰会承认的SIFIs监管标准,有学者认为,这些国际金融监管标准是G20首脑为了维护全球金融稳定所作出的承诺,不是通过多数表决而是相互协商的结果,已经从“国际软法”变

---

① 巴曙松、刑毓静、朱元倩:《金融危机中的巴塞尔新资本协议:挑战与改进》,中国金融出版社2010年版,第26页。

② 周仲飞:《全球金融法的诞生》,载《法学研究》2013年第5期。

成了“全球金融法”,逐渐了获得硬法的基本品质,即具有了“法所需要的国家意志性、正当性和强制性”。① 在“世界性政府”尚未建立和全球治理中的“民主赤字”问题尚未解决之前,能否产生“全球金融法”殊值进一步探讨。如有人认为,为适应后危机时代深度全球经济治理的需求,国际经济法的法律渊源从对“国际硬法”的强调向“硬法”与“软法”并重转变,G20 本质上是一个非正式的国际机制,且没有国际条约或者宪章作为基础,通过 G20 达成的国际协议和国际承诺不具有国际法意义上的约束力。② 依其所言,G20 批准的 SIFIs 监管国际标准不具备“硬法”的基本品质,充其量是“国际软法”。也有人认为,G20 缺少合法性,只是一个非正式机制,“不设常务秘书处、不签订宪章、不搞会议投票、不签订有法律约束力的国际协议,议题由轮值主席国来确定,成果主要以宣言的形式发布,而且全球绝对大多数国家都不是 G20 成员”。③ 而且,G20 的决定需要经过各国政府的批准才能真正落实。这实质上是将 G20 的决定归于“国际软法”的范围。在此,笔者无意于判断“‘硬法’‘软法’并重”与“全球金融法”这两种理论观点孰优孰劣,只是想指出,“全球金融法”的理论观点从法技术层面分析了 G20 对重构后危机时代的全球金融治理体系作出的贡献,在一定程度上揭示了 G20 成为后危机时代全球金融治理主要平台的制度原因。不过,G-SIFIs 的风险责任制度仍然缺失,G20 框架尚未能有效解决全球金融治理体系“有组织地不负责任”这一难题。

第三节 全球金融治理体系变革与我国 SIFIs 规制的完善

2008 年全球金融危机,使全球自由贸易和金融服务业的开放遭受了重大挫折。恢复全球自由贸易与金融服务业的健康运行需要国际社会付出更多的努力。后危机时代的全球金融治理体系变革就是国际社会付诸努力的

---

① 周仲飞:《全球金融法的诞生》,载《法学研究》2013 年第 5 期。

② 参见刘志云:《后危机时代的全球治理与国际经济法的转型》,法律出版社 2015 年版,第 45 ~ 46 页。

③ 肖钢主编:《聚焦新秩序:国际金融热点精述》,中信出版社 2013 年版,第 63 ~ 64 页。

重要领域。我国自 20 世纪 80 年代实施市场化经济改革与对外开放政策以来，已经发展成为世界第二大经济体，我国国内市场与国际市场之间的联系日趋密切，国内市场已经成为全球市场的重要组成部分。时至今日，没有哪一个国家或地区能够忽视中国市场的存在。与此同时，我国金融业在全球金融市场体系中的地位不断提升。在金融稳定理事会公布的全球系统重要性银行和全球系统重要性保险机构名单中，中国工商银行、中国农业银行、中国建设银行、中国银行以及平安保险集团公司都榜上有名。因此，在后危机时代，国际社会加强 SIFIs 规制的全球金融治理体系变革，必将对我国 SIFIs 规制产生重大的影响。我国应当顺应后危机时代的全球金融治理变革趋势，完善我国 SIFIs 规制的法律制度，以维护我国国内及全球金融稳定。

一、秉承全球化理念完善对我国 SIFIs 的风险规制

本次全球金融危机已经凸显了加强 SIFIs 风险规制的必要性与紧迫性。加强对 SIFIs 的风险规制，已经成为后危机时代全球金融治理变革的重要内容。无疑，这些变革对于完善我国 SIFIs 的风险规制具有重要的现实意义。在逆全球化风潮涌动的当下，最为重要的一点是，应当秉承全球化理念加强和完善对我国 SIFIs 的风险规制。

由于各国在全球化进程中所处的地位、面临的风险及获得的利益不尽相同，其对全球化的态度必然存在差异，尤其是本次金融危机，进一步彰显了全球化所致的分配不公平与国家间发展不平衡等问题，进而在金融危机之后出现了逆全球化思潮。[①] 世界银行发布的研究报告显示："根据国际货币基金组织、世界银行、经济合作与发展组织以及世界贸易组织的估算，2016 年，全球货物和服务贸易增速在 1.9% 至 2.5%，为 2008 年金融危机以来的最低增速。其中全球货物贸易增速可能仅稍高于 1%。"[②]2016 年，英国通过公投决定"脱欧"，持反全球化立场的美国共和党总统候选人特朗普

---

① 参见徐坚：《逆全球化风潮与全球化的转型发展》，载《国际问题研究》2017 年第 3 期。

② 《世界银行：2016 年全球贸易遭遇金融危机以来最低增速》，载 http://www.sinotf.com/GB/News/1001/2017-03-14/zNMDAwMDIyMzMzNA.html，最后访问日期：2017 年 6 月 22 日。

当选美国总统。美国约翰·霍普金斯大学东亚研究中心主任凯尔德在2017年“博鳌亚洲论坛”上表示,美国保护主义抬头或蔓延到金融领域。全球化走到了一个新的十字路口。全球化将何去何从?如有的学者所言,悲观论与乐观论均有一定的合理性,悲观论反映了全球化不平衡发展所带来的种种问题,说明全球化是一个曲折的历史过程,在特定的历史阶段具有可逆性,但是忽视了当今世界各国高度相互依赖的现实;乐观论恰恰相反,它基于世界相互依存关系的客观现实,认为全球化是大势所趋,此点符合人类历史发展的长期趋势,但是忽视了全球化发展过程的曲折性。① 笔者以为,诸如英国“脱欧”、美国贸易保护主义抬头之类的逆全球化表现,本质上是与其他国家在全球化进程中的利益博弈,是期望在全球化进程中得到更多的利益分配。英国、美国等发达资本主义国家不可能全面停止全球化的步伐,只不过是在对其不利的领域通过采取逆全球化的措施重获优势地位。倒是被动卷入全球化进程的一些贫穷的发展中国家,在受到经济危机的全面打击时有可能回到“闭关锁国”的老路。不过,从长期发展趋势看,全球化是不可逆的。就此而言,我国SIFIs的风险规制无疑应当秉承全球化理念。具体而言,就是在要进一步深化市场化金融体制改革,对外开放金融服务市场,鼓励我国SIFIs参与全球金融市场竞争,加强和完善市场机制对SIFIs的约束功能。同时,正视逆全球化的贸易保护主义蔓延到金融领域的现实性,并在必要时采取相应的措施。

二、以金融稳定为中心完善对SIFIs的宏观审慎监管

全球金融稳定已经成为后危机时代全球金融治理的重要目标,金融稳定理事会就是为了维护全球金稳定而设立的国际组织。金融稳定理事会维护全球金融稳定的一项重要措施,是在全球金融市场范围内,按照全球系统重要性的标准选出了一批全球系统重要性金融机构(G-SIFIs)。G-SIFIs在全球范围内具有较大的经营规模、跨境交易活动活跃、结构和业务复杂、与其他金融机构具有较强的关联性、具有难以替代的市场地位。因此,认定G-SIFIs是否具有全球系统重要性的标准可以概括为规模性、复杂性、关联

① 参见徐坚:《逆全球化风潮与全球化的转型发展》,载《国际问题研究》2017年第3期。

性及替代性 4 个方面。由于 G-SIFIs 在全球金融市场体系中的关联性与不可替代性,其一旦发生重大风险事件,将会对全球金融体系与经济体系产生严重的系统性损害。这是金融稳定理事会将 G-SIFIs 列为全球金融治理重点的主要原因。金融稳定理事会和巴塞尔银行监管委员会试图强化对 G-SIFIs的微观审慎监管与宏观审慎监管。例如,金融稳定理事会对 G-SIFIs 提出了附加资本要求,以提高其抗风险能力和损失吸收能力,附加资本必须是核心一级资本,具体比例根据 G-SIFIs 在评估中的得分按照 5 个档次分别适用 1% ~3.5% 的附加资本要求;在《金融机构有效处置的关键属性》中规定,各国应当要求 G-SIFIs 制订稳健和可靠的恢复与处置计划,处置机构应当对 G-SIFIs 的恢复和处置计划进行评估;要求母国和东道国监管当局加强监管合作;巴塞尔银行监管委员会要求 G-SIBs 建立与其业务性质及风险程度相适应的公司治理机制和全面风险管理框架,金融稳定理事会制定了《关于有效风险偏好框架的原则》,该原则规定董事会、首席执行官、首席风险官、首席财务官等治理主体在 SIFIs 风险偏好框架中的角色和职能。①

加强对金融业的宏观审慎监管,也是危机后欧美国家金融监管改革的重点与趋势所在。美国 2010 年《多德—弗兰克法案》的第一章就是《金融稳定法》。该法第 111 条规定,设立金融稳定监督委员会,该委员会的目标是识别威胁美国金融稳定的风险,加强市场纪律,应对威胁美国金融体系稳定的风险。它由财政部长、联邦储备理事会主席、货币监理官、消费者金融保护局局长、证券交易委员会主席、联邦存款保险公司主席、商品期货交易委员会主席、联邦住房金融管理局局长、全国信用合作社管理委员会主席、经参议院建议并批准且由总统任命的具有保险专长的独立成员等组成,以上成员拥有一票的投票权;另外,还包括以下具有顾问资格的无投票权成员:金融研究办公室主任、联邦保险办公室主任、各州筛选出来的一名州保险监督官、各州筛选出来的一名州银行监管者、各州筛选出来的一名证券监督官。② 2009 年,德拉罗西埃报告(de Larosière report)建议设立一个统一的

---

① 参见中国工商银行董事会办公室课题组:《全球系统重要性银行治理》,载《中国金融》2015 年第 22 期。

② 参见《多德—弗兰克华尔街改革与消费者保护法案》,董裕平、全先银等译,中国金融出版社 2010 年版,第 7 ~9 页。

机构监管整个欧洲金融系统的风险。2010 年 11 月 24 日，欧洲议会与欧盟理事会决定设立欧洲系统性风险委员会（European Systemic Risk Board, ESRB），负责对整个欧洲金融市场的宏观审慎监管。①

在后危机时代，G20、金融稳定理事会及巴塞尔银行监管委员会等为维护全球金融稳定对 G-SIFIs 的监管改革，以及欧美国家实施的宏观审慎金融监管改革，对于完善我国 SIFIs 监管制度具有重要的借鉴意义。我国应当以金融稳定为中心完善对 SIFIs 的宏观审慎监管，或者说是将 SIFIs 监管作为以维护我国金融稳定为目标的宏观审慎监管的重中之重。首先，对于已经被纳入了 G-SIFIs 名单的我国四大国有控股银行和平安保险集团公司，应当按照金融稳定委员和巴塞尔银行监管委员会的要求，落实附加资本要求，提高其损失吸收能力，提交稳健和可靠的恢复与处置计划，建立与其业务复杂程度和风险程度相适应的公司治理机制和全面风险管理框架。其次，借鉴欧美国家的宏观审慎监管经验，建立符合我国国情的宏观审慎监管体制。《中国人民银行法》第 1 条就规定为了“维护金融稳定，制定本法”；第 2 条第 2 款规定，“中国人民银行在国务院领导下，制定和执行货币政策，防范和化解金融风险，维护金融稳定”；第 13 条第 2 款规定，“中国人民银行的分支机构根据中国人民银行的授权，维护本辖区的金融稳定……”第 33 条规定，中国人民银行根据维护金融稳定的需要，可以建议国务院银行业监管机构对银行业金融机构进行监督检查；第 34 条规定，“当银行业金融机构出现支付困难，可能引发金融风险时，为了维护金融稳定，中国人民银行经国务院批准，有权对银行业金融机构进行检查监督”。以上法律规定赋予了中国人民银行维护金融稳定的职责。为了保障中国人民银行切实履行《中国人民银行法》赋予的维护金融稳定职责，中国人民银行内设了金融稳定局。不过，受制于“分业经营、分业监管”的“一行三会”金融监管体制，中国人民银行金融稳定局的主要职责是监测和评估银行、保险、证券等

① Regulation (EU) No. 1092/2010, http://www. esrb. europa. eu/shared/pdf/101216_ESRB_establishment. en. pdf? 20c8cadce98d21eb005aad871b87fa6f, 2016-6-23.

具体金融行业的金融风险，提出防范和化解系统性风险的政策建议，[1]并没有防范和处置系统性风险的宏观审慎监管权，如缺乏实施逆周期资本缓冲、逆周期贷款损失准备金、逆周期流动性缓冲、总杠杆率监管、或有资本、有效处置计划等各种金融业宏观审慎监管工具的职权。[2]

2013 年《国务院关于同意建立金融监管协调部际联席会议制度的批复》（以下简称《批复》）同意建立金融监管部际联席会议制度。联席会议的目的是加强金融监管协调、保障金融业稳健运行。联席会议成员单位包括中国人民银行、中国银监会、中国证监会、中国保监会以及国家外汇管理局，必要时可以要求发展改革委、财政部等有关部门参加，中国人民银行负责牵头联席会议。对比欧美国家后危机时代的宏观审慎监管改革可以发现，依据《批复》设立的联席会议制度只是一个协调制度，缺乏美国金融稳定监督委员会、欧洲系统性风险委员会等统一的宏观审慎监管机构的权威性，而且其成员单位也过于狭窄。

综上，无论是中国人民银行金融稳定局，还是金融监管协调部际联席会议制度，都难以履行宏观审慎监管的职责。SIFIs 都是从事混业经营，在实践中早已突破“分业经营、分业监管”的金融监管体制。这无疑给现行金融监管体制带来巨大的压力，如何有效规制 SIFIs 的风险，以维护金融稳定可谓是首当其冲的压力。为了对 SIFIs 的风险予以有效规制，应当建立统一的宏观审慎监管机构，赋予其 SIFIs 及其子公司的宏观审慎监管权，以维护我国金融稳定。

---

① 金融稳定局的职责是：“综合分析和评估系统性金融风险，提出防范和化解系统性金融风险的政策建议；评估重大金融并购活动对国家金融安全的影响并提出政策建议；承担会同有关方面研究拟定金融控股公司的监管规则和交叉性金融业务的标准、规范的工作；负责金融控股公司和交叉性金融工具的监测；承办涉及运用中央银行最终支付手段的金融企业重组方案的论证和审查工作；管理中国人民银行与金融风险处置或金融重组有关的资产；承担对因化解金融风险而使用中央银行资金机构的行为的检查监督工作，参与有关机构市场退出的清算或机构重组工作”，载中国人民银行官方网站：http://www.pbc.gov.cn/jinrongwendingju/146766/146778/index.html，最后访问日期：2017 年 6 月 23 日。

② 关于金融业宏观审慎监管工具，参见叶文庆：《金融业宏观审慎监管法律问题研究》，法律出版社 2015 年版，第 104 页以下。

三、以合作与对等原则完善 SIFIs 监管国际协调制度

在金融全球化趋势下，我国 SIFIs 的经营活动早已跨越了国家边界，成为全球金融市场中的重要力量。随着“一带一路”倡议的推进实施，我国将有大量的产业向“一带一路”沿线国家和地区转移，对外直接投资将大幅增加。① 相应地，我国金融机构尤其是 SIFIs 的经营活动将向“一带一路”沿线国家和地区拓展。我国 SIFIs 的这些经营活动，依据属地管辖原则，既要受到经营活动所在国家或地区即东道国的监管；依据属人管辖原则，也要受到我国金融监管部门的监管。由于 SIFIs 风险的国际负外部性、各国监管制度的差异，我国与“一带一路”沿线国家或地区在对我国 SIFIs 的监管上难免会产生现实的利益冲突。外国的 SIFIs 大都已经进入我国金融市场开展经营活动，我国金融监管部门与外国金融监管部门在对外国 SIFIs 的监管上也必然会产生利益冲突。

协调上述利益冲突，需要着力完善 SIFIs 监管国际协调制度。一方面，风险社会之风险的平等性说明，世界风险社会是一个相互高度依赖的社会，各国之间只有进行合作才能实现共赢。在对 SIFIs 风险的监管上，应当坚持“合作”的理念，只有各国金融监管机构之间密切合作，加强协调，才能最小化 SIFIs 在全球金融市场进行监管套利获得的收益，才能最大限度地维护全球金融稳定。因此，我国 SIFIs 监管立法可以借鉴美国《多德—弗兰克法案》中的“恳求条款”规定，对我国金融监管部门与外国金融监管机构之间的合作作出一系列要求和指引。另一方面，风险社会之风险的不平等性说明，世界风险社会又是一个相互“损害”的社会，各国在面对风险时难以抵制向其他国家分散和转移风险负担的诱惑。这是人类趋利避害的天性使然。以对 SIFIs 的风险监管为例，各国之间势必会产生利益冲突，甚至会发生激烈的争议。本书在第二章就阐述了美国强化对 SIFIs 的反垄断规制具有强化美国金融霸权主义的企图。此外，美国在《多德—弗兰克法案》中还

---

① 据商务部和外汇局统计，2016 年中国企业对外直接投资 1832 亿美元，连续第二年位居世界第二，其中非金融类企业对外直接投资 1701 亿美元。《商务部：中国对外直接投资已连续两年世界第二》，载中国新闻网：http://www.chinanews.com/cj/2017/06-08/8245589.shtml，最后访问日期：2017 年 6 月 21 日。

规定了“威胁条款”:如果经纪商对美国金融系统的稳定构成威胁,且该经纪商的母国没有适当的金融监管体系减少该威胁,美国可以拒绝该经纪商进入美国金融市场。有美国学者认为,该条款的真正目的不是为了维护美国金融系统的稳定,而是防止《多德—弗兰克法案》对金融衍生品的严格监管使得美国金融衍生品交易向其他国家转移。① 这些事情说明在对 SIFIs 的风险监管中,各国之间既具有合作的共同基础,又不乏发生激烈对抗的可能。合作抑或对抗,是各方之间的博弈。在一方选择不合作的对抗或背叛策略时,另一方的最优策略是“一报还一报”策略。该策略综合了善良性、报复性、宽容性和清晰性。“它的善良性防止它陷入不必要的麻烦,它的报复性使对方试着背叛一次后就不敢背叛,它的宽容性有助于重新恢复合作,它的清晰性使它容易被对方理解,从而引出长期的合作。”②正所谓“以斗争求团结则团结存,以退让求团结则团结亡”,为了加强对 SIFIs 监管的国际协调,在我国 SIFIs 监管立法中要规定合作与对等原则,“既赋予 SIFIs 监管机构国际合作义务,又授权其在其他国家或地区对我国国内 SIFIs 采取歧视性的禁止、限制或其他类似措施时采取相应的措施”。③

本章小结

首先,本章从全球化的迷思与悖论入手,阐述了金融全球化趋势下 G-SIFIs的兴起;从经济学与社会学视角研究了 G-SIFIs 的风险特征:风险的系统性与国际负外部性;风险的自反性;风险分配的平等性与不平等性。其次,在概述危机前的全球金融治理体系之后,重点研究了危机前的全球金融治理体系在规制 G-SIFIs 方面存在以下主要缺陷:未将 G-SIFIs 的系统性风

① [美]戴维·斯基尔:《金融新政:解读〈多德—弗兰克法案〉及其影响》,丁志杰、张红地等译,中国金融出版社 2012 年版,第 154 页。

② [美]罗伯特·阿克塞尔罗德:《合作的进化》,吴坚忠译,上海世纪出版集团 2007 年版,第 16 页。

③ 阳建勋:《大而不倒、利益冲突与权义平衡——系统重要性金融机构监管制度的法理构造》,载《现代法学》2014 年第 3 期。

险纳入全球金融治理体系;“大而不倒”与风险的国际负外部性加剧了全球金融治理体系的脆弱性;具有自反性、分配平等性与不平等性的 G-SIFIs 风险不断解构着危机前的全球金融治理体系;G-SIFIs 风险责任制度的缺失导致全球金融治理体系“有组织地不负责任”。为了解决以上问题,危机后的全球金融治理体系发生了重大变革:在治理理念方面,从新自由主义回归到内嵌自由主义;在治理目标方面,不再单纯追求金融自由化,全球金融稳定成为重要的价值目标;在治理主体方面,G20 成为全球金融治理的主要平台。最后,分析了危机后的全球金融治理变革对于完善我国 SIFIs 规制的现实意义,我国应当秉承金融全球化理念,以金融稳定为中心完善对 SIFIs 的宏观审慎监管,以合作与对等原则完善 SIFIs 监管国际协调制度。

主要参考文献

一、著作

(一)中文著作

[1]巴曙松、金玲玲等:《巴塞尔资本协议Ⅲ的实施:基于金融结构的视角》,中国人民大学出版社 2014 年版。

[2]巴曙松、刑毓静、朱元倩:《金融危机中的巴塞尔新资本协议:挑战与改进》,中国金融出版社 2010 年版。

[3]陈伟利、陈坚、凌婕:《WTO 金融服务协议:规范与承诺》,黄山书社 2000 年版。

[4]崔建远:《合同法》(第 2 版),北京大学出版社 2013 年版。

[5]杜景林、卢谌:《德国债法改革:〈德国民法典〉最新进展》,法律出版社 2003 年版。

[6]冯果:《公司法要论》,武汉大学出版社 2003 年版。

[7]郭金良:《系统重要性金融机构危机市场化处置法律制度研究》,法律出版社 2016 年版。

[8]柯芳枝:《公司法论》,中国政法大学出版社

2004 年版。

[9]李扬、黄金老:《金融全球化研究》,上海远东出版社 1999 年版。

[10]李明德、闫文军、黄晖、郃中林:《欧盟知识产权法》,法律出版社 2010 年版。

[11]陆泽峰:《金融创新与法律变革》,法律出版社 2000 年版。

[12]梁慧星:《民法解释学》,中国政法大学出版社 2000 年版。

[13]刘得宽:《民法诸问题与新展望》,中国政法大学出版社 2002 年版。

[14]刘俊海:《股份有限公司股东权的保护》,法律出版社 1997 年版。

[15]刘志云:《后危机时代的全球治理与国际经济法的转型》,法律出版社 2015 年版。

[16]梅仲协:《民法要义》,中国政法大学出版社 1998 年版。

[17]沈宗灵:《法理学》,北京大学出版社 2000 年版。

[18]万江:《中国反垄断法——理论、实践与国际比较》,中国法制出版社 2015 年版。

[19]王列、杨雪冬:《全球化与世界》,中央编译出版社 1998 年版。

[20]王文宇:《控股公司与金融控股公司法》,中国政法大学出版社 2003 年版。

[21]王全兴:《经济法基础理论专题研究》,中国检察出版社 2002 年版。

[22]王铁崖:《国际法》,法律出版社 1995 年版。

[23]王晓晔:《反垄断法》,法律出版社 2011 年版。

[24]王先林:《中国反垄断法实施热点问题》,法律出版社 2011 年版。

[25]王晓晔:《反垄断法中的相关市场界定》,社会科学文献出版社 2014 年版。

[26]王泽鉴:《民法总则》,中国政法大学出版社 2001 年版。

[27]王泽鉴:《民法概要》,中国政法大学出版社 2003 年版。

[28]习近平:《习近平总书记系列重要讲话读本》,学习出版社、人民出版社 2016 年版。

[29]肖钢:《聚焦新秩序:国际金融热点精述》,中信出版社 2013 年版。

[30]徐国栋:《民法基本原则解释——成文法局限性之克服》,中国政法大学出版社 2001 年版。

[31]薛晓源、周战超:《全球化与风险社会》,社会科学文献出版社 2005 年版。

[32]谢怀栻:《外国民商法精要》,法律出版社 2002 年版。

[33]阳建勋:《后危机时代衍生金融监管变革的法律问题研究——以〈多德—弗兰克法案〉为中心》,法律出版社 2014 年版。

[34]杨雪冬、王浩:《全球治理》,中央编译出版社 2015 年版。

[35]叶文庆:《金融业宏观审慎监管法律问题研究》,法律出版社 2015 年版。

[36]张民安:《公司法上的利益平衡》,北京大学出版社 2003 年版。

[37]张新宝:《〈中华人民共和国民法总则〉释义》,中国人民大学出版社 2017 年版。

[38]张文显:《法哲学范畴研究》,中国政法大学出版社 2001 年版。

[39]朱慈蕴:《公司法人格否认法理研究》,法律出版社 1998 年版。

[40]朱羿锟:《商法学——原理 · 图解 · 实例》,北京大学出版社 2012 年版。

(二)译著

[41][英]亚当 · 斯密:《国民财富的性质和原因的研究》(上卷),郭大力、王亚南译,商务印书馆 1972 年版。

[42][英]菲利普 · 莫利纽克斯、尼达尔 · 沙姆洛克:《金融创新》,冯健、杨娟、张玉仁译,中国人民大学出版社 2003 年版。

[43][英]尼尔 · 麦考密克、[奥]奥塔 · 魏因贝格尔:《制度法论》,周叶谦译,中国政法大学出版社 2004 年版。

[44][英]亨利 · 梅因:《古代法》,沈景一译,商务印书馆 1959 年版。

[45][英]约瑟夫 · 拉兹:《法律的权威》,朱峰译,法律出版社 2005 年版。

[46][英]安东尼 · 吉登斯:《现代性的后果》,田禾译,译林出版社 2000 年版。

[47][美]迈克尔 · 斯彭斯、丹尼 · 莱普泽格:《全球化与增长:后危机

时代的含义》,刘学梅译,中国人民大学出版社 2016 年版。

[48][美]罗伯特·C. 克拉克:《公司法则》,胡平、林长远等译,工商出版社 1999 年版。

[49][美]罗伯特·D. 考特、托马斯·S. 尤伦:《法和经济学》,施少华、姜建强等译,上海财经大学出版社 2002 年版。

[50][美]弗兰克·伊斯特布鲁克、丹尼尔·费希尔:《公司法的经济结构》,罗培新、张建伟译,北京大学出版社 2014 年版。

[51][美]本杰明·N. 卡多佐:《法律的成长:法律科学的悖论》,董炯、彭冰译,中国法制出版社 2002 年版。

[52][美]斯蒂格利茨:《经济学》(上册),梁小民、黄险峰译,中国人民大学出版社 2000 年版。

[53][美]J. E. 克伍卡、L. J. 怀特:《反托拉斯革命:经济学、竞争与政策》,林平、臧旭恒等译,经济科学出版社 2014 年版。

[54][美]哈威尔·E. 杰克逊、小爱德华·L. 西蒙斯:《金融监管》,吴志攀等译,中国政法大学出版社 2003 年版。

[55][美]理查德·A. 波斯纳:《反托拉斯法》,孙秋宁译,中国政法大学出版社 2003 年版。

[56][美]戴维·斯基尔:《金融新政:解读〈多德—弗兰克法案及其影响〉》,丁志杰、张红地等译,中国金融出版社 2012 年版。

[57][美]约瑟夫·L. 斯蒂格利茨:《让全球化造福全球》,雷达、朱丹、李有根译,中国人民大学出版社 2013 年版。

[58][美]丹尼·罗德里克:《全球化的悖论》,廖丽华译,中国人民大学出版社 2011 年版。

[59][美]约瑟夫·E. 斯蒂格利茨:《公共部门经济学》(上),郭庆旺、杨志勇等译,中国人民大学出版社 2012 年版。

[60][美]迈克尔·斯彭斯、丹尼·莱普泽格:《全球化与增长:后危机时代的含义》,刘学梅译,中国人民大学出版社 2016 年版。

[61][美]欧内斯特·盖尔霍恩、威廉姆·科瓦契奇、斯蒂芬·卡尔金斯:《反垄断法与经济学》,任勇、邓志松、尹建平译,法律出版社 2009 年版。

[62][美]西蒙·约翰逊:《13 个银行家》,郭庚信译,中信出版社 2010

年版。

[63][美]E. 博登海默:《法理学:法律哲学与法律方法》,邓正来译,中国政法大学出版社 2004 年版。

[64][美]伯纳德·施瓦茨:《美国法律史》,王军等译,中国政法大学出版社 1990 年版。

[65][美]P. 诺内特、P. 塞尔兹尼克:《转变中的法律和社会》,张志铭译,中国政法大学出版社 1994 年版。

[66][美]约翰·罗尔斯:《正义论》,何怀宏、何包钢、廖申白译,中国社会科学出版社 1988 年版。

[67][美]劳伦斯·弗里德曼:《二十世纪美国法律史》,周大伟等译,北京大学出版社 2016 年版。

[68][美]罗伯特·阿克塞尔罗德:《合作的进化》,吴坚忠译,上海世纪出版集团 2007 年版。

[69][德]乌尔里希·施瓦尔贝、丹尼尔·齐默尔:《卡特尔法与经济学》,顾一泉、刘旭译,法律出版社 2014 年版。

[70][德]柯武刚、史漫飞:《制度经济学:社会秩序与公共政策》,韩朝华译,商务印书馆 2008 年版。

[71][德]卡尔·拉伦茨:《德国民法通论》(上册),王晓晔、邵建东等译,法律出版社 2003 年版。

[72][德]卡尔·拉伦茨:《法学方法论》,陈爱娥译,商务印书馆 2003 年版。

[73][德]拉德布鲁赫:《法学导论》,米健、朱林译,中国大百科全书出版社 1997 年版。

[74][德]乌尔里希·贝克:《世界风险社会》,吴英姿、孙淑敏译,南京大学出版社 2004 年版。

[75][德]乌尔里希·贝克:《风险社会》,何博闻译,译林出版社 2004 年版。

[76][法]让·梯若尔:《公司金融理论》,王永钦、许海波等译,中国人民大学出版社 2015 年版。

[77][日]星野英一:《私法中的人》,王闯译,中国法制出版社 2004

年版。

[78][日]末永敏和:《现代日本公司法》,金洪玉译,人民法院出版社2000年版。

[79][日]金泽良雄:《经济法概论》,满达人译,中国法制出版社2005年版。

[80][日]我妻荣:《债权在近代民法中的优越地位》,王书江、张雷译,中国大百科全书出版社1999年版。

[81][芬]大卫·G.梅斯、丽莎·海尔姆、阿诺·柳克西拉:《改进银行监管》,方文、周济等译,中国人民大学出版社2006年版。

[82][瑞士]艾娃·胡普凯斯:《比较视野中的银行破产法律制度》,季立刚译,法律出版社2006年版。

[83][瑞典]拉斯洛·松鲍法维:《人类风险与全球治理:我们时代面临的最大挑战可能的解决方案》,周亚敏译,中央编译出版社2012年版。

[84][澳]皮特·凯恩:《法律与道德中的责任》,罗李华译,商务印书馆2008年版。

[85]WTO秘书处:《WTO争端解决程序》,索必成译,法律出版社2003年版。

[86][美]乔纳森·R.梅斯、杰弗里·P.米勒、理查德·斯科特·卡内尔:《银行法(影印本)》,中信出版社2003年版。

(三)英文著作

[87]William Sun, Jim Stewart, David Pollard, *Corporate Governance and the Global Financial Crisis: International Perspectives*, London: Cambridge University Press ,2011.

[88] William Sun, Jim Stewart, David Pollard, Introduction: Rethinking Corporate Governance-Lessons from the Global Financial Crisis, William Sun, Jim Stewart, David Pollard. *Corporate Governance and the Global Financial Crisis: International Perspectives*, London: Cambridge University Press ,2011, pp. 4 – 6.

[89] Roger barker. Owernership Structure and Shareholder Engagement: Reflections on the Role of Institutional Shareholders in the Financial Crisis,

William Sun, Jim Stewart, David Pollard, *Corporate Governance and the Global Financial Crisis: International Perspectives*, London: Cambridge University Press, 2011, pp. 144 – 145.

二、论文

(一) 中文论文

[1]周仲飞:《金融机构强制性自救债的法律问题》,载《现代法学》2015 年第 2 期。

[2]曾刚、全先银:《推行金融机构生前遗嘱的中国选择》,载《财经》2014 年第 3 期。

[3]金昱:《全球系统重要性银行经营动向解析》,载《中国银行业》2016 年第 6 期。

[4]黎四奇:《后危机时代"太大而不能倒"金融机构监管法律问题研究》,载《中国法学》2012 年第 5 期。

[5]袁达松:《系统重要性金融机构监管的国际法制构建与中国回应》,载《法学研究》2013 年第 2 期。

[6]丁灿:《系统重要性金融机构道德风险的形成与监管》,载《社会科学战线》2011 年第 8 期。

[7]钟震:《系统重要性金融机构的基本特征与审慎监管——基于金融危机视角的反思》,载《江海学刊》2013 年第 2 期。

[8]徐超:《系统重要性金融机构识别方法综述》,载《国际金融研究》2011 年第 11 期。

[9]王刚:《系统重要性银行"恢复和处置计划":国际实施进展、基本要素与政策建议》,载《金融监管研究》2013 年第 5 期。

[10]阳建勋:《大而不倒、利益冲突与权义平衡——系统重要性金融机构监管制度的法理构造》,载《现代法学》2014 年第 3 期。

[11]王玉婷、赵泽皓:《Libor 操纵案及对中国的启示》,载《银行家》2013 年第 3 期。

[12]赵园园:《对金融机构救助的反垄断法思考》,载《财经科学》2011 年第 5 期。

[13]高海红:《布雷顿森林遗产与国际金融体系重建》,载《世界经济与政治》2015 年第 3 期。

[14]胡海峰、倪淑慧:《后危机时代美国霸权在全球金融治理体系的发展趋势展望》,载《教学与研究》2015 年第 2 期。

[15]杨斌:《银行业反垄断主管机构研究》,中南大学 2008 年硕士学位论文。

[16]饶粤红:《论反垄断视野下美国银行业相关市场的界定——兼评美国的经验、反思及启示》,载《国际经贸探索》2009 年第 6 期。

[17]巴曙松、高江健:《基于指标法评估中国系统重要性银行》,载《财经问题研究》2012 年第 9 期。

[18]罗豪才、宋功德:《认真对待软法——公域软法的一般理论及其中国实践》,载《中国法学》2006 年第 2 期。

[19]漆彤:《国际金融软法的效力与发展趋势》,载《环球法律评论》2012 年第 2 期。

[20]杜志华:《欧盟消费者保护政策的形成与发展》,载《欧洲》2001 年第 5 期。

[21]宋晓燕:《价值的平衡:论欧盟银行一体化中消费者保护政策的发展》,载《经济管理》2008 年第 16 期。

[22]李小年、查拉·艾薇丝:《欧盟〈不公平商业行为指令〉对完善中国消费者权益保护机制的借鉴意义》,载《政治与法律》2009 年第 9 期。

[23]王雄飞:《欧盟金融消费者保护的立法及启示》,载《上海金融》2009 年第 11 期。

[24]刘益灯:《欧盟金融消费者保护法的最新发展及其启示》,载《政治与法律》2009 年第 5 期。

[25]傅家荣、杨娜:《欧盟消费者保护政策评析》,载《国外社会科学》2008 年第 3 期。

[26]苏号朋、刘春梅:《欧盟消费者保护立法述评》,载《国际商法论丛》2008 年第 1 期。

[27]谢海:《国际消费者保护政策的国内借鉴:以欧盟为例》,载《经济体制改革》2005 年第 4 期。

[28]何颖:《浅析日本的金融消费者保护制度改革》,载《日本学刊》2011 年第 1 期。

[29]庄玉友:《日本金融商品交易法述评》,载《证券市场导报》2008 年第 5 期。

[30]胡田野:《最新欧盟消费者权益指令的解读与借鉴》,载《河北法学》2012 年第 12 期。

[31]林晓君、沙洵:《证券投资者无权要求券商承担双倍赔偿责任》,载《人民司法》2010 年第 22 期。

[32]阳建勋:《"金融消费者"概念生成的法社会学探析——消费者运动与金融危机耦合下的金融法变革及其本土资源》,载《甘肃政法学院学报》2014 年第 1 期。

[33]陈洁:《投资者到金融消费者的角色嬗变》,载《法学研究》2011 年第 5 期。

[34]郑友德、张钦坤等:《对〈反不正当竞争法(修订草案送审稿)〉的修改建议》,载《知识产权》2016 年第 6 期。

[35]杨立新、刘召成:《德国民法典规定一体化消费者概念的意义及借鉴》,载《法学杂志》2013 年第 1 期。

[36]谢鸿飞:《民法典与特别民法关系的建构》,载《中国社会科学》2013 年第 2 期。

[37]钱玉文:《消费者权的经济法表达——兼论对〈民法典〉编纂的启示》,载《法商研究》2017 年第 1 期。

[38]曹兴权:《商事法律制度构建视野的转换——以金融消费者保护为例》,载《上海财经大学学报》2011 年第 13 期。

[39]何颖:《金融消费者刍议》,载《金融法苑》,中国金融出版社 2008 年版。

[40]何颖:《构建面向消费者的金融机构说明义务规则》,载《法学》2011 年第 7 期。

[41]蒋大兴:《论民法典(民法总则)对商行为之调整——透视法观念、法技术与商行为之特殊性》,载《比较法研究》2015 年第 4 期。

[42]吴宏、丁广:《合同法视野下的金融机构安全保障义务》,载《人民

司法》2009 年第 12 期。

[43]谢俊贵:《凝视网络社会——卡斯特尔信息社会理论述评》,载《湖南师范大学社会科学学报》2001 年第 3 期。

[44]谢俊贵:《信息分化:一个信息社会学新概念的界定》,载《求索》2006 年第 1 期。

[45]谢俊贵:《空间分割叠加与社会治理创新》,载《广东社会科学》2014 年第 4 期。

[46]马俊驹、聂德宗:《公司法人治理结构的比较与重构》,载《王保树:商事法论集》(5),法律出版社 2000 年版。

[47]伍坚:《黄金降落伞之问题研究》,载《河北法学》2011 年第 5 期。

[48]尹亭:《巴塞尔银行监管委员会自救债国际标准:问题和启示》,载《金融发展研究》2013 年第 8 期。

[49]杨松、郭金良:《银行危机处置过程中的股东权利限制研究》,载《法律科学》2013 年第 5 期。

[50]赵英杰:《减记债结构性设计与案例》,载《金融市场研究》2013 年第 12 期。

[51]许友传、苏峻:《应急资本工具在限制银行风险承担中的作用》,载《金融研究》2015 年第 6 期。

[52]李文泓、吴祖鸿:《自救安排及其在我国的应用》,载《中国金融》2011 年第 6 期。

[53]苏永钦:《私法自治中的国家强制——从功能法的角度看民事规范的类型与立法释法的方向》,载《中外法学》2001 年第 1 期。

[54]谢海霞:《对赌协议的法律性质探析》,载《法学杂志》2010 年第 1 期。

[55]潘林:《金融创新与司法裁判:以我国"对赌协议"的案例、学说、实践为样本》,载《南京师大学报》(社会科学版)2013 年第 3 期。

[56]罗东川、杨兴业:《"对赌协议"纠纷的法律规制及裁判规则》,载《人民司法》2014 年第 10 期。

[57]刘禹:《私募股权投资中对赌协议的效力研究——以海富投资诉甘肃世恒等案为视角》,载《赤峰学院学报》(汉文哲学社会科学版)2016 年

第 1 期。

[58]朱涛、李博雅:《"对赌协议第一案"中被遗忘的资本维持原则》,载《法人》2013 年第 10 期。

[59]潘林:《"对赌协议第一案"的法律经济学分析》,载《法制与社会发展》2014 年第 4 期。

[60]尹杞月:《国外银行存款保险制度的道德风险问题研究》,载《保险研究》2012 年第 2 期。

[61]雷兴虎:《论我国金融控股公司的风险防范法律机制》,载《中国法学》2009 年第 5 期。

[62]姜立文:《美国金融控股公司加重责任制度研究》,载《环球法律评论》2006 年第 6 期。

[63]杨松、宋怡林:《民营银行股东自担风险立法模式借鉴与选择》,载《法律科学》2016 年第 6 期。

[64]王吴庆:《从立法角度谈加强规范银行股东违规行为》,载《中国银行业》2017 年第 5 期。

[65]邓正来:《认识全球化的"问题化"进路——对中国法学"全球化"论辩中理论问题的追究与开放》,载《河北法学》2008 年第 2 期。

[66]李其庆:《金融全球化的特点、起源和发展》,载《国外理论动态》1999 年第 8 期。

[67]翟捷、王春峰、罗见春:《全球金融业并购的影响分析》,载《国际金融研究》2001 年第 8 期。

[68]牧野:《日本三菱东京银行合并始末》,载《日本问题研究》1996 年第 3 期。

[69]陈醇:《金融系统性风险的合同之源》,载《法律科学》2015 年第 6 期。

[70]张立华、张顺顺:《系统性风险与系统风险》,载《中国金融》2017 年第 8 期。

[71]陈尾虹、唐振鹏:《金融机构系统性风险研究述评——基于机制、测度与监管视角》,载《当代财经》2016 年第 5 期。

[72]蔡从燕:《风险社会与国际争端解决机制的解构与重构》,载《法律

科学》2008 年第 1 期。

[73]岳彩申、楚建会:《论金融创新法律责任制度的改革与完善——美国次级贷款危机的教训与启示》,载《法学论坛》2009 年第 3 期。

[74]周仲飞:《全球金融法的诞生》,载《法学研究》2013 年第 5 期。

[75]国际金融危机与经济学理论反思课题组(执笔:刘迎秋):《国际金融危机与新自由主义的理论反思》,载《经济研究》2009 年第 11 期。

[76]宋伟:《试论约翰·拉格"内嵌的自由主义"》,载《世界经济与政治》2006 年第 2 期。

[77]孙伊然:《全球经济治理的观念变迁:重建内嵌的自由主义?》,载《外交评论》2011 年第 3 期。

[78]杨松、张永亮:《新自由主义、金融危机与金融监管体制之变革》,载《法学杂志》2012 年第 1 期。

[79]俞可平:《全球治理引论》,载《马克思主义与现实》2002 年第 1 期。

[80]蔡拓:《全球治理的中国视角与实践》,载《中国社会科学》2004 年第 1 期。

[81]徐坚:《逆全球化风潮与全球化的转型发展》,载《国际问题研究》2017 年第 3 期。

[82]中国工商银行董事会办公室课题组:《全球系统重要性银行治理》,载《中国金融》2015 年第 22 期。

(二)英文论文

[83] Arthur E. Wilmarth, "The Dodd-Frank Act: A Flawed and Inadequate Response to the Too-Big-to-Fail Problem", *Oregon Law Review*, Vol. 89, 951 - 1058.

[84] Klaus J. Hopt, Christoph Kumpan and Felix Steffek, "Preventing Bank Insolvencies in the Financial Crisis: The German Financial Market Stabilisation Acts", *European Business Organization Law Review*, 2009(10), 515 - 554.

[85] Martin Hellwig, "Systemic Risk in the Financial Sector: An Analysis of the Subprime-Mortgage Financial Crisis", available at: http://ssrn. com/

abstract = 1309442,2017 - 09 - 20.

[86] John C. Coffee, Jr. Adolf A. Berle, "The Political Economy of Dodd-Frank: Why Financial Reform Tends to be Frustratedand Systemic Risk Perpetuated", available at: http://ssrn.com/abstract = 1982128, 2017 - 09 - 20.

[87] Dean F Amel, Timothy H Hannan, "Defining Banking Markets According to Principles Recommended in the Merger Guidelines", *Antitrust Bulletin*, Fall, 2000.

[88] Norbert Reich, "European Consumer Law and its Relationship to Private Law", *European Re-view of Private Law*, 1995(3), 285.

[89] Timothy F. Geithner, "Addressing the Need for Comprehensive Regulatory Reform: Hearing Before the H. Comm. on Financial Services", 111th Cong. 1 (2009), available at: http://www.house.gov/apps/list/hearing/financialsvcs-dem/geithner032609.pdf.

[90] Tania Davenport, "An American Nightmare: Predatory Lending in the Subprime Home Mortgage Industry", *Suffolk U. L. Re*v, 2003(36), 531.

[91] Castells. M., Yuko Aoyama, "Paths towards the Informational Society: Employment Structure in G - 7 Countries, 1920 - 1990", *International Labor Review*, Vol. 133, No. 1, 1994.

[92] A. Sheleifer and R. Vishny, "A Surevy of Corporate Governance", *The Journal Finance*, June, 1997.

[93] Peter O. Mülbert, "Corporate Governance of Banks after the Financial Crisis Theory, Evidence, Reforms", available at: https://papers.ssrn.com/sol3/papers.cfm? abstract_id = 1448118.

[94] Penny Ciancanelli, José Antonio Reyes-Gonzalez, "Corporate Governance in Banking: A Conceptual Framework", available at: https://papers.ssrn.com/sol3/papers.cfm? abstract_id = 253714.

[95] Kenneth Ayotte & David A Skeel, Jr. "Bankruptcy or bailouts?", *The Journal of Corporation Law*, Vol. 35, 3, 2010.

[96] Kevin Dowd, "Moral Hazard and the Financial Crisis", *Cato*

Journal, Vol. 29, No. 1(Winter 2009):141 - 166.

[97] Steven L. Schwarcz, "Systemic Risk", *Georgetown Law Journal*, 2008(97):199.

[98] Allen L., Bali T. G. and Tang, Y. "Does Systemic Risk in the Financial Sector Predict Future Economic Downturns?", *Review of Fi-nancial Studies*, Vol. 25, No. 10, 2012.

[99] Brian R. Cheffins, "The History of Corporate Governance", available at: http://ssrn.com/abstract = 1975404.

三、资料文献

[1]邱小敏:《全球十大银行银行卷入贵金属操纵案　美国司法部展开调查》,载《国际金融报》2015 年 3 月 2 日,第 3 版。

[2]杨明基:《经济金融词典》,中国金融出版社 2015 年版。

[3]本报评论员:《有效防范金融风险——二论做好当前金融工作》,载《人民日报》2017 年 7 月 17 日,第 1 版。

[4]吴家明、文蕙:《合谋操纵汇率　全球 5 家银行被罚 32 亿美元》,载《证券时报》2014 年 11 月 13 日,第 A004 版。

[5]杨明:《美国罚六大银行 58 亿美元　开出史上最大反垄断罚单》,载《环球时报》2015 年 5 月 23 日。

[6]黄倩蔚、黄妙贤:《六家银行收费协同涉嫌价格垄断？律师一纸举报信告至发改革》,载《南方日报》2012 年 5 月 25 日,第 15 版。

[7]陈云良:《打破自然垄断的神话》,载《检察日报》2006 年 5 月 15 日,第 3 版。

[8]曲哲涵:《扼住金融理财"大忽悠"的咽喉》,载《人民日报》2016 年 5 月 6 日,第 17 版。

[9]潘荣:《美国出台银行高管"限薪令"》,载《第一财经日报》2009 年 10 月 26 日。

[10]程金华:《美"奖金门"法案的是与非》,载《法制日报》2009 年 3 月 27 日。

[11]陈听雨:《欧洲银行业再掀"限薪"风暴》,载《中国证券报》2012 年

4 月 15 日。

[12]孙红娟:《欧洲银行业限薪令遭英国反对》,载《第一财经日报》2013 年 3 月 6 日。

[13]苗慧:《最严格欧盟银行业新规明年正式执行》,载《京华时报》2013 年 6 月 27 日。

[14]中国社会科学院金融研究所课题组:《两大因素导致日本免受金融危机重创》,载《中国证券报》2009 年 10 月 13 日。

[15]杨树明:《最高法院通报 10 起维护消费者权益典型案例》,载《人民法院报》2014 年 3 月 13 日。

[16]钱箐旎:《我国银行业总资产超 219 万亿元》,载《经济日报》2016 年 11 月 26 日。

[17]陈雨露、汪昌云:《金融学文献通论》(宏观金融卷),中国人民大学出版社 2006 年版。

[18]董裕平、全先银等译:《多德—弗兰克华尔街改革与消费者保护法案》,中国金融出版社 2010 年版。

[19]美国联邦储备委员会消费者与社区事务局:《美国联邦储备委员会金融消费者保护合规手册》,中国人民银行西安分行译,经济科学出版社 2013 年版。

[20]中国银行业监督管理委员会银行业消费者保护局:《国际金融消费者保护法律法规选编》,中国金融出版社 2014 年版。

[21]杜景林、卢谌:《德国民法典全条文注释》(上册),中国政法大学出版社 2015 年版。

[22]杜景林、卢谌:《德国民法典——全文注释》,中国政法大学出版社 2015 年版。

[23][德]克里斯蒂安·冯·巴尔、[英]埃里克·克莱夫:《欧洲私法的原则、定义与示范规则:欧洲示范民法典草案》,高圣平等译,法律出版社 2014 年版。

[24]薛波:《元照英美法词典》,北京大学出版社 2014 年版。

[25] BIS, FSB, IMF. Guidance to Assess the Systemic Important of Financial Institutions, Markets and Instruments: InitialConsiderations, BIS

Meeting, 2009.

四、网站资料

[1]陈龙:《金融消费者保护的有效边界》,载 http://yuanchuang.caijing.com.cn/2017/0315/4247537.shtml,最后访问日期:2017 年 10 月 16 日。

[2]《高盛等 16 大行遭欧盟反垄断调查》,载 http://hkstock.cnfol.com/110501/132,2111,9783370,00.shtml,最后访问日期:2016 年 5 月 13 日。

[3]《欧盟严惩金融业卡特尔》,载 http://www.mofcom.gov.cn/article/i/jyjl/m/201410/20141000770797.shtml,最后访问日期:2016 年 6 月 1 日。

[4]王晓晔:《论反垄断执法机构与行业监管机构的关系》,载 http://www.iolaw.org.cn/showarticle.asp? id=1902,最后访问日期:2016 年 6 月 2 日。

[5]《建行坐上中国银行业反垄断第一案被告席》,载 http://www.cnstock.com/zxbb/bwkx/2008-09/12/content_3664029.htm,最后访问日期:2017 年 3 月 6 日。

[6]《中国保监会关于 2014 年度保险消费者投诉情况的通报》,载 http://www.circ.gov.cn/web/site0/tab5168/info3949625.htm,最后访问日期:2017 年 4 月 1 日。

[7]《中国保监会关于 2015 年度保险消费者投诉情况的通报》,载 http://www.circ.gov.cn/web/site0/tab5213/info4014786.htm,最后访问日期:2017 年 4 月 1 日。

[8]《中国保监会关于 2016 年度保险消费者投诉情况的通报》,载 http://www.circ.gov.cn/tabid/106/InfoID/4058417/Default.aspx,最后访问日期:2017 年 4 月 1 日。

[9]林晓君、沙洵:《证券投资者不能归入〈消保法〉上的消费者范畴——吴某诉某证券营业部、某电子公司其他证券纠纷案》,载 http://fayuan.xinmin.cn/alyp/2011/11/23/12776571.html,最后访问日期:2017 年

5 月 9 日。

[10]任松筠、陈月飞、汪晓霞:《力争在 2020 年完成民法典编纂》,载 http://news.163.com/17/0310/08/CF5CKTVA000187VI.html,最后访问日期:2017 年 5 月 14 日。

[11]北大法宝网:《吴成礼等五人诉官渡建行、五华保安公司人身损害赔偿纠纷案》,载 http://www.pkulaw.cn/case/pfnl_1970324837041863.html,最后访问日期:2017 年 5 月 24 日。

[12]OECD:《二十国集团/经合组织公司治理原则》,载 http://dx.doi.org/10.1787/9789264250574-zh,最后访问日期:2017 年 5 月 10 日。

[13]中国对外直接投资已连续两年世界第二,载 http://www.chinanews.com/cj/2017/06-08/8245589.shtml,最后访问日期:2017 年 6 月 21 日。

[14]袁圆:《保监会开评系统重要性机构 16 险企入围数据报送名单》,载 http://finance.huanqiu.com/roll/2016-05/8980104.html,最后访问日期:2017 年 3 月 17 日。

[15]"中国人寿保险股份有限公司收购广发银行股份有限公司股权案",载 http://fldj.mofcom.gov.cn/article/jyzjzjyajgs/201606/20160601331127.shtml,最后访问日期:2017 年 10 月 13 日。

[16]"株式会社日本政策投资银行收购鬼怒川橡胶工业株式会社股权案",载 http://fldj.mofcom.gov.cn/article/jyzjzjyajgs/201604/20160401292642.shtml,最后访问日期:2017 年 10 月 13 日。

[17]"中国人民银行金融稳定　存款保险制度实施平稳有序",载 http://www.pbc.gov.cn/jinrongwendingju/146766/2165207/32731 50/index.html,最后访问日期:2017 年 7 月 31 日。

[18]二十国集团领导人杭州峰会公报,载 http://news.xinhuanet.com/world/2016-09/06/c_1119515149.htm,最后访问日期:2017 年 10 月 15 日。

[19]世界银行:2016 年全球贸易遭遇金融危机以来最低增速,载 http://www.sinotf.com/GB/News/1001/2017-03-14/zNMDAw-MDIyMzMzNA.html,最后访问日期:2017 年 6 月 22 日。

[20] Progress and Next Steps Towards Ending "Too-Big-To-Fail" (TBTF),载 http://www.fsb.org/wp-content/uploads/r_130902.pdf,2017-10-13。

[21] Plea Agreement in United States of America v. Barclays PLC,载 https://www.justice.gov/sites/default/files/criminal-fraud/legacy/2015/05/22/barclays-plea-agreement.pdf,2016-06-27。

图书在版编目(CIP)数据

系统重要性金融机构规制的法律问题研究 / 阳建勋著. -- 北京 : 法律出版社, 2018
ISBN 978 - 7 - 5197 - 2430 - 6

Ⅰ. ①系… Ⅱ. ①阳… Ⅲ. ①金融监管 - 金融法 - 研究 Ⅳ. ①D912.280.4

中国版本图书馆 CIP 数据核字(2018)第 152040 号

系统重要性金融机构规制的法律问题研究
XITONG ZHONGYAOXING JINRONG JIGOU GUIZHI DE FALÜ WENTI YANJIU

阳建勋 著

策划编辑 黄琳佳
责任编辑 黄琳佳
装帧设计 马 帅

出版 法律出版社
总发行 中国法律图书有限公司
经销 新华书店
印刷 三河市龙大印装有限公司
责任校对 马 丽
责任印制 陶 松

编辑统筹 学术·对外出版分社
开本 720 毫米 ×960 毫米 1/16
印张 14.25
字数 209千
版本 2018 年 8 月第 1 版
印次 2018 年 8 月第 1 次印刷

法律出版社/北京市丰台区莲花池西里 7 号(100073)
网址/www.lawpress.com.cn
投稿邮箱/info@lawpress.com.cn
举报维权邮箱/jbwq@lawpress.com.cn
销售热线/010 - 63939792
咨询电话/010 - 63939796

中国法律图书有限公司/北京市丰台区莲花池西里 7 号(100073)
全国各地中法图分、子公司销售电话:
统一销售客服/400 - 660 - 6393
第一法律书店/010 - 63939781/9782 西安分公司/029 - 85330678 重庆分公司/023 - 67453036
上海分公司/021 - 62071639/1636 深圳分公司/0755 - 83072995

书号:ISBN 978 - 7 - 5197 - 2430 - 6 **定价:**56.00 元
(如有缺页或倒装,中国法律图书有限公司负责退换)